référence GROUPE HEC

# Macroéconomie

Michael Rockinger



ellipses

Aymeric Chauprade, éditeur

ISBN 2-7298-0078-6

# PREFACE

Ce livre est issu de mes notes de cours de macroéconomie enseigné à diverses reprises au Groupe HEC. Il vise à remplir une niche entre des textes trop formels, manquant parfois d'intuition économique, et des textes trop littéraires voire politiques. D'autre part, il s'agit d'un texte européen et non pas d'une traduction d'un livre d'origine anglo-saxonne ajusté aux particularités françaises. Une approche européenne permet de mettre en avant les modifications extraordinaires que nos économies ont connu du fait de la création du système monétaire européen.

Ce livre a pour but d'aider le lecteur à se familiariser avec les raisonnements élémentaires de la macroéconomie. Très souvent il s'agit simplement d'acquérir un bon sens économique. Par ailleurs la macroéconomie a son propre langage ; nous espérons que le lecteur n'aura pas trop de difficultés à l'acquérir en parcourant les pages qui suivent.

A qui se livre est-il destiné ? Le contenu de ce livre a été enseigné à des étudiants de première année d'HEC. L'auteur pense cependant que tout lecteur, même l'autodidacte, pourra profiter de la lecture de ce manuel. Nous faisons certes appel à des connaissances de mathématique, mais très souvent nous rappelons brièvement l'outil utilisé. Par ailleurs de très nombreux raisonnements seront fait à partir de graphiques en sorte que le formalisme mathématique passe au deuxième plan. J'aimerais également signaler au lecteur que le vocabulaire choisi pour la rédaction du texte est simple. La raison est que l'auteur n'est pas de langue maternelle française. Que le lecteur veuille bien lui pardonner des maladresses dans les tournures de certaines phrases.

Le lecteur de ce livre aura sûrement dans un futur proche l'occasion d'utiliser des termes anglais lors de ses lectures ou dans le cadre d'une conversation en anglais. Pour cette raison nous nous sentons libre de traduire dans des notes de bas de page certains mots du français en anglais.

De nombreuses remarques faites par les étudiants du Groupe HEC ont été incorporées dans ces notes. Qu'ils soient remerciés pour leur intérêt et leur patience lors de la lecture des versions antérieures de ce texte.

Sur le fond il me reste à signaler que j'ai caché un certain nombre de *bonbons* dans le texte. Il s'agit de références, faits, et commentaires qui ne devraient peut être pas se trouver dans un texte *sérieux*. Mais qui a dit que j'étais sérieux ?

Ce livre n'aurait pas pu être réalisé sans l'apport d'un certain nombre de personnes. Tout d'abord je reconnais ma dette intellectuelle envers mes maîtres de l'Université de Harvard, en particulier à Greg Mankiw, Robert Barro, Larry Summers, Phillipe Weil, Andrei Shleifer, et à Zvi Griliches qui a été mon directeur de thèse. Jean-Pierre Danthine m'a enseigné un premier cours de macroéconomie à l'Université de Lausanne ; c'est grâce à lui que ma curiosité dans cette matière est née. Stéphanie Girard de Saint Gérand m'a aidé dans la rédaction des anecdotes et dans la préparation des graphiques. Jacques Potin a clarifié certains chapitres du livre. Tous les deux ont été financés par une bourse de la Fondation HEC que je tiens à remercier pour sa générosité. Christine et Eric Jondeau ont eu la gentillesse de relire ce livre. Outre une correction méticuleuse du français, le fond du travail a également profité de leurs excellentes critiques. Toute erreur restante est malheureusement ma propre responsabilité. Françoise Dumolard a assuré une excellente frappe du manuscrit sous Word. La composition finale est faite sous LaTeX. Je tiens à remercier ma maison d'édition, Ellipses, pour avoir accepté de me publier. En particulier, un grand merci à Aymeric Chauprade pour son aide.

Ce livre est dédié à mon épouse. J'aimerais lui exprimer ma gratitude pour la patience et l'amour dont elle a toujours témoigné, en particulier lorsque j'ai passé mes fins de semaine dans mon bureau ou lorsque des vacances ont été annulées à cause du *livre de macroéconomie*.

# Introduction

La macroéconomie est la science qui cherche à comprendre le fonctionnement, à un niveau global, de la production et de la consommation des biens et services. C'est elle aussi qui étudie de manière agrégée l'impact de la politique monétaire et fiscale sur le processus de formation de richesse. La macroéconomie se distingue de la microéconomie qui étudie le comportement individuel des acteurs économiques.

Qui a besoin de connaître la macroéconomie ? Puisqu'il s'agit là de l'étude du comportement agrégé d'une économie, cette science s'adresse à tous les acteurs économiques. Tout d'abord l'homme politique peut mettre en place des organismes qui facilitent l'interaction commerciale, comme par exemple la banque centrale dont le but est de fournir des liquidités au marché et de veiller au bon fonctionnement du marché bancaire. L'homme politique doit également comprendre les conséquences de ses directives. Ainsi une augmentation des dépenses publiques peut avoir un impact plus ou moins important selon le contexte dans lequel cette politique s'inscrit.

Ensuite, comme nous allons le voir, l'action de la banque centrale ou de l'Etat aura des effets sur les marchés financiers. Ces actions peuvent conduire à des résultats désastreux, comme le montre l'étude de la Grande Dépression des années 30 ou bien à une grande stabilité de la monnaie, comme cela est le cas depuis quelques années en Europe où émerge en ce moment une zone à monnaie unique. Dans l'étude de la macroéconomie, la monnaie et l'institution qui régule la quantité de monnaie en circulation, c'est-à-dire la banque centrale, occupent une position privilégiée. La banque centrale peut, comme nous allons le voir, contrôler avec une politique de taux d'intérêt la masse monétaire. Puisque le taux d'intérêt constitue le référentiel des rémunérations dans le marché financier, la compréhension des motifs d'intervention et des directives de la banque centrale est donc d'un grand intérêt pour le financier.

Outre l'homme politique et le financier il me semble que tout individu devrait avoir connaissance de la macroéconomie. C'est cette connaissance qui permettra au citoyen d'élire l'homme politique dont la vision s'inscrit dans l'amélioration de la croissance.

Une place importante, dans ce livre, est prise par la modélisation de l'économie. La modélisation est une représentation symbolique de certaines grandeurs et de leurs interactions. L'utilité de la modélisation est de donner un cadre rigoureux et analytique, mais cependant très simple, par rapport auquel on peut se référer et qu'on peut modifier selon les besoins. Pour se rendre compte de l'importance d'une telle formalisation il suffit de se souvenir de certains débats télévisés. Le lecteur a certainement déjà assisté à la télévision à un débat entre hommes politiques. Les discussions se déroulent souvent comme suit :

A : Si vous augmentez la grandeur $x$ alors $y$ se modifie ce qui entraîne une augmentation pour le consommateur de $z$.

B : Oui, mais lors de la modification de $y$ il y a aussi $a$ qui bouge ce qui entraîne une diminution de $z$. Donc l'effet global est néfaste pour le consommateur.

Ceci illustre la difficulté de débattre d'un monde où virtuellement toutes les grandeurs sont reliées. La seule possibilité est de modéliser l'interaction des diverses grandeurs, éventuellement en tenant compte de délais temporels possibles, et d'estimer ensuite par un modèle économétrique adéquat les relations mises en évidence. Finalement on pourra étudier les conséquences d'une politique lorsque toutes les équations sont mises ensemble.

Bien entendu une formalisation correcte de l'environnement dans lequel nous évoluons est difficile. Il y a la dimension temporelle qui fait que l'environnement qu'on cherche à modéliser évolue. Dans un monde idéal on aimerait modéliser cette évolution même, mais l'économie est une science sociale au sein de laquelle intervient la dimension humaine, qui paraît difficilement formalisable. À cause de cette difficulté, nous serons conduits à représenter l'économie avec relativement peu d'équations. Comme nous allons le voir rapidement, même une description simpliste, mais non triviale, de la réalité fait intervenir un tellement grand nombre de variables que nous allons devoir supposer la constance de certaines d'entre elles. En particulier, dans le court terme nous allons supposer la constance des prix avec déséquilibre éventuel des marchés. Dans le long terme, l'économie est supposée retourner à un équilibre général. Nous allons aussi simplifier, dans une première partie du livre, la description du monde en considérant une économie fermée, c'est-à-dire sans échange avec le monde extérieur. Dans un chapitre avancé du livre nous relâcherons cette hypothèse. Il est à remarquer de suite que les messages que nous chercherons à faire passer pour l'économie fermée restent, dans une large mesure, valable dans l'économie ouverte.

Dans les quelques lignes qui suivent j'aimerais vous présenter le contenu de ce livre. Dans le premier chapitre nous allons nous plonger brièvement dans l'histoire économique et parler d'Adam Smith, individu dont la conviction était qu'il suffisait de laisser faire le marché. Nous parlerons aussi de John Maynard Keynes, dont l'une des convictions était que l'Etat avait un rôle à jouer dans une relance économique. De nombreux hommes politiques ont alors débattu du système à adopter. On peut dire que *grosso modo*, les pays anglo-saxons ont choisi un système où l'intervention de l'Etat est limitée au maximum. La France et de nombreux autres pays d'Europe tels que l'Allemagne, l'Italie et l'Espagne, pour ne mentionner que quelques-uns, ont opté pour un système plus étatique. Ce que je désire éviter dans ce livre est d'entrer dans un débat pour savoir quel serait le meilleur système. Il apparaît par ailleurs que la théorie keynésienne s'adapte mieux au court terme qu'au long terme et vice versa pour la théorie classique. En attendant une théorie unificatrice, il faudra connaître les deux approches.

Après un chapitre qui définit des notions élémentaires de comptabilité nationale nous allons nous pencher sur la monnaie. Nous verrons comment celle-ci a évolué à travers le temps. Nous verrons également le rôle de la banque centrale en mettant un accent particulier sur l'émergence et le fonctionnement du système monétaire européen. Liée à la monnaie se trouve l'inflation qui sera étudiée dans un autre chapitre. Dans le chapitre traitant de l'inflation on aborde également la formation du taux d'intérêt.

Dès lors commence la modélisation plus formelle. Nous justifions dans le chapitre 6 le bien fondé de la distinction entre le court et le long termes. L'intuition que l'on dérive de ce chapitre est fondamentale. Les chapitres qui suivent ne font que renforcer par une approche plus rigoureuse le modèle développé dans le chapitre 6.

Dans le chapitre 9 du livre on considère l'économie pour un pays ouvert, c'est-à-dire qui pratique des échanges commerciaux avec un autre pays et qui peut éventuellement être influencé par ce qui se passe dans le reste du monde. Dans ce chapitre nous montrerons également l'importance du système de change auquel est assujettie une économie. Ce chapitre nous donnera également l'occasion de revenir sur le système monétaire européen.

Dans le chapitre 10 on aborde la question délicate du chômage. Nous présentons un certain nombre de modèles qui ne permettent pas pour autant de décrire et d'appréhender ce phénomène de manière satisfaisante. Ce qui résulte du chapitre sur le chômage est une justification théorique de la courbe de Phillips qui permet de rendre dynamiques les modèles statiques en montrant comment le niveau des prix s'ajuste.

Suivent ensuite un certain nombre de chapitres visant à compléter la modélisation de l'économie. Dans un chapitre sur la théorie de la croissance nous montrons comment les économistes abordent le fait que les grandeurs dans nos économies sont continuellement croissantes. Un chapitre s'intéresse à la fonction de consommation qui met en avant le fait que les agents incorporent dans leur prise de décision toute l'information dont ils disposent. Cela constitue l'hypothèse des anticipations rationnelles qui ont causé une sorte de révolution dans les années 70.

Il ne me reste qu'à vous souhaiter bonne lecture...

# Chapitre 1

# Deux doctrines économiques

Notre savoir est lié à nos traditions et à notre histoire. C'est parce que nous vivons dans un certain environnement économique et social que nous formons telle ou telle pensée. Ainsi dans une société primitive qui n'a pas encore développé la roue il est inutile de songer à développer une voiture. De même dans une société primitive où se pratique le troc, en sorte que les biens s'échangent contre des biens, il est difficilement envisageable que du jour au lendemain les individus vont payer avec une carte de crédit.

Lorsque l'on étudie une branche de la science on constate rapidement que certains faits semblent être admis par tous les participants. Pour comprendre d'où provient ce type de consensus, qu'on appelle aussi *paradigme*, il est impératif de savoir quelle est l'histoire de la science en question. Pour illustrer prenons l'exemple de l'astronomie. Pendant longtemps nos ancêtres ont pensé que la terre était le centre de notre Univers. Se fondant sur ce paradigme ils ont développé leurs croyances. C'est uniquement lorsque Galilée a vérifié la théorie de Copernic suggérant que la terre tourne autour du soleil que ce paradigme s'est écroulé.

Exactement comme en astronomie, l'économie est une *science* où les paradigmes ont fortement changé au cours du temps. Pour comprendre l'économie telle que ce manuel l'enseigne, il est impératif d'avoir un aperçu historique pour comprendre l'évolution de celle-ci.

Sans remonter aussi loin que les Assyriens qui firent des calculs comptables compliqués, ni au temps des Romains avec leur passionnant système monétaire et fiscal, il convient de commencer au XVIII$^{\text{ème}}$ siècle. Nous allons nous placer dans la grande puissance mondiale de l'époque, l'Angleterre, pour observer la pensée d'Adam Smith. Ensuite nous ferons un saut à travers le temps pour venir au début du XX$^{\text{ème}}$ siècle et parler de John Maynard Keynes. La thèse d'Adam Smith est qu'il faut laisser le marché le plus libre possible avec un rôle minimal de l'Etat. En cas de crise, les forces naturelles de l'économie, ce que Smith appelle *la main invisible*, vont ramener l'économie vers son plein emploi. A l'inverse la thèse de John Maynard Keynes est qu'il peut être nécessaire pour l'Etat de mener une politique active d'intervention pour faire redémarrer l'économie. Nous admettons volontiers que le but de ce chapitre n'est pas de faire un cours d'histoire économique complet mais de donner des éléments qui permettent de comprendre l'émergence de certaines doctrines.

Les deux paradigmes, classique et keynésien, forment la base de la macroéconomie moderne qui s'articule autour de deux volets. L'approche suivie dans ce cours est d'admettre que selon l'horizon de temps les deux forces peuvent jouer. Dans le court terme, interviennent les forces keynésiennes et dans le long terme, les forces classiques.

## 1.1 Les classiques : Il faut laisser faire le marché

### 1.1.1 Un petit rappel historique

Plaçons-nous au milieu du XVII$^{\text{ème}}$ siècle en France. La société est essentiellement agricole. Les gens sont restreints dans leur libre expression et dans le choix d'adaptation de nouvelles technologies par des contraintes sociales. Le principal souci quotidien est de manger et de s'habiller avec un seul but : survivre. Les familles où la mère a vingt enfants avec à la fin seulement deux survivants ne sont pas rares ! Le progrès technique et la compréhension des phénomènes techniques ne sont pas encouragés, souvent par intolérance religieuse, parfois par tradition. Pour citer un exemple, les capitalistes de l'époque, les tisserands, étaient soumis à des règles strictes. Si l'un d'entre eux voulait introduire un nouveau procédé de production, alors la procédure légale était *d'obtenir la permission des juges de la ville pour pouvoir utiliser le nombre et longueur des fils que l'inventeur d'un nouveau procédé voulait utiliser après que la question eut été considérée par quatre des plus anciens marchands et quatre des tisserands de la guilde.* Inutile de dire que peu de changements ont été acceptés.

La libre circulation n'était pas garantie non plus. Citons le cas de l'Allemagne, à la même période. Pour voyager de Bale à Cologne, il était nécessaire de traverser une trentaine de comtés et dans chacun, il fallait payer des droits d'entrée. En moyenne tous les vingt kilomètres, on était contraint de payer une nouvelle taxe. Chaque comté avait bien entendu sa propre monnaie, ses règles, sa loi, et ses forces de l'ordre. Inutile aussi de mentionner que les unités de mesure étaient tout aussi hétéroclites. Par exemple dans la région de Baden, il y avait cent douze différentes unités de longueur, quatre-vingt douze mesures de surface, soixante cinq mesures de volume, cent soixante trois mesures pour céréales et cent vingt trois pour les liquides. Il y avait soixante trois mesures pour la liqueur et quatre-vingt différentes unités de poids.

Plus tard, en Grande-Bretagne au XVII$^{\text{ème}}$ siècle, c'est le début de la révolution industrielle. Beaucoup d'hommes, femmes et enfants travaillent dans des mines. L'*industrie* est artisanale. Ainsi, pour ne donner qu'un exemple, on distribue de la laine aux fermiers qui tissent et font des fils avant de redistribuer le tissu. Le travail ne demande pas une grande spécialisation.

C'est devant ce fond de dirigisme que se sont distingués au XVII$^{\text{ème}}$ siècle certains esprits avec une vue éclairée tels que J. J. Rousseau et Voltaire. En Angleterre plus précisément, à Glasgow, un professeur très observateur des modifications qui étaient en train de s'opérer au niveau des moyens de production s'est interrogé sur le rôle de l'Etat dans le fonctionnement de l'économie. Devant cette ambiance d'oppression générale où il y avait tellement de restrictions, il n'est pas étonnant que quelqu'un se soit dit qu'en l'absence de toutes contraintes l'économie fonctionnerait mieux...

### 1.1.2 Adam Smith

Ce premier grand économiste *moderne* est né en 1723 à Kirkaldy en Ecosse [1]. C'est un village de cinq cents habitants où des clous étaient utilisés comme unité de monnaie. Après des études à Oxford, Adam Smith obtient un poste de *logique* à l'Université de Glasgow. Adam Smith était un bonhomme d'une distraction incroyable. Il faut se l'imaginer en train de se promener en robe de chambre et en murmurant un discours silencieux avec les yeux fixés à l'infini.

En 1776, il publie un livre sur lequel il avait travaillé pendant plus de dix ans : *La Richesse des Nations* [2]. C'est un ouvrage de neuf cent pages dont soixante trois constituent l'index. Le livre est rempli de détails historiques ce qui rend l'extraction des raisonnements économiques parfois

[1] Déjà au temps des romains certains économistes se sont distingués. Voir *Le Domaine des Dieux* par Uderzo et Goscini.

[2] Le titre en anglais est *The Wealth of Nations.*

difficile. En discutant aussi bien de la fabrication d'aiguilles que des guerres révolutionnaires aux Amériques, Adam Smith fait preuve d'une mémoire encyclopédique.

La grande question qu'Adam Smith se pose est "comment est-il possible que la société puisse fonctionner étant donné que l'*individu est égoïste*?" Cette question conduit Adam Smith à postuler l'existence d'une force qui agit sur le marché et qu'il appelle *la main invisible*. C'est par elle que *les intérêts privés et les passions des hommes* sont conduits dans une direction *qui est la meilleure pour l'intérêt de la société toute entière.*

Comment cette *main invisible* peut-elle faire son boulot ? On rappelle que chaque individu est supposé être mu par un intérêt personnel. Dans un monde sans restrictions où la mobilité des individus serait grande et où la spécialisation du produit serait virtuellement inexistante, la compétition règlerait tout. Ainsi l'intérêt personnel dicte à tout vendeur d'imposer un prix le plus élevé possible mais si un individu propose un prix trop haut, un compétiteur va pouvoir vendre le bien pour moins cher et par conséquent il y aura baisse des prix. Si le prix est trop bas, par contre, le vendeur fera faillite et un prix trop bas ne peut subsister. Et voilà, dans un monde compétitif tout bien doit être vendu à sa juste valeur.

On peut poursuivre le raisonnement. Si un employeur paye ses ouvriers trop peu, dans la logique d'Adam Smith, ceux-ci vont s'en aller après un certain temps[3]. A un moment précis l'employeur va devoir ajuster ses salaires s'il veut attirer des ouvriers vers sa boutique. A l'inverse, si un employeur paye trop il est confronté au risque de faillite. Ainsi en cas de récession, chez Adam Smith, les employeurs vont simplement baisser les salaires ce qui devra être accepté par les ouvriers et ainsi le chômage est éliminé par ajustement du prix de la main d'œuvre.

Le mécanisme de prix va d'autre part non seulement établir l'équilibre entre l'offre et la demande des biens mais va également faire en sorte que les quantités produites satisfassent la demande. En effet, Smith explique que si la demande pour les gants est très forte et celle des souliers faible, il y aura hausse du prix des gants et ceci conduira de nombreux entrepreneurs à s'orienter vers la fabrication de gants - d'ou un accroissement de la production dans cette industrie. Les producteurs de souliers en revanche vont devoir ajuster le niveau de production et essayer de vider les stocks par une politique de prix. **Après un certain temps**, la production des gants et souliers s'est ajustée et il y a rétablissement des prix à la normale.

Tout ceci peut sembler banal, cependant dans le contexte historique, la perspicacité d'Adam Smith était remarquable. Il explique :

- Pourquoi les prix des biens ne peuvent pas diverger de manière arbitraire des coûts de production.
- Comment le mécanisme de marché fournit à la société ce dont elle a besoin[4].
- Pourquoi les prix élevés s'ajustent automatiquement à la baisse.
- Pourquoi les profits entre producteurs doivent être similaires.

La morale de l'histoire dans la **doctrine** d'Adam Smith, qui est un classique, est qu'il faut essayer de faire en sorte que le marché soit le plus libre possible afin qu'il puisse s'autoréguler. Le rôle du gouvernement devrait être très limité. Tout ce qui peut empêcher le libre fonctionnement des marchés tel qu'impôts ou monopoles d'Etat doit être éliminé.

Une autre question est celle de la justice sociale. Chez Adam Smith est développée l'idée que pour des ressources naturelles données, si on laisse l'économie fonctionner avec un minimum

---

[3] Il ne faut pas oublier qu'à l'époque les ouvriers n'étaient pas syndiqués et d'autre part les travaux qu'ils effectuaient ne demandaient aucune spécialisation. Si un travail ne demande pas beaucoup de spécialisation, il est très facile pour l'employeur de substituer un ouvrier à un autre et facile pour un ouvrier de changer d'employeur.

[4] Un bon exercice pour le lecteur est d'expliquer comment la main invisible assure cela.

d'intervention par l'Etat, on arrive à une société où les ressources seront allouées de manière efficace pour la société entière. Efficacité ne signifie cependant pas justice sociale. Ainsi Smith n'a jamais dit que tout le monde aura de quoi manger ou de quoi se vêtir. Son monde n'exclut pas non plus l'existence d'une classe très riche, initialement propriétaire des ressources naturelles et d'une classe très pauvre.

Un autre exemple d'injustice sociale qui peut se produire est le suivant. Imaginons qu'un individu spécialiste dans son art est mis à la porte. Il ne trouvera pas nécessairement de travail qui corresponde à ses capacités et il ne sera donc plus rémunéré à sa juste valeur. Pas de problème dirait Adam Smith. Si la personne en question désire travailler, il lui suffit d'accepter une baisse de salaire. Le fait que le spécialiste ait engagé des dépenses lorsqu'il avait un emploi et qu'il ait une grande famille avec beaucoup de bouches à nourrir, est alors brossé sous le tapis.

## 1.2 Les keynésiens : la nécessité de l'intervention

### 1.2.1 Un petit rappel historique

Faisons un saut à travers le temps pour nous placer en janvier 1926 à New York. L'indice de la bourse est à 102. Les investisseurs ont d'énormes facilités pour emprunter de l'argent et l'investissement n'étant pas réglementé, certains spéculateurs utilisent des actions comme garantie pour de nouveau emprunts[5]. En janvier 1927, 1928, et 1929 le cours boursier grimpe ainsi à 106, 137 puis 193. Après être grimpé jusqu'au niveau de 216 en septembre 1929, la bourse s'effondre le 29 octobre 1929 en chutant jusqu'à 145. En ce moment de crise, les spéculateurs qui ont investi à la bourse voient leur richesse disparaître. A travers les USA, des investisseurs cherchent à retirer leur argent des banques mais les caisses de celles-ci sont vides. En effet elles ont tout prêté et les investissements qui ont été effectués viennent de s'envoler. Plus rien ne peut être récupéré. Le système est rompu et les banques n'ont plus de fonds. De nombreuses banques vont devoir fermer. Le gouvernement n'ayant pas une bonne compréhension de l'économie pratique alors, dans le plus pur style des classiques, la non-intervention. La passivité de la banque centrale rend les choses encore plus compliquées. Ainsi, au lieu de garantir des liquidités aux banques elle choisit la non-intervention ce qui pousse les banques dans la faillite. Cela entraîne la chute de l'indice boursier de New York jusqu'à un seuil de 34 en 1932. C'était le moment où on disait qu'avec chaque action de Goldman Sachs il y avait un revolver offert en hommage. Une autre anecdote dit que les réceptionnistes dans les hôtels demandaient aux clients s'ils voulaient la chambre pour dormir ou pour se jeter par la fenêtre...

Après trois ans de non-intervention, en 1933 Franklin Delano Roosevelt, nouveau président des USA lançait un programme d'intervention gouvernementale en demandant aux chômeurs (plus de dix millions, soit un taux de chômage[6] d'environ 25.2%) de faire des constructions sous forme d'infrastructures. Cela allait à l'encontre des remèdes habituels de l'orthodoxie classique. Les économistes ne comprenaient plus rien du tout. Il y avait des chômeurs en masse avec des capacités de production existantes mais non utilisées. Pourquoi n'y avait il pas d'ajustement du niveau des salaires conduisant à des produits plus compétitifs et donc à une relance de l'économie ? Pourquoi l'économie ne revenait-elle pas à un niveau de plein emploi ?

Le remède de la crise de 29 aux USA fut trouvé par les hommes politiques sans l'aide des économistes. Celui qui a su **expliquer** pourquoi la méthode choisie était la bonne devait certainement être un personnage exceptionnel.

[5] On appelle cela des emprunts en pyramide.

[6] C'est le rapport entre d'une part les personnes sans emploi mais à la recherche active d'un emploi et d'autre part la population active, le tout exprimé en pour-cent.

### 1.2.2 John Maynard Keynes

John Maynard Keynes est né en Angleterre en 1883 et montre un intérêt précoce pour l'économie. A l'âge de quatre ans et demi, il s'interroge sur le sens économique du taux d'intérêt[7]. A six ans il se demande comment fonctionne le cerveau humain. Il reçoit une bourse d'études pour Eton où il reçoit tous les prix possibles. Ensuite King's College à Cambridge en Angleterre. Après une tentative de carrière dans le service public, il atterrit comme professeur à Cambridge où il s'intéresse un peu à tout[8]. Il écrit un traité sur la monnaie et la finance puis un traité de probabilité. Lors des conférences qui ont eu lieu à la fin de la première guerre mondiale à Versailles, Keynes participait mais il n'était pas en faveur du traité qui fut signé car déjà il prévoyait les problèmes qui allaient se poser par la suite.

Avec un capital initial de quelques milliers de *livres* il s'est mis à spéculer sur les marchés internationaux... pour presque tout perdre. Avec un prêt, il réussit à redémarrer et finalement à amasser une fortune importante en donnant ses ordres d'achat et de vente le matin, de son lit, après avoir étudié pendant une demi-heure la presse.

### 1.2.3 The General Theory of Employment, Interest and Money

Cet ouvrage est d'importance égale à *la Richesse des Nations* d'Adam Smith, donnant une explication de la crise de 29 mais expliquant aussi pourquoi le programme de Roosevelt fut une bonne idée. L'idée centrale est qu'il peut y avoir équilibre sur le marché des biens et services ainsi que sur le marché financier mais pas sur le marché du travail. En effet si on regarde l'économie dans sa globalité, des situations de chômage important peuvent persister alors même que les salaires diminuent. Même si les chômeurs acceptent une baisse des salaires (ce qui serait le mécanisme naturel chez Adam Smith) les entreprises n'emploieront pas forcément plus d'ouvriers. Cela peut arriver lorsque la demande des biens produits ou de services est basse. En bref, même si le produit est vendu pour très peu on n'en veut pas car on a à peine de quoi manger. Donc, la demande de biens et services sera basse car, les consommateurs, dont beaucoup sont au chômage, ne sont pas prêts à payer et consommer plus. L'économie est bloquée, un peu comme si un petit caillou tombait dans les engrenages d'un moteur. Dans la théorie de Keynes, l'accent est mis sur les rigidités du système économique. Si le gouvernement n'intervient pas, c'est seulement dans le long terme qu'il y aura restructuration de l'économie, création de nouveaux biens et changements structurels où l'on passe d'une économie intensive en capital en une économie intensive en travail.

Comprendre en détail les idées de Keynes n'est pas facile sans quelques outils analytiques que nous allons présenter dans les chapitres suivants de ce cours. La morale de cette nouvelle histoire est que pour relancer ou débloquer une économie, il est nécessaire de recourir à une politique interventionniste. Si l'Etat se met à acheter un peu, alors la richesse des consommateurs s'améliore. Ils achèteront de nouveau, et un effet de boule de neige s'ensuivra.

Cette théorie ne remonte qu'au début de ce siècle. Pas étonnant donc que l'économie pratiquée par nos hommes politiques ne fonctionne pas trop bien encore : l'économie est une *science* tellement jeune et encore en pleine évolution où beaucoup de mécanismes ne sont pas encore compris.

Après la Deuxième Guerre mondiale, forte de la compréhension qu'une intervention gouvernementale pouvait être bénéfique, une nouvelle vague d'économistes a poussé ce genre de logique à l'extrême et a pensé qu'il devait être possible à l'Etat de réguler l'économie avec beaucoup de

[7] Pourtant il n'est pas tombé dans une marmite à potion magique que je sache.

[8] A noter que l'examen le moins bon que fit Keynes dans le concours d'entrée était celui d'économie. Keynes disait par la suite que le correcteur n'avait rien du comprendre à l'économie.

précision[9]. Cela s'est soldé par un échec qu'on a expliqué par la formation d'*anticipations rationnelles.* Oui, oui. Nous en ferons également connaissance. C'est ainsi que certaines des idées des classiques ont été reprises dans les années 60 pour former une nouvelle théorie (doctrine), celle des *néoclassiques.* Chez les néoclassiques, les marchés s'équilibrent mais ils admettent qu'il faut un certain temps avant que cela se passe. Les néoclassiques pensent aussi qu'un contrôle très fin de l'économie par l'Etat n'est pas possible.

Confronté au chômage élevé et persistant dans certains pays d'Europe, la mode est actuellement d'être *néo-keynésien* et de chercher à expliquer les idées de Keynes par des fondements microéconomiques.

Ce cours met l'accent sur les deux aspects : classique et keynésien en distinguant dans les différents chapitres les modèles du court terme et celles du long terme.

Le lecteur devrait maintenant comprendre qu'on aurait parfaitement pu donner d'autres titres à ce chapitre qui auraient tous eu la même signification économique : par exemple on aurait pu dire Adam Smith contre John Maynard Keynes, les néoclassiques contre les néokeynésiens, le court terme contre le long terme, finalement on aurait aussi pu dire rigidité des prix contre prix flexibles.

Dans les prochains chapitres nous allons d'abord étudier la comptabilité nationale et le rôle de la monnaie. La création monétaire et les aspects institutionnels y ayant trait sont étudiés avec beaucoup de détails ce qui devrait permettre une compréhension plus générale du marché bancaire et financier. Ensuite nous considérons que dans le court terme les prix sont rigides mais flexibles dans le long terme. L'analyse du court terme nous amène alors dans l'analyse keynésienne proprement dit. Après étude de la Grande Dépression nous revenons à une justification de la formation des prix en utilisant l'intuition issue des courbes de demande et d'offre. La partie la plus technique du cours est celle où un petit modèle macroéconomique à équations dynamiques est développé. Après cet apogée nous revenons à la modélisation de l'économie ouverte, puis ce cours termine en donnant quelques fondements *microéconomiques* de la macroéconomie.

[9] On appelle cela en anglais le *fine tuning* keynésien.

# Chapitre 2

# Éléments de comptabilité nationale

L'importance de l'économie est devenue particulièrement claire lors de la Grande Dépression des années 30. C'est suite aux travaux de Keynes que l'on s'est rendu compte du rôle important que peut jouer un gouvernement pour sortir un pays d'une grave récession. Afin de connaître la magnitude des divers flux, tant en termes de biens et services qu'en termes de flux monétaires, les gouvernements ont instauré des centres nationaux de statistique (tel que l'Institut National de la Statistique et des Études Économiques (INSEE) pour la France) qui cherchent à comptabiliser les **flux** à travers les économies respectives.

Dans le cas de la France les données recueillies par l'INSEE sont mises à la disposition du Ministère de l'Économie et de la Finance et de la Banque de France. De nombreux autres utilisateurs de ces données existent : les organismes internationaux qui cherchent à dresser un bilan du monde, les grandes banques et entreprises qui utiliseront ces données pour évaluer certains risques qui peuvent apparaître ou pour effectuer des prévisions indépendantes permettant d'ajuster leur production.

La mise en place d'une institution permettant de comptabiliser les flux est généralement l'un des premiers soucis d'un pays émergent. C'est uniquement si on sait comment circulent les diverses grandeurs que le gouvernement peut prendre des mesures pour les changer.

Dans ce chapitre nous allons nous familiariser avec des considérations de base. Il s'agira de nombreuses définitions qu'il faudra acquérir et comprendre. Heureusement elles sont très facilement compréhensibles.

## 2.1 Notions de base

### 2.1.1 Flux et stocks

Afin de comprendre ces deux notions nous allons procéder par analogie. Pensons à une baignoire où on a mis le bouchon. Si on laisse couler de l'eau la baignoire se remplit. Dans ce cas le **flux** est la quantité d'eau qui a coulé dans la baignoire pendant un certain temps. Le **stock** correspond à la quantité d'eau qui se trouve dans la baignoire à un instant donné. Il peut y avoir bien entendu des fuites dans la baignoire si le bouchon ne ferme pas bien. Dans ce cas il s'agit d'un autre flux. On peut connaître l'état du stock en connaissant l'ensemble des flux historiques. Si au départ la baignoire était vide et qu'on sait combien d'eau a coulé par unité de temps dans et hors la baignoire on saura déterminer le niveau d'eau à n'importe quel instant. Cela nous conduit aux problèmes de baignoire de la maternelle bien connus (?). Nous n'allons donc pas insister d'avantage sur ce point.

Donnons quelques exemples de flux et de stocks en économie :

- La **formation de capital fixe**, c'est-à-dire l'achat de machines ou bâtiments, constitue un flux ; le stock associé s'appelle le capital fixe. Le capital fixe se **déprécie**, c'est-à-dire qu'il perd de la valeur soit par usure, soit parce que le matériel tombe en désuétude. Par analogie, la dépréciation peut être vue comme une fuite de la baignoire.

- Si la banque centrale change la quantité des billets en circulation (le stock) alors la quantité de billets retirés ou mis en circulation constitue un flux.
- Tandis que la quantité de chômeurs dans un pays constitue un stock ; les nouveaux chômeurs (les gens à peine licenciés) ou les départs (les gens nouvellement embauchés) constituent des flux.
- Pour une entreprise, le bilan donne pour un instant dans le temps une mesure des stocks. Le compte des pertes et profits donne une idée des flux.

Ainsi un flux est une variable économique mesurée entre deux périodes et un stock est une variable mesurée en une date précise.

### 2.1.2 Les agents et agrégats économiques

En comptabilité nationale, exactement comme pour une entreprise, on considère plusieurs comptes permettant de mesurer les flux de certaines entités économiques. Bref, on veut savoir qui a acheté tant ou tant. Bien entendu on ne veut pas connaître les dépenses individuelles mais on aimerait avoir une idée des dépenses globales. Avant de considérer une représentation très générale de l'économie commençons par un modèle simplifié permettant de comprendre les bases.

Dans ce modèle très simple nous allons distinguer trois **agents**. L'action de ces agents est supposée représenter l'action agrégée de beaucoup de personnes ou d'organismes dans l'économie. Le premier agent que nous allons considérer sont les **ménages**. La fonction principale d'un ménage consiste à **consommer** des biens et services pour satisfaire ses besoins. Ce sont donc les consommateurs finaux des biens produits dans une économie. Le macroéconomiste ne distingue pas si le ménage est composé de chômeurs, de chefs d'entreprise avec des salaires très élevés (d'ailleurs mérités) ou de fonctionnaires. Il met tout dans un même panier et regarde le comportement dans son ensemble. Souvent l'économiste parle d'un **agent représentatif**. Par définition l'agent représentatif est un individu fictif dont le comportement correspond à celui d'un individu moyen.

Notre deuxième agent est l'**État**. Quand on parle des **dépenses publiques** on ne fait pas la distinction entre le salaire versé au fonctionnaire qui établit les permis de conduire ou les dépenses pour l'achat d'avions de chasse. Bien entendu on pourrait faire des comptes séparés pour les divers types de dépenses publiques mais pour les besoins de ce cours il n'y a pas besoin.

Le dernier agent considéré est l'ensemble des **entreprises**. Dans ce dernier ensemble on mettrait aussi bien les entreprises qui fabriquent des machines, des sociétés de conseil et des exploitations agricoles.

Ces différents agents interagissent. Par exemple les ménages travaillent ou mettent leur **capital** à la disposition des entreprises. Ici la notion de capital est un agrégat. Le capital est constitué de la propriété terrestre et de l'épargne.

### 2.1.3 Grandeurs réelles et nominales

Dans cette section nous allons définir la distinction entre grandeur **réelle** et **nominale**[1]. Si nous pensons à une noix de coco en tant que bien sur une étagère de magasin nous avons affaire

[1] Au lieu de parler d'une grandeur en *termes réels* on parle aussi d'une grandeur en **volume**.

à la grandeur en **termes réels**. Une noix de coco peut s'acheter en échange d'une certaine quantité de monnaie. Quand on pense en termes monétaires on pense en **termes nominaux**.

Bien qu'une noix de coco reste une noix de coco, à cause de phénomènes monétaires le prix de celle-ci peut changer rapidement. Plus tard nous verrons comment calculer des indices de prix permettant de corriger ces phénomènes monétaires.

### 2.1.4 Notations et conventions

Par la suite nous allons avoir besoin des notations et conventions suivantes représentant des flux :

- $Y$ : Valeur de la production réelle des entreprises pendant un certain temps.
- $C$ : Consommation des ménages.
- $SP$ : Épargne privée. L'épargne cumulée réalisée pendant certaines périodes de temps augmente la **richesse des ménages**[2].
- $SG$ : Épargne du gouvernement. Si $SG$ est négatif, ce qui est le cas la plupart du temps pour la plupart des gouvernements, on parle d'un **déficit gouvernemental.** Exactement comme un individu peut cumuler des épargnes, le gouvernement peut également épargner. Comme il s'agit en général d'un cumul de grandeurs négatives on obtient la dette nationale[3].
- $SR$ : Épargne des non-résidents. Si cette épargne est positive alors les non-résidents deviennent propriétaires en France. Pas de panique, cela ne veut pas dire que la France est vendue ! Un non-résident peut laisser de l'argent sur un compte bancaire français, dans ce cas il a droit à une partie de la Banque. Il peut aussi s'acheter des actions auquel cas il a droit à une partie de l'entreprise en question.
- $I$ : Investissement, $K$ : Stock de Capital.
- $F$ : Transferts du gouvernement vers les ménages. Les transferts tels que l'allocation chômage ou l'allocation familiale font partie de cette grandeur.
- $T_d$ : Taxes directes. Elles sont prélevées directement auprès des entreprises et des ménages. Des exemples de taxes directes sont l'impôt sur la fortune ou sur le capital.
- $T_b$ : Taxes indirectes. C'est une quantité de monnaie prélevée par le gouvernement qui s'ajoute sur le prix du bien vendu et qui n'est pas contrôlé par celui qui vend le bien[4]. Par exemple la taxe à la valeur ajoutée (TVA) est une taxe indirecte. Nous verrons plus loin le concept de valeur ajoutée et le fonctionnement de la TVA. En milieu de 1999 le taux de la TVA sur les produits de base est de 20.6%. Supposons pour illustrer qu'un boulanger vend une baguette de pain pour 5 F alors le consommateur payera $5 + 0.206 \cdot 5 = 6.03$ F[5]. Le boulanger devra payer 1.03 F au gouvernement et pourra mettre 5 F dans la caisse.
- $T = T_d + T_b - F$ : Revenu net du gouvernement. Cette variable représente les impôts au sens large moins les transferts aux ménages. L'utilisation de cette grandeur permet de

[2] Le $S$ provient du mot anglais *saving* signifiant épargne.

[3] On choisit de parler d'épargne du gouvernement parlant d'une grandeur négative, cela permet d'écrire de manière plus élégante une certaine formule qui apparaîtra dans 5 pages.

[4] On suppose qu'il n'y a pas de tricherie au niveau du payement des impôts.

[5] Quand je pense que 20.6% partent au gouvernement, l'envie de m'acheter quoi que ce soit me passe. Pas étonnant que notre économie ait du mal à démarrer.

porter l'accent sur les **revenus nets** du gouvernement. On parle de revenu car ce que le gouvernement nous prend en termes de taxes est généralement supérieur aux transferts.

- $X$ : Exportation, $Im$: Importation et $NX = X - Im$ l'exportation nette. Par convention on définit l'exportation nette plutôt que l'importation nette; cela permet de n'avoir que des signes plus dans une relation qui fera son apparition sous peu.
- $G$: Dépenses du gouvernement. L'encadré suivant donne le détail de ce que le gouvernement fait avec 1000 francs.

**Anecdote :** Lorsque vous remplissez votre déclaration des impôts vous recevez une fiche dont le but est probablement de vous consoler. Elle cherche en effet à vous expliquer à quoi servent nos impôts. Ainsi quand l'État dépense 1000 F, il consacre

- 224 F à l'éducation, la formation, la culture et la recherche
- 151 F pour la défense
- 132 F à l'action sociale, la santé, l'emploi et le logement
- 116 F aux subventions et aides en faveur des collectivités locales
- 109 F au paiement des intérêts de la dette publique
- 109 F aux missions régaliennes comme la sécurité et la justice
- 105 F pour l'action économique
- 54 F à la contribution de la France au budget européen

Nous allons maintenant considérer les flux associés aux divers agents économiques (ménages, entreprises et gouvernement) sans nous interroger comment on pourrait les influencer. Cela viendra plus tard. Pour illustrer, nous allons prendre la consommation, $C$, comme un flux qui s'est réalisé pendant une certaine période de temps sans nous demander de quoi elle dépend. Dans l'une des sections suivantes nous allons chercher à modéliser de quoi $C$ et les autres grandeurs peuvent dépendre. Pour le moment nous cherchons simplement à comprendre quelles sont les **relations comptables** de notre économie. À la fin d'une période, trimestre ou année, on peut calculer ces relations comme des identités. Nous procédons pour le moment un peu comme en comptabilité où on constate quel a été le chiffre d'affaires sans se demander pourquoi il prend telle ou telle valeur ou comment faire pour le faire changer.

## 2.2 Économie fermée et sans gouvernement

C'est l'exemple d'économie la plus simple que l'on puisse étudier. Au lieu de dire économie fermée on dit aussi parfois **économie en autarcie** et ce qu'on entend par là est une économie qui n'échange pas de marchandises avec les autres pays. En bref, il n'y a pas d'échange international. Le graphique suivant résume les divers flux entre agents.

Dans ce graphique les boîtes avec cadres gras correspondent aux acteurs économiques et la boîte avec cadre à trait discontinu au marché financier. Les traits gras sont des flux monétaires et les lignes fines sont des flux réels. Plus tard nous nous intéresserons uniquement aux flux monétaires et non plus aux flux réels. Il est important de comprendre qu'aux flux monétaires

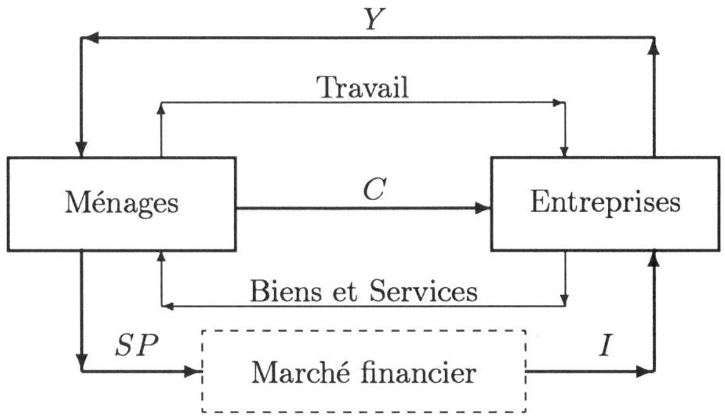


**Figure 1 : Les flux dans une économie fermée sans gouvernement**

correspondent des flux réels. Ainsi nous constatons que les entreprises versent aux ménages le revenu $Y$. Ce revenu est composé des salaires, des dividendes car les ménages sont propriétaires d'actions. Il peut aussi s'agir des versements sous forme d'intérêts des prêts que les banques ont bien voulu fournir aux entreprises.

En échange de ce revenu, les ménages ont mis, à disposition des entreprises, des facteurs de production. Les facteurs de production vus comme un agrégat constituent un flux réel. Pour ne pas surcharger le graphique nous avons ici seulement représenté le travail. On aurait pu rajouter capital ou matières premières.

Avec le revenu que les ménages ont reçu, ils peuvent effectuer des achats, c'est-à-dire consommer, $C$. Lors de la consommation ils reçoivent des biens ou des services qui sont des flux réels. Ce que les ménages n'ont pas consommé constitue de l'épargne (privée) $SP$. Le marché financier peut alors mettre à disposition des entreprises cette épargne. C'est avec cette somme que les entreprises peuvent investir. Au flux financier $I$ correspond un flux réel, pas représenté sur le graphique, allant des entreprises vers les entreprises constituant des achats des entreprises pour augmenter leur stock de capital fixe. Capito ?

Une façon de visualiser une telle économie est de s'imaginer Robinson Crusoe sur une île. Robinson met sa main d'œuvre à la disposition de l'entreprise dont il est d'ailleurs le seul chef. Il récolte le fruit $Y$ (au sens propre) de son travail. Ce qu'il n'a pas consommé constitue son épargne. Si son épargne est de la semence alors il s'agira d'un investissement qu'il peut faire fructifier (encore au sens propre).

### 2.2.1 Identité comptable

On obtient les identités comptables en regardant quels sont les flux qui entrent et qui sortent des divers **agrégats économiques**. Si on regarde les ménages on obtient la première des équations suivantes. Si on considère les entreprises on obtient la deuxième.

$$\begin{aligned} Y &= C + SP \\ Y &= C + I. \end{aligned}$$

Il s'agit d'identités car par définition le revenu des ménages sera donné comme la somme de la consommation et de l'épargne. On peut reécrire la première équation comme $SP = Y - C$, ce qui permet d'interpréter cette équation en disant que l'épargne privée $SP$ est ce qui reste du revenu $Y$ après avoir consommé $C$. Facile non ?

Un peu d'algèbre montre alors qu'en économie fermée sans gouvernement, ce que les ménages épargnent est égal à l'investissement :

$$SP = I.$$

Quelques remarques :

- Ce que nous venons de faire est une comptabilisation statique. Pour le moment nous n'avons rien à dire sur l'évolution dynamique d'une économie.
- Dans ces diagrammes, nous cherchons à mettre l'accent sur l'épargne et l'investissement qui jouent un rôle primordial chez Keynes.
- Ici on ne distingue pas l'ouvrier du propriétaire d'une entreprise. Ce que l'ouvrier ou le propriétaire reçoit comme salaire ou dividende est comptabilisé dans $Y$. Indirectement, ce que les entreprises ont accumulé comme réserves appartient aux ménages.
- Nous avons pour chaque flux réel un flux monétaire correspondant et vice versa.

## 2.3 Économie ouverte avec gouvernement

Ayant compris ce qui se passe dans une économie stylisée nous pouvons passer à une vision plus réaliste où nous laissons tomber les flux réels pour ne considérer que ceux monétaires. La représentation des flux économiques dans cette économie plus complète constitue une abstraction qui s'applique à n'importe quel pays de notre monde. Le graphique suivant résume les différents flux entre agents économiques[6].

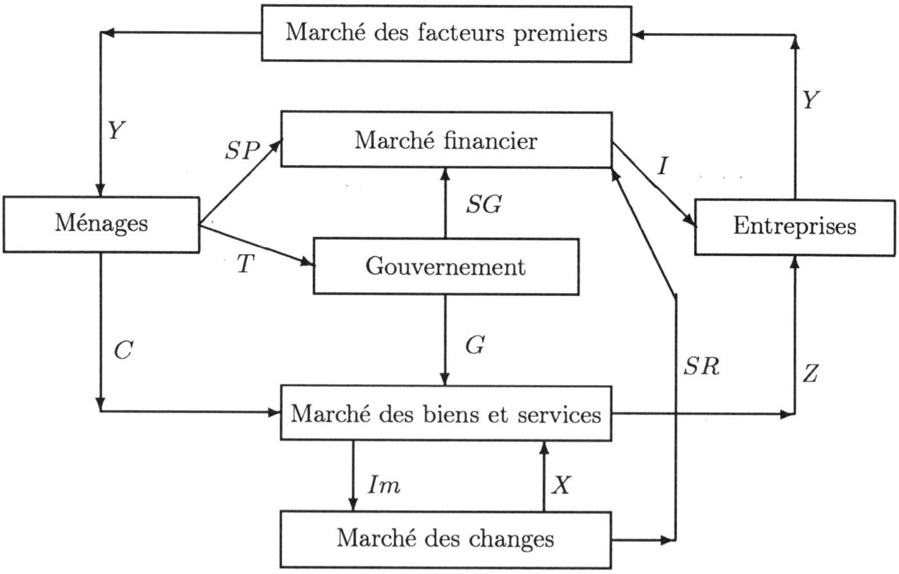


**Figure 2 : Économie ouverte avec gouvernement**

[6] Il est à noter que des modèles beaucoup plus détaillés où seraient distingués beaucoup plus de secteurs peuvent être facilement obtenus. Le raisonnement que nous établissons pour le modèle proposé se laissant transposer directement nous ne gagnerions rien du point de vue de ce cours.

Nous avons maintenant trois acteurs, les ménages, les entreprises et le gouvernement. Nous distinguons aussi divers marchés. Tout d'abord, il y a le marché des *facteurs de production* déjà mentionné. Ensuite il y a le *marché financier*, le *marché des biens et services* et le *marché des changes*. Le marché des changes sert ici d'interface avec les pays étrangers. Si un non-résident veut avoir une propriété en France il doit, selon ce modèle, passer par le marché de change et convertir sa monnaie étrangère en monnaie locale. Aussi tous les échanges de biens et services sont comptabilisés en monnaie locale. Si un non-résident possède une partie d'une entreprise française et qu'il est rémunéré sous forme de dividendes on considère que sa rémunération passe par les ménages puis revient au marché des changes. Soit que le non-résident décide de laisser son argent en France auquel cas il augmente son épargne. Soit qu'il décide d'acheter un produit local auquel cas il y a un flux au niveau de l'exportation, soit qu'il retire simplement son argent, flux sans contrepartie. $SR$ est ainsi le flux net de nouveaux capitaux (qui peut être négatif si le français achètent plus à l'étranger que les non-résidents n'achètent en France).

On obtient les identités comptables suivantes [7]:

$$\begin{aligned}
\text{Ménages :} \quad & Y = C + T + SP && (2.1)\\
\text{Entreprises :} \quad & Y = I + Z && (2.2)\\
\text{Gouvernement :} \quad & T = SG + G && (2.3)\\
\text{Biens et services :} \quad & C + G + X = Im + Z && (2.4)\\
\text{Marché des changes :} \quad & Im = X + SR && (2.5)\\
\text{Marché des facteurs de production :} \quad & Y = Y && (2.6)\\
\text{Marché financier :} \quad & I = SP + SG + SR. && (2.7)
\end{aligned}$$

Cherchons à partir des équations comptables (2.1) à (2.5) à retrouver l'équation (2.7). Tout d'abord (2.4) dans (2.2) donne

$$Y = C + I + G + X - Im = C + I + G + NX. \qquad (2.8)$$

Cette égalité indique que la production d'un pays est égale à ce qui est consommé par les ménages, ce qui a été utilisé pour augmenter le stock de capital de l'économie, et ce qui a été acheté par le gouvernement plus l'exportation nette.

Si $NX$ est positif ($X > M$) on parle d'**excédent commercial** et de **déficit commercial** dans le cas opposé. À partir de la définition d'exportation nette ($NX = X - Im$) et de (2.5) on tire $NX = X - Im = -SR$. L'identité $NX = -SR$ indique que si un pays importe plus qu'il n'exporte alors il perd un peu de son patrimoine national car il doit financer ces importations. Cela peut prendre la forme d'achats de parts d'entreprise par des non-résidents. Un exemple qui a fait beaucoup de bruit aux États-Unis fut la vente du Rockefeller Centre aux Japonais vers la fin des années 80. De manière similaire, dans les années 70-80 les Américains achetaient des châteaux entiers en France pour les transporter sur sol américain. Le gouvernement français a heureusement rapidement mis un frein à ce genre d'activité.

L'élimination de $C$ entre (2.1) et (2.8) donne, en utilisant le résultat précédent, $Y = Y - T - SP + I + G - SR$ d'où $I = SP + SR - G + T$. Utilisant finalement $T - G = SG$ donne bien (2.7) [8] Dans l'économie ouverte les entreprises peuvent investir seulement ce qui est épargné par les privés, le gouvernement et les non-résidents (épargnant en francs).

Considérons un pays qui n'a pas de **déficit commercial**, c'est-à-dire un pays qui exporte autant qu'il importe. Dans ce cas nous obtenons $X = Im$ et $NX = 0$. Pour un tel pays

[7] La variable $Z$ n'est qu'une variable auxiliaire qui n'a pas de signification économique particulière.

[8] Comprenez vous maintenant pourquoi nous avons défini $SR$ comme une épargne ?

$I = SP + SG$. L'épargne des privés et du gouvernement est égal à l'investissement. Cette égalité nous dit que si les dépenses du gouvernement sont plus grandes que le revenu alors le gouvernement doit aller sur le marché financier pour financer son déficit par exemple en vendant des obligations comme cela s'est passé lors de l'emprunt Balladur. Dans le cas extrême où les dépenses du gouvernement deviennent vraiment importantes l'investissement possible est fortement réduit. Dans ce cas on dira qu'on a un **effet d'éviction**. Nous reviendrons sur cet effet plus tard dans ce cours.

## 2.4 Les indices : $PIB$, $PNB$, etc.

Les entités auxquelles on s'intéresse dans cette section sont à considérer par rapport à une période de base qui peut être par exemple une année ou un trimestre. La plupart de ces variables peuvent se calculer de deux façons. Une fois dans l'optique du vendeur et une fois dans l'optique de l'acheteur. Cette double perspective permet de mettre en évidence l'économie souterraine[9].

Nous avons deux mesures importantes de la production de l'économie. Il s'agit du produit intérieur brut et du produit national brut. La distinction essentielle entre ces deux agrégats est fondée sur un critère géographique. La limite d'un pays sera ainsi celle déterminée par ses frontières. Nous allons maintenant montrer comment ces deux notions se distinguent.

### 2.4.1 $PIB$ - Produit Intérieur Brut

Le $PIB$[10] est le revenu total gagné à l'intérieur d'un pays. Ce revenu comprend donc aussi bien le revenu des non-résidents que des nationaux résidant dans un pays donné. C'est aussi la dépense totale pour les biens et services produits dans un pays.

**Exemple :** Il va de soi que le revenu d'un ouvrier français travaillant en France fait partie du $PIB$. C'est pour ce qui se passe à l'étranger que les choses sont plus difficiles. Ainsi, le revenu de l'ouvrier français résident en Espagne ne compte pas dans le $PIB$ français. En revanche le revenu d'un Japonais qui travaille à Paris en fait parti.

### 2.4.2 Formule pour construire le $PIB$ (nominal) en pratique

La difficulté est d'agréger des biens et des services de toute sorte. On aimerait aussi construire des indices qui nous permettent d'étudier l'évolution d'une économie à travers le temps. Illustrons par un exemple très simple et laissons pour une annexe les formules générales. Imaginons une économie où les seuls biens produits sont des pommes et des oranges et nous cherchons à mesurer l'importance de cette production. Supposons que les prix et les quantités produites soient données par les tableaux 1 et 2.

| date (fin année) | pommes | oranges |
|---|---|---|
| 2000 | 2 | 3 |
| 2001 | 3 | 4 |

**Tableau 1 :** Prix (francs par unité de bien) pour une économie fictive

[9] Un célèbre exemple est celui du bâtiment. Lorsqu'on regarde les statistiques des ventes de matériaux bruts on s'aperçoit que celles-ci sont beaucoup plus importantes que celles déclarées comme achat. La raison est que beaucoup de chantiers sont clandestins.

[10] En anglais cela s'appelle *Gross Domestic Product*.

| date (fin année) | pommes | oranges |
|---|---|---|
| 2000 | 1 | 2 |
| 2001 | 2 | 3 |

**Tableau 2 :** Quantités produites (et consommées) dans une économie fictive

Le $PIB$ est obtenu comme étant la valeur totale de toute la production nationale soit pour 2000 : $2{\cdot}1+3{\cdot}2=8$ et pour 2001 : $3{\cdot}2+4{\cdot}3=18$. Nous constatons dans cette illustration que le $PIB$ a augmenté entre 2000 et 2001 de 10 francs. L'observation des tableaux montre que les changements au niveau du $PIB$ sont causés par des changements de prix et de quantités. L'augmentation des prix est souvent un phénomène monétaire et il est alors important de savoir si une augmentation du PIB est due au fait que les prix ont augmenté (n'affectant alors probablement pas le bien être des gens) ou bien parce que la production s'est améliorée (auquel cas les ménages ont pu consommer plus avec grande joie).

Dans le calcul du $PIB$ du dessus nous définissons celui-ci comme la valeur globale de ce qui s'est vendu dans une année. Par conséquent, dans cette définition nous ne tenons pas compte de l'augmentation de la production en termes de quantités produites. Pour cette raison on dit qu'il s'agit là du $PIB$ **nominal**. Le $PIB$ nominal est donc une grandeur qu'on ne peut pas vraiment comparer d'une année à l'autre.

Il va de soit que puisque deux pays différents ont aussi deux monnaies différentes il n'est pas possible de comparer le $PIB$ nominal d'un pays avec celui d'un autre. L'utilisation d'un taux de change n'est également qu'une solution partielle puisque dans un contexte dynamique celui-ci peut varier. La seule possibilité pour vraiment comparer est d'utiliser des grandeurs réelles. Une solution pour comparer la production d'une année à l'autre est de prendre **les prix** des biens et services vendus dans une **année de base** par exemple l'année 2000 comme référence[11]. Ensuite on regarde pour les différentes périodes de temps comment le panier des biens vendus aurait changé de valeur. Puisque les prix sont fixés, si les quantités produites ont augmenté alors la valeur du panier a augmenté et donc le **niveau de bien être de la société** a aussi augmenté[12]. Une dernière grande difficulté réside dans la mesure de la qualité. Même si on a un PIB réel constant, le bien être peut être affecté si la qualité des produits change. Ainsi chaque nouvel ordinateur arrivant sur le marché intègre-t-il des composants de meilleure qualité sans que pour autant le prix de vente soit modifié. Dans un cours de macroéconomie de base nous ne tiendrons pas compte du besoin d'ajustement pour la qualité. Que le lecteur soit simplement informé que les indices **hédonistiques** en tiennent compte.

Supposons donc que notre année de référence pour les prix soit 2000. Alors la valeur du panier des biens produits en 2001 est de $2{\cdot}2+3{\cdot}3=13$. Puisque dans le calcul de cette expression on garde le prix constant, on parle du $PIB$ **de l'an 2001 au prix constant de 2000**. Puisque on peut comparer cette mesure d'une année à l'autre on peut appeler cela une **grandeur réelle**. C'est uniquement si le $PIB$ réel en 2002 est plus grand que le $PIB$ réel en 2001 que l'on peut dire que l'économie va mieux car on a mis plus d'articles dans le panier des biens produits.

[11] L'année de base est choisie de manière *ad hoc* par les institutions. On peut construire les séries en choisissant l'année de base de manière totalement arbitraire. Puisque le panier est composé de mêmes biens il convient de temps à autre changer la composition pour rester actuel. Il est probable que notre structure de consommation n'est pas la même qu'il y a deux cent ans... Voitures au lieu de chevaux, guitare électrique au lieu de clavecin, rasoir électrique au lieu de barbier, etc.

[12] On suppose ici que les quantités produites sont sensiblement les mêmes et qu'elles n'ont pas été remplacées par d'autres (En pratique il existe des moyens pour ajuster les séries même quand les composants changent).

### 2.4.3 Évolution des composants du $PIB$

Dans la section précédente nous avons appris comment mesurer la valeur d'un panier composé de biens hétéroclites. On peut appliquer cette technique pour mesurer le $PIB$ et ses composants. Le graphique suivant trace l'évolution des grands agrégats du $PIB$ entre 1970 et 1998.

On s'aperçoit que depuis une dizaine d'années la part de la consommation et de l'investissement dans le $PIB$ diminue. Cette diminution est compensée par une plus forte part des dépenses publiques et des exportations nettes. Depuis 1992 la France exporte plus qu'elle n'importe.

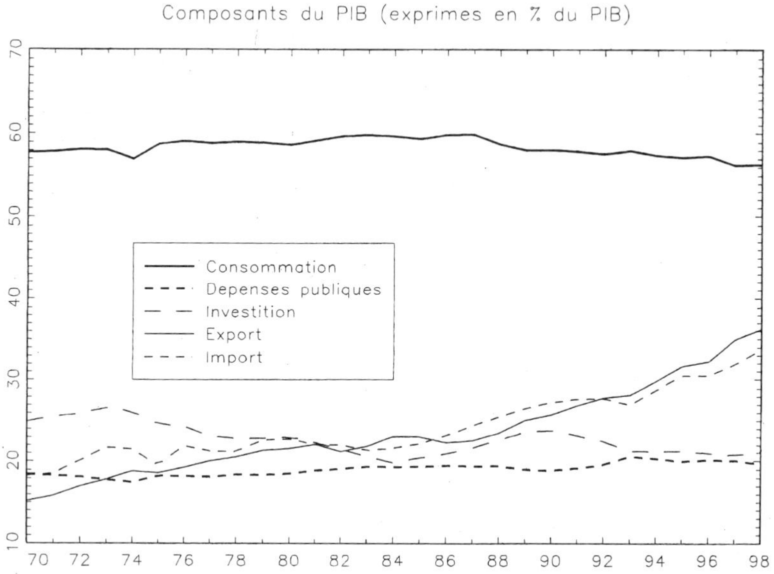


### 2.4.4 $PNB$ - Produit National Brut

Le $PNB$[13] est le revenu gagné par tous les citoyens d'un pays y compris celui gagné à l'extérieur d'un pays. C'est aussi la dépense totale d'une nation en biens et services.

**Exemple :** Considérons une entreprise française ou allemande établie en Espagne dont les ouvriers sont supposés être d'origine française habitant dans ce pays. Par définition le salaire reçu par ces français fait partie du $PNB$ français même si une bonne partie de leur revenu est probablement dépensée en Espagne sous forme de loyer et de nourriture. De même, ce que gagne un Japonais travaillant à Paris ne fait pas partie du $PNB$ français.

Le $PNB$ et le $PIB$ sont des mesures complémentaires. Dans la mesure où l'on s'intéresse à la production au sein d'un pays, le $PIB$ est plus parlant que le $PNB$. Numériquement, la différence entre $PNB$ et $PIB$ peut être importante si le pays a beaucoup d'unités de production implantées à l'étranger, comme cela est par exemple le cas de la Suisse.

On obtient ainsi que le $PNB$ français est égal au $PIB$ français augmenté des revenus de facteurs en provenance du reste du monde et diminué des revenus de facteurs versés au reste du monde.

### 2.4.5 Déflateur du $PIB$ et indice des prix

En prenant le rapport entre $PIB$ nominal et $PIB$ réel on obtient le déflateur du $PIB$. Il s'agit là d'un **indice des prix**. Revenons à l'exemple des sections précédentes. Si l'année de

[13] En anglais on dirait *Gross National Product.*

base est 2000 on obtient pour valeur du déflateur à la date 2001 18/13=1.38 ; c'est-à-dire une augmentation de 38% du niveau des prix. Un tel taux serait très élevé. Ces dernières années, le taux d'inflation en France a évolué autour de 2% annuels. Un taux comme 38% se rencontre dans des économies en transition comme la Russie.

Le déflateur est donc une mesure agrégée indiquant comment les prix ont évolué. Pour simplifier, on peut imaginer qu'il n'y a qu'un seul bien dans l'économie qui a comme prix le déflateur du $PIB$.

Il est à noter qu'il existe des indices plus restrictifs qui ne s'intéressent qu'à un segment de l'économie. La construction de ces indices se fonde toujours sur le même principe que celui décrit plus haut. Ce sont par exemple l'indice du logement et les indices pour les productions dans les divers secteurs économiques.

Le déflateur du $PIB$ est une première mesure de l'évolution des prix à travers le temps. Une autre mesure est l'**indice des prix à la consommation**, noté $IPC$[14]. Nous allons maintenant décrire comment on construit l'IPC. On rappelle que pour la construction du déflateur du $PIB$ nous avons pris des prix fixés pour l'année de référence et on a pris un panier de biens dont les quantités ont varié à travers temps. Pour obtenir l'indice du prix à la consommation on procède de manière duale. On choisit un panier de produits de consommation et on observe l'évolution de la valeur de ce panier. Avec les mêmes nombres que précédemment on obtient, si on choisit comme panier représentatif celui de l'année de base 2000, une valeur de l'IPC en 2001 de $1{\cdot}3+2{\cdot}4 = 11$. Le **taux d'inflation** entre l'année 2000 et 2001 s'obtient comme le rapport entre les valeurs prises par l'IPC pour ces dates. Soit 11/8=1.37; c'est à dire de 37%.

### 2.4.6 Comparaison des indices

- L'indice du prix à la consommation et le déflateur mesurent tous les deux l'évolution à travers le temps d'un panier de biens et services. Pour le déflateur, ce panier est le panier consommé le plus récent, tandis que pour l'indice du prix à la consommation on prend comme panier celui de l'année de référence.

- Le déflateur mesure seulement les biens produits dans le pays. Si un pays importe beaucoup, les composantes étrangères deviennent très importantes et dans ce cas l'indice du prix à la consommation est plus parlant.

- Si le panier (quantités) est gardé fixe à travers le temps, comme c'est le cas pour l'IPC on obtient un indice **Laspeyres**.

- Si le panier change à travers le temps mais que les prix sont fixes on obtient un indice **Paasche**. Ainsi le déflateur du $PIB$ est un indice Paasche.

- Lequel des deux indices est le meilleur ? En fait ni l'un ni l'autre. Le fait est que les consommateurs peuvent substituer un bien par un autre si les prix relatifs changent. Si le panier est fixe (Laspeyres) alors on va surestimer l'effet d'une hausse des prix de l'un des biens. Si l'indice est du type Paasche on sous-estime l'effet.

## 2.5 Définition de la valeur ajoutée

Le problème (qui n'en est pas vraiment un) est qu'une succession d'entreprises achètent et revendent des produits semi-finis avant que le bien final soit vendu au magasin. Faut il compter les produits semi-finis dans la production nationale ? Prenons l'exemple suivant : un magasin

[14] En anglais on dit *consumer price index* et le sigle est $CPI$.

vend des clous pour 10 francs et un ébéniste achète ces clous pour fabriquer un meuble vendu 100 francs. Si on calcule le PIB, en additionnant la valeur des deux productions, les clous seront comptés deux fois. Pour éviter ce problème, il faut calculer la véritable valeur de la richesse créée par les entreprises en ne prenant pas en compte les consommations intermédiaires. C'est ce que l'on appelle la **valeur ajoutée**. Ici la valeur ajoutée créée par l'ébéniste est de 100 (110-10). Illustrons ce qu'est la valeur ajoutée par un exemple.

| Entreprise | Achats | Travail | Marge | Vente | Valeur ajoutée |
|---|---|---|---|---|---|
| Mine | 0 | 100 | 20 | 120 | 120 |
| Pétrole | 0 | 50 | 20 | 70 | 70 |
| Entreprise A | 190 | 110 | 30 | 330 | 140 |
| Entreprise B | 330 | 20 | 50 | 400 | 70 |

**Tableau 3 :** Composantes de la valeur du produit.

Dans le tableau 3 on a deux entreprises qui produisent des matières premières et deux entreprises $A$ et $B$. L'entreprise $A$ achète les matières premières et les transforme en un bien semi-fini. Vient ensuite l'entreprise $B$ qui achète le bien semi-fini, le complète puis le vend dans son magasin pour 400 à un consommateur final. Les deux premières colonnes, *achat* et *travail*, représentent la rémunération pour les matières premières et le travail. La colonne *marge* représente la **marge bénéficiaire** de l'entreprise. Il s'agit d'une somme que le producteur est obligé de prélever pour effectuer des versements d'argent aux prêteurs et actionnaires. En effet ces derniers demandent une prime de risque pour avoir mis leurs fonds à disposition d'une entreprise qui pourrait faire faillite. Dans la marge se trouve aussi un pourcentage que l'entreprise utilisera pour effectuer de la recherche et du développement ce qui lui permettra de rester compétitif.

La marge de l'entreprise et le travail constituent de la valeur ajoutée. Lors de chaque étape, on obtient que la valeur de vente se compose de la valeur ajoutée et de la rémunération des matières premières. Ainsi, au niveau de la mine, on a supposé pour simplifier n'avoir aucun achat. Comme la rémunération des salariés est de 100 et que l'entreprise a besoin de 20 pour les actionnaires la valeur ajoutée est de 120.

Chaque entreprise déclare ses ventes à l'INSEE = 120+70+330+400 = 920. Le 920 ne correspond bien entendu pas à la valeur du produit final qui est finalement consommé (=400). L'astuce est de comptabiliser la valeur ajoutée qui sera donc de 120+70+(110+30)+(20+50) =400. Cela montre que le $PIB$ s'obtient bien comme valeur du bien final ou comme la somme des valeurs ajoutées par les entreprises.

La valeur ajoutée est par ailleurs une grandeur bien connue par les institutions puisque les entreprises doivent payer la taxe à la valeur ajoutée. Comment cela fonctionne-t-il ? L'idée de base est que le gouvernement désire prélever une taxe de 20.6% pour chaque bien consommé. Si un produit coûte 400 alors le gouvernement rajoute 82.40 ce qui conduit à un prix final de 482.40. Bien entendu le gouvernement pourrait promulguer une loi qui stipule que, lors de chaque vente de bien final, le magasin doit rajouter les 20.6% et surtout, doit aussi les payer au gouvernement. Eh oui, il y a des gens malhonnêtes ! Afin de réduire ce problème le gouvernement taxe de 20.6% toute transaction entre entreprises lesquelles peuvent récupérer de la TVA sur tous les achats auprès d'autres entreprises. Revenons à notre tableau 3. La mine et le producteur de pétrole n'ont pas d'achat auprès d'autres entreprises. Par conséquent toute leur vente est assujettie à la TVA. La mine payera $120 \cdot 0.206 = 24.72$ et le producteur de pétrole payera $70 \cdot 0.206 = 14.42$. Ces deux producteurs de matières premières vont donc vendre leur biens pour 144.72 et 84.42. Au niveau de l'entreprise $A$ les choses deviennent plus intéressantes. Bien entendu $A$ devra payer de la TVA sur la vente finale, soit $330 \cdot 0.206 = 67.98$. Cependant $A$ peut récupérer de la TVA. Elle déclare au gouvernement d'avoir acheté des matières premières pour un coût total de 144.72+84.42=229.14. Sur cette somme il y a exactement 20.6% qui correspondent aux prélèvements du gouvernement. Un simple calcul (229.14/1.206) montre, qu'avant TVA, la valeur des produits achetés aurait été de 190. L'entreprise $A$ conclut que 229.14-190=39.14 correspond à de la valeur ajoutée. On vérifie par ailleurs que 39.14=24.72+14.42. L'entreprise $A$ peut donc récupérer auprès du gouvernement 39.14 en sorte que la TVA nette qu'elle payera sera de 67.98-39.14=28.84. Il est à noter que 28.84 correspond exactement à 20.6% de la valeur ajoutée de $A$ qu'on rappelle valoir 140. Cela montre que, par un jeu subtil de taxation et de récupération de taxe, le gouvernement fait payer à chaque entreprise sa TVA. D'un point de vue agrégé, les pertes dues à la fraude seront donc beaucoup moins grandes. Ces calculs peuvent sembler complexes mais si on relit cette section deux fois, tout devrait être lumineux.

Il reste à remarquer que le gouvernement a donc deux possibilités pour évaluer la TVA qui devrait être payée: soit en regardant ce que les entreprises ont vraiment payé, soit en regardant la valeur de la vente finale de biens et services. Cela lui permet de cibler dans ses recherches contre la fraude fiscale les secteurs dont les pertes sont les plus importantes.

## 2.6 Autres mesures

Nous allons présenter des mesures de revenu en utilisant comme base le $PIB$. Si on corrige pour les rémunérations nettes des facteurs avec les pays étrangers on peut facilement se ramener aux mesures qui utilisent comme base le $PNB$. Avant de pouvoir donner ces définitions il faut cependant présenter quelques définitions secondaires.

### 2.6.1 Amortissement

On appelle aussi cette grandeur **dépréciation** ou **consommation de capital fixe**. C'est la perte en valeur des machines ou bâtiments à cause d'usure. Cette mesure d'usure des machines n'a rien en commun avec la notion comptable d'amortissement qui permet d'étaler les flux comptables correspondant à l'investissement à travers le temps. Un tel étalage permet aux entreprises de pouvoir diminuer leur profit et donc de payer mois d'impôts sur le bénéfice pendant plusieurs périodes au lieu d'une seule.

### 2.6.2 Produit Intérieur Net

Le produit intérieur net, $PIN$, est défini comme la différence entre le $PIB$ et l'amortissement

$$PIN = PIB - \text{ amortissement.}$$

On utilise cette définition si on veut tenir compte du fait que la dépréciation diminue le patrimoine d'une nation.

Il est à noter que l'on obtient facilement le Produit National Net ($PNN$) si on corrige le $PIN$ pour les revenus des facteurs nets comme cela a été indiqué pour le passage du $PIB$ au $PNB$.

### 2.6.3 Revenu national

Le revenu national est défini comme la différence entre le produit intérieur net et l'impôt indirect.

$$\text{Revenu national} = PIN - \text{impôt indirect.}$$

Si on veut mesurer quel est l'argent vraiment perçu par les entreprises, il faut utiliser le revenu national.

Si un entrepreneur décide que pour couvrir son coût de production et s'assurer d'une certaine marge de bénéfice il doit vendre son produit pour 100 F et si le taux de TVA est de 20.6% alors le prix que paye un consommateur en dernier lieu sera 120.60 F. Dans le revenu national figure alors seulement les 100 F que l'entrepreneur a reçu en dernier lieu.

Voici un pot pourri d'autres définitions utiles :

- Le $PIB$ au **prix du marché** est synonyme de la notion de $PIB$ comme nous l'avons défini plus haut, c'est-à-dire ce que paient en dernier lieu le consommateur, les entreprises et le gouvernement en incluant les taxes indirectes $= C + I + G$. En utilisant l'exemple du dessus, les 120.60 F payés en dernier lieu par le consommateur font partie du $PIB$ au prix du marché.

- Le $PIB$ au **coût des facteurs** $= PIB$ - impôt indirect $= C + I + G - Td$. Le $PIB$ au coût des facteurs est ce que les entreprises reçoivent en dernier lieu après avoir dû payer les impôts indirects. Dans l'exemple du dessus c'est le 100 reçu par l'entreprise. La distinction avec le revenu national réside dans l'amortissement.

En ultime lieu les ménages sont aussi propriétaires des entreprises. Cette observation permet de clarifier certains points qui, simplement en observant le diagramme des flux, n'apparaissent pas clairement. Par exemple, que faire avec les contributions sociales ? En pratique, ce sont des sommes versées automatiquement par les entreprises au gouvernement. Or il n'y a pas de flux entre entreprises et gouvernement. En utilisant le principe qu'en ultime lieu ce sont les ménages qui sont propriétaires des entreprises, pour un macro-économiste, les contributions sociales peuvent être vues comme un paiement des ménages au gouvernement. Pour nous, peu importe qui paye, l'important est de voir qui perçoit. On définit ainsi le revenu disponible comme étant le revenu des ménages moins les impôts nets. Formellement cela correspond à $Y - T$. Parfois on appelle ce revenu disponible le revenu *personnel* disponible. C'est ce dont un ménage peut librement disposer pour consommer ou épargner.

Que faire si on a produit plus qu'on a vendu et qu'il y a donc eu une variation des stocks ? On compte cela comme un investissement. Dans le $PIB$ il faut donc compter dans $I$ l'investissement direct plus la variation des stocks. Comme on le verra dans le chapitre du cours traitant de l'investissement il y a trois composantes de $I$. La première est l'investissement en résidences privées. La deuxième est l'investissement en bâtiments industriels et machines. La dernière est la constitution des stocks.

**Remarque :** Très souvent, dans l'exposition de ce cours on se restreint, lorsqu'on parle de flux économiques, aux variables $Y, C$, $I, G$, $NX, T$ en ne faisant pas de distinction pour $T_b$, $T_d$ et $F$.

**Remarque :** Si on considère une économie fermée, $Y$ peut désigner le $PIB$ où le $PNB$ comme on veut. Par contre si on considère $Y = C + I + G + NX$ en économie ouverte, comment interpréter $Y$ ? S'agit il du $PIB$ ou du $PNB$ ? Cela n'a pas d'importance, les raisonnements du cours sont cohérents avec les deux mesures. Si on interprète $Y$ comme étant le $PIB$, il faut exclure les salaires perçus par les français à l'étranger et inclure le salaire des étrangers en France ; inversement pour le $PNB$.

# APPENDICE

Nous allons donner ici pour le cas général les formules pour le $PIB$ (ou le $PNB$) lorsque nous avons plus de deux biens. Pour une certaine date, $t$, soit $q_i^t$ la quantité vendue d'un certain produit au sein d'un pays et soit $p_i^t$ le prix final du produit (payé par le consommateur donc comprenant la TVA). On obtient le produit intérieur brut, à la date $t$, en additionnant les valeurs dépensées pour les divers produits qui existent dans l'économie. On suppose qu'il y a $N$ produits dans l'économie. Puisqu'on prend les prix et les quantités qu'on aurait achetées à un moment donné on parle du $PIB$ nominal.

$$PIB_t = \sum_{i=1}^{N} p_i^t q_i^t.$$

Si on garde le prix constant on parle du $PIB$ **de $t$ au prix constant de $xx$.**

$$\sum_{i=1}^{N} q_i^t p_i^{xx}.$$

Puisque on peut comparer cette mesure d'une année à l'autre on peut appeler cela une **grandeur réelle**. C'est uniquement si le $PIB$ réel en $t$ est plus grand que le $PIB$ réel en $xx$ que l'on peut dire que l'économie va mieux.

$$\text{Déflateur du } PIB_t = \frac{\sum_{i=1}^{N} p_i^t q_i^t}{\sum_{i=1}^{N} p_i^{xx} q_i^t}.$$

Le déflateur mesure comment les prix ont évolué. Pour voir cela on peut imaginer qu'il n'y a qu'un seul bien dans l'économie. Dans ce cas le déflateur s'écrit $\frac{p^t q^t}{p^{xx} q^t} = \frac{p^t}{p^{xx}}$ et cela donne la variation du prix en $t$ depuis $xx$. On doit ainsi voir le déflateur du $PIB$ comme une sorte d'indice du prix pour un super bien qui serait constitué par tous les biens dans l'économie.

Si on choisit pour $q_i^t$ et $p_i^t$ les quantités et les prix des biens vendus par les ressortissants d'un pays, quel que soit leur lieu de travail dans le monde, et qu'on réplique les calculs du dessus, on obtient les analogues pour le $PNB$. La mesure de ces grandeurs est cependant difficile, c'est la raison pourquoi les économistes préfèrent le $PIB$ au $PNB$.

L'indice du prix à la consommation est donné comme la valeur d'un panier de produits de consommation choisi pour une année de base, à travers le temps. En général il s'agit d'un panier de biens consommés par les résidents à l'intérieur des frontières géographiques d'un pays. Avec les mêmes notations que précédemment on obtient, si on choisit comme année de base $xx$,

$$\text{Indice}_t = \frac{\sum_{i=1}^{N} q_i^{xx} p_i^t}{\sum_{i=1}^{N} q_i^{xx} p_i^{xx}}.$$

Une fois de plus, si on avait un seul bien, on aurait eu comme indice des prix $\frac{p^t}{p^{xx}}$ et on retrouve l'augmentation des prix.

# Chapitre 3

# La monnaie et les institutions monétaires

Lorsque nous allons chez un boulanger acheter une baguette de pain ou chez un garagiste pour acheter une voiture, il nous est naturel de payer soit en liquide soit avec un chèque ou une carte de crédit. Ce n'est pourtant pas depuis si longtemps que nous avons la possibilité d'acheter des biens ou des services avec autant d'aisance. Si vous voyagez en dehors de la France, vous verrez que vos chèques ne sont plus acceptés et parfois on refusera même votre carte de crédit, ce qui montre que même de nos jours l'accès aux moyens de paiement faciles n'est pas toujours garanti.

Dans ce chapitre nous allons étudier en détail le rôle de la monnaie, son origine mais aussi quel rôle jouent les intermédiaires financiers tels que les banques. Finalement nous verrons comment et dans quelle limite la banque centrale peut contrôler la masse monétaire.

## 3.1 Les fonctions de la monnaie ?

La monnaie a trois fonctions : C'est une réserve de valeur, une unité de compte et un moyen d'échange.

- **Réserve de valeur :** Si vous avez de l'argent et que vous désirez l'épargner vous pouvez le laisser sous votre matelas. Bien entendu, en termes réels, vous allez perdre en valeur à cause de l'inflation. Même en tenant compte de cette perte en valeur, il y a des gens qui gardent de l'argent pour pouvoir l'échanger à une date future contre un bien ou un service. En poussant l'exemple à l'extrême, si vous êtes un malfaiteur vous avez intérêt à ne pas passer par les intermédiaires tels que les banques et toute votre richesse sera probablement placée sous forme de grands billets [1].

- **Unité de compte :** On pourrait coter tous les prix en termes relatifs par exemple en disant que la valeur d'une voiture est dix mille chemises. Cela serait très compliqué car il faudrait connaître le prix relatif de tous les biens entre eux. Avoir une monnaie simplifie la vie.

- **Moyen d'échange :** La monnaie est ce que nous utilisons pour acheter des biens et services. Grâce à l'acceptation par tout le monde de la monnaie, nous n'avons pas besoin de faire du troc et donc de nous balader avec des frigos, des clous ou des bœufs... Les billets sont petits et faciles à transporter.

[1] En économie cela ne nous intéresse pas de savoir si la richesse est acquise de manière légale ou pas. Nous ne portons pas de jugement éthique mais ne faisons que constater certaines réalités.

**Anecdote : Monnaie dans un Camp de Guerre**
Pendant la Seconde Guerre Mondiale, une monnaie d'échange inhabituelle se développa dans un camp de prisonniers nazi. La Croix-Rouge fournissait les prisonniers en produits divers - aliments, vêtements, cigarettes, etc. Mais les rations étaient distribuées sans tenir compte des préférences de chacun, et le partage n'était naturellement pas optimal. Tel prisonnier aurait préféré du chocolat, tandis que tel autre aurait aimé du fromage, et un troisième une nouvelle chemise. La variété des goûts et lots aux prisonniers les conduisit à organiser des échanges.
Cependant, le troc ne s'avérait pas une bonne manière d'allouer les ressources, car il exigeait que les goûts des deux parties coïncident. Le troc n'était donc pas le système le plus simple pour s'assurer que chaque prisonnier reçoive ce qu'il appréciait le plus. Même une économie aussi restreinte que celle d'un camp de prisonniers nécessitait une monnaie d'échange pour faciliter les transactions.
Finalement, les cigarettes devinrent l'unité monétaire en vigueur, grâce à laquelle les prix étaient fixés et les échanges réalisés. Une chemise, par exemple, coûtait environ 80 cigarettes. Les salaires s'exprimaient aussi en cigarettes: un prisonnier proposait de laver le linge d'un autre pour deux cigarettes par vêtement. Les non-fumeurs acceptaient aussi volontiers des cigarettes dans un échange, car ils savaient qu'ils pourraient plus tard en obtenir un bien qu'ils recherchaient. A l'intérieur du camp de prisonniers, les cigarettes devinrent l'étalon de mesure, l'unité de compte et le moyen d'échange.

## 3.2 Les divers types de monnaie

### 3.2.1 La monnaie fiduciaire

Le billet français d'une **valeur faciale** de cinq cent francs n'a pas de **valeur intrinsèque**. C'est un bout de papier avec un peu d'encre dessus. La valeur écrite sur le billet n'est en aucune relation avec son coût de production. Ce genre de monnaie s'appelle **monnaie fiduciaire** car elle est créée par l'État qui a donné à la banque centrale le droit monopolistique de création monétaire et on a *confiance*[2] dans le bout de papier qui sert de monnaie. On appelle ce type de monnaie également **monnaie scripturale**. La banque centrale est le seul organisme dans l'économie ayant le droit d'imprimer les billets. En lisant ce qui est imprimé sur un billet, on constate qui si vous produisez vous-même des billets c'est la réclusion criminelle à perpétuité qui vous attend. Falsifier la monnaie est donc considéré comme aussi grave que tuer quelqu'un.

La Banque de France produit elle-même le papier à billets dans son usine de Vic le Comte. L'impression s'effectue dans les ateliers de Chamalières près de Clermont-Ferrand, et de Puteaux. La banque centrale contrôle continuellement les billets, elle retire les billets usagés de la circulation et les remplace par de nouveaux billets. Elle détruit également les faux billets.

### 3.2.2 De la monnaie marchandise à la monnaie fiduciaire

Même si de nos jours, la monnaie fiduciaire est prédominante, il y eut un temps où la monnaie utilisée était constituée par un métal précieux, souvent l'or ou l'argent. Parfois il s'agissait d'un bien, tel qu'un clou, de pierres spéciales trouées ou d'animaux... Ainsi on dit même aujourd'hui

[2] Confiance vient de *fiducia* en latin.

d'un témoin de tribunal qui ne parle pas, qu'il a *un bœuf sur la langue* pour dire qu'il a été payé pour ne rien dire...

Comment la monnaie évolue-t-elle d'une monnaie sous forme de bien en monnaie fiduciaire ? Si la monnaie est l'or, il faut, lorsque l'on fait ses courses, transporter un métal assez lourd et lors de chaque transaction laisser le temps au vendeur de se convaincre que l'or est d'une certaine pureté et d'un certain poids. Afin de réduire ce besoin de contrôle on a songé à transformer l'or en pièces. Une telle monnaie s'appelle **monnaie métallique**. C'est plusieurs siècles avant notre ère que les premières pièces de monnaie furent *frappées.* Cela assurait qu'en général les pièces représentaient vraiment la valeur qu'il y avait d'imprimé sur leur dos car avec la technologie de l'époque il n'était pas facile pour tout le monde de faire des fausses pièces. A noter que lorsque les deux enfants de François I^er^ furent kidnappés, la France paya à l'Espagne une rançon de 12 millions d'escudos, dont 40 000 pièces d'or fausses.

Dans une première phase la monnaie a donc évolué d'un bien avec une certaine valeur intrinsèque à une piece ou la valeur intrinsèque a été gravée dessus. Il est à noter que transporter des pièces très lourdes n'est pas une chose facile à faire et qu'il est plus facile de simplement laisser cet or chez un gardien et de faire circuler des billets donnant un droit sur ces pièces. Garder sa richesse sur soi ou sous son matelas encourage par ailleurs le vol. L'idée qui venait naturellement à l'esprit était de laisser cet or chez les premiers banquiers de l'époque qui émettaient des bons et garantissaient la valeur de ceux-ci. C'est à dire qu'un banquier s'engageait à convertir tout bon en or sur présentation de celui-ci. Ainsi au lieu de payer avec des pièces d'or on échangeait simplement des bons. Il est vraisemblable que l'on gardait de la monnaie pour les petites transactions et qu'on utilisait les bons uniquement pour les achats plus importants.

**Anecdote :** Le mot banquier a ses origines dans l'italien. Chez les Lombards les banquiers étaient typiquement assis sur un banc (qu'on appelle *banca* en italien) où ils attendaient leur clientèle. Si jamais un banquier était en faillite on rompait son banc. De là est né le mot banqueroute car rompu se dit *rotto* en italien.

Peu à peu est alors apparue l'idée de créer de bons standards, les billets comme on les connaît, et d'organiser les diverses banques sous une seule institution : la banque centrale. La banque centrale vérifiait alors que la quantité de billets correspondait à la quantité d'or déposée auprès des diverses banques. Cela signifiait qu'elle devait vérifier que les réserves d'or étaient suffisantes pour pouvoir garantir un remboursement des billets contre des unités d'or. Il va de soi que la banque centrale doit s'assurer que les billets sont difficilement falsifiables. Le temps a passé et bien que les individus aient toujours la possibilité de convertir les billets en or, peu à peu ils ont oublié cette possibilité. De nos jours le lien entre billets et or n'existe plus. C'est la banque centrale qui décide de la quantité de billets et pièces qui sont mis à disposition du public. Nous verrons bientôt que de nos jours ce que l'on considère être de la monnaie dépasse largement le cadre des billets et des pièces.

Il reste à remarquer que dans le bon vieux temps quand les billets étaient garantis convertibles en or les banques ont eu peur d'un éventuel cambriolage et elles ont déposé l'or à la banque centrale. La banque centrale des États Unis garde l'or que les diverses banques lui ont confié à Fort Knox, l'un des endroits les mieux gardés de la planète[3].

### 3.2.3 Qui contrôle l'émission des pièces et billets de monnaie ?

La quantité de monnaie en circulation constitue l'**offre de monnaie**. Dans le cas d'une monnaie métallique, l'offre de monnaie est en fait égale à la quantité de métal dans l'économie. Dans

[3] Fort Knox est connu à cause de *Goldfinger*, un certain film de James Bond.

le cas d'une monnaie fiduciaire, la quantité de billets mise en circulation est contrôlée par la banque centrale qui est un organisme plus ou moins indépendant du gouvernement. Ce sont les dirigeants de la banque centrale qui décident de la masse monétaire qui est à mettre en circulation. Leur décision se base sur le besoin de garantir un niveau des prix stables. Le but des banques centrales est donc de garantir un niveau d'inflation faible. Il reste à ce stade à remarquer que les banques centrales européennes sont indépendantes depuis relativement peu de temps. Avant cette indépendance le gouvernement avait souvent tendance à augmenter la masse monétaire pour des raisons qui deviendront évidentes dans les chapitres qui suivent.

Pour les USA, la banque centrale est la Federal Reserve Bank (FED). En Europe la banque centrale est la Banque Centrale Européenne (BCE). Elle se situe dans une grande tour à Frankfort en Allemagne. En France c'est la Banque de France et en Allemagne la Deutsche Bundesbank.

### 3.2.4 Les indicateurs monétaires

On mesure divers **agrégats monétaires**. Ci-dessous on les représente en termes de liquidité décroissante :

$$\begin{aligned} C &= \text{Pièces et billets en circulation} \\ M1 &= C + \text{ comptes courants} \\ M2 &= M1 + \text{ comptes à terme} \\ M3 &= M2 + \text{ placements à terme} \\ M4 &= M3 + \text{ bons du trésor} \end{aligned}$$

Quand on dit dans cette classification qu'un billet ou une pièce de monnaie est en circulation, on entend par là qu'elle se trouve ailleurs que dans une banque c'est à dire par exemple dans la caisse d'une entreprise ou dans un porte-monnaie. On choisit cette convention afin d'éviter qu'on compte la monnaie doublement dans $C$ et dans le compte courant.

Un compte courant est un compte sur lequel on peut effectuer toute transaction de paiement tel que **chèque**, ou **virement**. On parle aussi d'un **dépôt à vue**. Sur un compte à terme on ne peut plus faire de chèque. Un exemple de placement à terme est un *compte épargne logement.*

M1 représente les actifs financiers que l'on peut considérer être liquides, c'est-à-dire utilisables directement pour un paiement. M2 et M3, regroupent les actifs financiers que l'on peut utiliser pour paiement après une transaction bancaire : conversion d'une quantité placée sur un compte épargne vers un compte courant. Un tel transfert est facilement réalisable mais souvent il y a une commission bancaire à payer.

L'utilité de cette classification en divers agrégats est qu'elle permet d'obtenir des **indicateurs économiques.** L'évolution de ces indicateurs (en particulier M3) permet d'avoir une idée sur l'évolution future de l'inflation. Sans entrer dans les détails laissés à une section ultérieure disons simplement pour le moment qu'il existe une relation entre quantité de monnaie et niveau des prix. Nous avons déjà remarqué que la banque centrale vise à obtenir une inflation la plus basse possible et constante. Il est donc important pour elle de réguler la quantité de monnaie afin que celle-ci ne cause pas une variation de l'inflation ni à la hausse ni à la baisse (en supposant comme point de départ un niveau d'inflation faible). Malheureusement pour le gouverneur de la banque centrale l'évolution des prix est un phénomène qui prend beaucoup de temps (disons trois mois pour se fixer les idées). De plus la connaissance du niveau actuel de l'inflation est une inconnue. Nous avons déjà décrit comment l'INSEE calcule les indices de prix. La récolte du niveau des prix se fait typiquement avec des contrôleurs qui enquêtent sur la valeur du panier représentatif. C'est avec un délai significatif que le niveau actuel du prix est connu. Si la seule information disponible sur le niveau des prix était l'indice des prix le gouverneur de la banque centrale pourrait être vu comme un capitaine dans un vaisseau sans fenêtre. La bonne nouvelle est donc l'existence de cette relation entre monnaie et prix. D'autre part les agrégats monétaires définis ci-dessus sont facilement connus. En effet la banque centrale peut connaître la quantité de pièces et billets en circulation. Les banques individuelles doivent par ailleurs être en mesure de calculer quel est le niveau des divers comptes et des placements à terme. Il s'agit d'une simple addition sur beaucoup de comptes. C'est donc, parmi d'autres, en étudiant le niveau de la monnaie que le gouverneur saura dans quelle direction il doit diriger la monnaie. Nous verrons très bientôt comment le gouverneur peut contrôler la masse monétaire.

**Quelques remarques :**

- La richesse détenue sous forme d'obligations ou d'actions n'est pas comptée comme de la monnaie. Un crash boursier ne réduit donc pas la quantité de monnaie dans le sens où nous l'entendons ici.
- Un paiement par carte de crédit ou par chèque n'est pas considéré comme une augmentation de la masse monétaire, mais comme un transfert d'un compte à un autre.
- La distinction entre M2 et M3 n'est pas très nette et varie d'un pays à un autre.
- De temps à autre, on change les composants des différents agrégats monétaires selon les innovations financières. L'invention et l'acceptation globale de la carte de crédit a des effets sur la création de monnaie. Ainsi le délai entre le jour de paiement avec votre carte et l'instant où votre compte est débité peut être important. Vous pouvez en effet choisir d'être débité tout de suite ou seulement à la fin du mois. Dans le dernier cas vous pouvez faire, au milieu du mois, des dépenses pour lesquelles vous n'avez pas encore l'argent. L'institut de la carte de crédit vous fait donc un crédit ce qui vous permet de disposer pendant plus longtemps de vos autres liquidités.
- Dans la suite de ce cours nous supposerons que le contrôle de la banque centrale sur la monnaie est parfait. Dans la réalité la banque centrale est loin d'avoir un bon contrôle de la masse monétaire. En fait certains économistes vont même jusqu'à dire qu'ils ne savent pas du tout ce qu'est la monnaie. Cela est un peu exagéré.

### 3.2.5 Le pouvoir libératoire de la monnaie

Supposons que vous soyez pris en excès de vitesse sur le boulevard périphérique et que la police vous donne une contravention de mille cinq cent francs. Si vous avez une forte tête, l'idée de payer cette contravention avec trente mille pièces de cinq centimes pourrait vous venir à l'esprit. La somme correspondante à votre contravention est facilement transportable (poids d'environ 10 kg) et techniquement votre farce est donc réalisable. Si vous aviez la possibilité de payer en liquide, le policier auquel vous allez payer risque de ne pas être très content car il va devoir compter les quelques pièces...

Afin d'éviter des farces de ce genre, la banque centrale a limité le nombre de pièces que vous pouvez utiliser lors d'une transaction. Cela s'appelle **le pouvoir libératoire** des pièces de monnaie. Dans le cas des cinq centimes, le pouvoir libératoire est limité à cinq francs, c'est à dire cent pièces. Puisque vous désirez payer votre contravention avec plus de pièces que prévu par le pouvoir libératoire, le policier peut refuser votre paiement s'il le désire.

## 3.3 Le secteur bancaire

Dans cette section nous allons décrire le fonctionnement des banques. Ensuite nous décrirons quel est la possibilité d'intervention de la banque centrale parfois considérée comme la **banque**

**des banques**. Historiquement, comme par exemple dans les années 30, lors de la Grande Dépression, des banques ont connus des faillites. Plus récemment, les États Unis ont été secoués par des scandales tel que celui du *Savings and Loan* (correspondant à épargne et prêt). Dans cette section nous cherchons à mieux comprendre les conséquences de l'introduction d'une monnaie scripturale mais aussi comment une crise bancaire peut arriver.

### 3.3.1 Le processus de création monétaire

Notre premier exercice est de comprendre comment se forme la monnaie dans le sens M1. Les extensions pour M2 et M3 demandent un petit effort de modélisation supplémentaire mais n'ajoutent rien à la compréhension économique.

Nous allons considérer le cas d'un système économique constitué par un petit village situé en Armorique entouré de camps romains aux noms antiques : Aquarium, Babaorum, Laudanum et Petitbonum. Nous allons aussi supposer qu'un jour un romain qui a fait ses études à la Haute École des Conquérants dépose 1000 sesterces en or dans la carrière d'Obélix, en espérant que cela sèmera la zizanie d'une façon ou d'une autre dans le village. On suppose qu'à part ces 1000 sesterces il n'y a pas d'argent dans l'économie, que tous les individus du village font des choix semblables et qu'il y a deux banques B1x et B2x.

On appelle les 1000 sesterces qui représentent la seule monnaie dans notre économie la **base monétaire** (qu'on notera par $B$). Obélix décide de garder une fraction $c$ (par exemple $c = 0.1$) de cet or en poche[4], et il dépose $(1-c)B = 900$ dans la banque B1x. Le bilan de la banque B1x après qu'Obélix ait déposé son argent est :

Banque B1x

| Actif | | Passif |
|---|---|---|
| Réserves | 900 | Dépôt d'Obélix 900 |

Montrons maintenant que si les banques ont le droit de faire des prêts, il y a création de monnaie. Supposons donc que toutes les banques sont autorisées à prêter jusqu'à une certaine limite. Soit $r$ le pourcentage du dépôt que la banque doit toujours garder en réserve (par exemple $r = 0.2$)[5]. Ainsi B1x peut prêter jusqu'à un montant $(1-r)(1-c)B = 720$ sesterces mais devra toujours garder $r(1-c)B = 180$ sesterces en réserve. (En pratique B1x prête le plus qu'elle peut pour avoir le plus d'intérêt possible).

La banque prête ainsi, par exemple à Bonnemine $(1-r)(1-c)B$ afin que celle-ci puisse acheter un nouveau bouclier pour son mari adoré. Le maréchal ferrant devient alors le propriétaire du montant $(1-r)(1-c)B$. Il décide de garder (comme l'a fait Obélix avant lui) une fraction $c$ en

[4] Disons pour s'acheter du poisson, lequel n'est pas toujours frais.

[5] Le paramètre $r$ utilisé ici n'a rien à voir avec un taux d'intérêt. C'est juste pour rester conforme aux notations utilisées dans la littérature que nous avons choisi $r$.

poche (c'est à dire un montant de $c(1-r)(1-c)B$ et de mettre le montant $(1-r)(1-c)^2B$ à la banque B2x.

Maintenant on peut continuer sur cette lancée, B2x peut prêter au plus $(1-r)^2(1-c)^2B$ auquel cas ses réserves seront de $r(1-c)^2(1-r)B$. Il est à noter que si une banque décide de garder plus que ce qui est strictement nécessaire alors on dit qu'elle a des **réserves excédentaires**.

On peut maintenant comptabiliser combien il y a de pièces et de billets en circulation, qu'on nomme aussi le **cash**, $C$, dans les diverses poches :

$$\begin{aligned} C &= cB + c(1-r)(1-c)B + c(1-r)^2(1-c)^2B + \cdots \\ &= \frac{cB}{1-(1-c)(1-r)}. \end{aligned}$$

Et de même on obtient que les réserves (notées $R$) se montent à :

$$\begin{aligned} R &= r(1-c)B + r(1-c)^2(1-r)B + r^{(}1-c)^3(1-r)^2B + \cdots \\ &= r(1-c)B[1 + (1-c)(1-r) + (1-c)^2(1-r)^2 + \cdots] \\ &= \frac{r(1-c)B}{1-(1-c)(1-r)}. \end{aligned}$$

A combien se montent le cash et les réserves ? On vérifie facilement que $B = C + R$. Il s'agit d'une identité comptable qui doit être toujours vraie quelque soit $r$ ou $c$.

Quelle est la quantité totale des dépôts (notée $D$) dans cette économie ?

$$\begin{aligned} D &= (1-c)B + (1-c)^2(1-r)B + (1-c)^3(1-r)^2B + \cdots \\ &= (1-c)B[1 + (1-c)(1-r) + (1-c)^2(1-r)^2 + \cdots] \\ &= \frac{(1-c)B}{1-(1-c)(1-r)}. \end{aligned}$$

Ce qui montre que les dépôts sont liés par une relation simple avec la base monétaire. On en tire $R = rD$. Cette relation traduit simplement le fait que si chaque banque garde $r$ pourcent de son dépôt sous forme de réserve, alors le niveau agrégé $R$ doit aussi correspondre à une fraction $r$ de $D$.

On constate qu'à partir des 1000 sesterces s'en sont crées beaucoup plus dans l'économie mais uniquement sous forme d'écriture. Ainsi, sur le papier B1x doit 900 sesterces à Obélix alors qu'elle n'a que 180 en réserve. On rappelle que la quantité de monnaie à laquelle on s'intéresse ici, notée simplement par M, est la somme du cash et des dépôts.

Ainsi

$$\begin{aligned} M &= C + D \\ &= B - R + D = B + (1-r)D \\ &= \frac{B}{1-(1-c)(1-r)}. \end{aligned}$$

Ce qui montre aussi que $cM = C$. Le résultat est une fois de plus logique car de chaque somme reçue, chaque individu garde une fraction $c$ en poche. Le total des sommes d'argent versées dans l'économie n'étant rien d'autre que $M$.

La formule du dessus nous dit que $M$ est proportionnelle à $B$ où le facteur multiplicatif appelé **multiplicateur de création monétaire** ne dépend que de $c$ et de $r$.

Ayant obtenu des formules par le calcul mathématique il est aussi très important de se demander si ces résultats sont corrects. Pour cela considérons des variations des diverses variables et voyons si les implication en termes de $M$ sont plausibles.

- Si $r$, la quantité de réserves obligatoires augmente, les banques peuvent prêter moins d'argent et la masse monétaire diminue.
- Si $c$, la quantité que les agents désirent détenir sous forme liquide augmente, les dépôts dans les banques seront moins importants et la création de monnaie sera aussi moins grande à cause de la diminution des prêts consécutive.
- Si $B$, la quantité de billets émise par la banque centrale augmente, il y a aussi plus de monnaie dans l'économie.

La banque centrale peut donc influencer la masse monétaire par des politiques agissant soit sur $B$ soit sur $r$. Il nous reste à voir comment elle peut faire cela en détail. Influencer $c$ est plus difficile car cela demande un changement de comportement des agents économiques et cela est difficile à obtenir. Nous étudierons dans une section ultérieure comment la banque centrale peut changer le comportement des agents.

### 3.3.2 Le statut de la Banque de France

La banque centrale est l'institution qui est le garant du bon fonctionnement des marchés financiers. Dans cette section nous allons préciser le rôle de la Banque de France au sein de l'Europe et comment elle mène la politique monétaire.

Depuis le 1$^{\text{er}}$ janvier 1999 la Banque de France est intégrée au **Système Européen des Banques Centrales** (SEBC). Cela signifie que depuis cette date la Banque de France met en œuvre au niveau national, les directives de la Banque Centrale Européenne (BCE). Si on veut comprendre le rôle des banques centrales des différents pays de l'Europe il faut se pencher sur celui de la BCE.

Le traité de Maastricht, entré en vigueur le 1$^{\text{er}}$ novembre 1993, stipule que: *l'objectif principal du SEBC est de maintenir la stabilité des prix. Par ailleurs, si cela ne fait pas préjudice à l'objectif de stabilité des prix, le SEBC doit apporter son soutien aux politiques économiques générales dans la Communauté.*

Voilà ! Il ne reste qu'à interpréter tout cela. Commençons par la stabilité des prix. Dans le prochain chapitre de ce livre nous allons montrer que la masse monétaire est étroitement liée au niveau des prix. Le corollaire de ce résultat est que le SEBC doit chercher à garder une masse monétaire constante. Nous allons considérer dans la prochaine section comment les banques centrales peuvent contrôler la masse monétaire au niveau national.

Concernant l'objectif de politique économique générale, nous allons montrer que cette partie de phrase est un peu déroutante. En effet la banque centrale ne peut pas tout faire. En général une augmentation de la masse monétaire engendre de l'inflation donc mener une politique de relance monétaire et garder les prix à un niveau constant est contradictoire. On peut cependant envisager des situations où un grand apport de liquidité peut être vital. Par exemple lors d'un crash boursier ou lors de difficultés dans le secteur bancaire.

La BCE est l'organisme qui coordonne l'action des banques centrales nationales. Par conséquent c'est elle qui définit et met en œuvre la politique monétaire des États membres de l'union européenne. Le conseil de la BCE est composé des gouverneurs des divers états membres qui agissent en porte-parole des intérêts nationaux. Vis-à-vis du reste du monde, c'est la BCE qui conduit les opérations de change. Elle détient et gère les réserves officielles des États membres et elle promet le bon fonctionnement des systèmes de paiement. Il reste à remarquer que la BCE n'est pas chargée de conduire une politique de change particulière avec le reste du monde.

La BCE ainsi que toutes les banques centrales des pays membres sont indépendantes tant au niveau national que vis-à-vis de la commission européenne.

### 3.3.3 Politique monétaire

Il existe pour une banque centrale de nombreuses façons d'intervenir sur le secteur monétaire. Commençons par mentionner un certain nombre d'outils qui ne sont plus utilisés.

Historiquement l'une des possibilités que la banque centrale a utilisé pour modifier la quantité de monnaie était le **taux d'escompte** c'est-à-dire le taux auquel les banques peuvent emprunter auprès de la banque centrale en donnant **des lettres de change**. Le fonctionnement de cette opération est le suivant : si une entreprise A achète une marchandise auprès d'une entreprise B mais n'a pas d'argent pour payer l'entreprise B, B peut faire un prêt en exigeant une lettre de change de A. Si B a besoin d'emprunter, elle peut aller dans une banque pour **escompter** la lettre en échange de monnaie. Il est alors possible pour la banque d'aller elle-même à la banque centrale pour emprunter en donnant la lettre. Dans ce cas elle fait de la **réescompte**. Le taux auquel la banque centrale prête s'appelle le taux de réescompte. En Allemagne, il y avait en fait deux taux d'intérêt prélevés sur ces avances. Le taux d'escompte s'utilise pour le réescompte d'effets commerciaux et le taux Lombard aux avances qui sont garanties par une obligation publique.

Afin d'assurer une certaine liquidité dans le marché de la réescompte il faut un certain stock de lettres de change. Le stock étant relativement limité, ce moyen d'intervention a été abandonné. Le moyen moderne d'intervention consiste à modifier le taux d'intérêt. Pour cela la banque centrale dispose de toute une panoplie d'instruments que nous allons maintenant passer en revue.

Le premier moyen d'intervention est par le biais des opérations d'**open market**. Ces opérations répondent à trois finalités : piloter les taux d'intérêt, gérer la liquidité bancaire et donner un signal d'orientation de la politique monétaire.

- **Les appels d'offres hebdomadaires**. Ils constituent l'instrument essentiel de refinancement et de pilotage des taux à court terme. Ici la banque centrale rachète ou vend certains actifs éligibles dans ce qu'on nomme une **pension**. Comment fonctionne une prise de pension[6] ? Une banque vend un titre à la banque centrale et se met d'accord de racheter le titre deux semaines plus tard pour une certaine somme prédéterminée lors de vente. Le taux implicite correspond alors à un taux d'intérêt. Selon que la banque centrale accepte un prix de vente plus ou moins bas elle peut diriger le taux. En pratique ces appels d'offre se déroulent comme une enchère où les banques proposent des quantités et des taux pour lesquelles elles désirent des liquidités. La banque centrale agrège ces offres et fournit des liquidités selon l'orientation politique qu'elle désire donner.

- **Les appels d'offres mensuelles**. C'est une forme de refinancement surtout destinée à satisfaire les petits établissements. Le principe est celui de la pension décrit ci-dessus.

- **Des opérations de réglage fin**. Elles permettent de piloter l'évolution des taux du marché monétaire au jour le jour. Il peut s'agir encore de prises de pensions négociées au gré à gré avec une contrepartie.

- **Des opérations structurelles**. La BCE peut émettre un certificat de dette en euro pour une durée de moins d'un an. Il existe un marché pour ce type de certificat. Une vente de certificats par la banque centrale diminue la masse monétaire. Comme la vente se fera en dessous du prix du marché, pour attirer de la clientèle, cela correspond à une hausse des taux. Un rachat de certificat augmente donc la masse monétaire.

[6] En anglais on appelle une prise de pension *repurchase agreement* ou *repo* dont la traduction littérale en français donnerait *accord de rachat*. Cette expression décrit peut-être mieux ce qui se passe dans la réalité que le mot pension.

La deuxième manière d'intervenir est d'offrir des **facilités permanentes**. Sous ce nom barbare se cache la possibilité pour une banque d'obtenir des liquidités ou d'épargner à très court terme.

- **La facilité de prêt marginal**. Ici une banque peut obtenir du liquide auprès de la banque centrale pendant 24 heures soit en effectuant une prise de pension, soit en prêtant des actifs éligibles. Il n'y a pas de limite au financement, bien entendu, il faut que la banque ait des actifs éligibles comme garantie. Comme il s'agit d'une sorte de financement de dernier ressort pour une banque, le taux est assez élevé. C'est en effet un financement de dernier ressort car une banque a par ailleurs accès au marché interbancaire. La facilité de prêt marginal est surtout prévue pour assurer des liquidités aux banques.
- **La facilité de dépôt**. Ici il s'agit de l'outil symétrique pour permettre aux banques de stocker leur surplus. Exactement comme pour la facilité de prêt, il n'y a pas de limite à la quantité déposable. Comme une banque aurait par ailleurs pu prêter sur le marché interbancaire elle ne doit pas s'attendre à une rémunération gigantesque de la part de la banque centrale. Bien au contraire, le taux qui s'y pratique est très bas.

La dernière façon d'intervenir pour la Banque Centrale est par les réserves obligatoires. Lors de la mise en place du SBCE les banques ont été obligées de constituer des réserves obligatoires auprès de la banque centrale nationale. La bonne nouvelle est que ces réserves sont rémunérées. Par ce biais la banque centrale peut agir directement sur le paramètre $r$ du modèle de la section 3.3.1. Il s'agit d'un procédé à utiliser avec modération pour diverses raisons.

- Si la banque centrale augmente les réserves requises alors la compétitivité des banques diminue sur un plan international. Dans le court terme, sur un plan national, moins de prêts signifie un revenu moindre en termes d'intérêts pour les banques et donc aussi moins de services pour les clients.
- Si la banque centrale diminue les réserves, le risque de banqueroute augmente.
- L'effet d'un changement de $r$ sur $M$ est lent puisque le processus de création monétaire demande du temps pour prendre place.
- Un changement petit de $r$ a des effets importants sur le multiplicateur comme on peut s'en convaincre par un exercice numérique. La banque centrale ne cherche pas à bousculer le système bancaire mais seulement de le guider.

### 3.3.4 Le marché interbancaire

Nous venons de voir comment la banque centrale peut contrôler la masse monétaire et nous avons vu pourquoi les banques doivent détenir de la monnaie en réserve. Nous allons maintenant montrer comment les banques règlent entre elles leurs créances respectives. Pour cela, supposons que nous ayons deux banques et la banque de France dont les bilans sont représentés dans le graphique suivant.

Toutes les banques sont obligées d'avoir un compte à la Banque de France. Les deux banques, B1x et B2x ont respectivement des dépôts de 100 et 300 auprès de la banque centrale.

Illustrons comment le marché interbancaire fonctionne. Supposons que Diane fasse un chèque de cent francs à Emmanuel pour son salaire. Ce dernier fait immédiatement un virement de vingt francs à Julien qui a aussi son compte dans la banque B1x. En réalité il y a tous les jours des millions de transferts de cette sorte entre banques. Au lieu de comptabiliser toutes les transactions de manière individuelle, les banques vont seulement devoir régler le solde de toutes ces transactions. Ainsi au lieu de transférer cent francs de B1x à B2x puis vingt francs de B2x à B1x, en prenant le solde, B1x verse simplement quatre-vingt francs à B2x. Puisqu'en réalité,

Banque B1x

| Actif | | Passif |
|---|---|---|
| Coffre fort | 100 | Dépôt de Diane 500 |
| B. de France | 100 | Dépôt de Julien 500 |
| Prêt | 800 | |

Banque B2x

| Actif | | Passif |
|---|---|---|
| Coffre fort | 100 | Dép. Emmanuel 2000 |
| B. de France | 300 | |
| Prêt | 1600 | |

Banque de France

| Actif | | Passif |
|---|---|---|
| Piéces | 400 | Dépôt de B1x 100 |
| | | Dépôt de B2x 300 |

il y a beaucoup de banques et beaucoup de transactions, on s'attend à ce qu'en moyenne une banque ne doive qu'une petite différence aux autres banques. Ces transactions sont nommées **compensation** et s'effectuent au sein d'un organisme qu'on appelle **centre de compensation** ou **chambre de compensation**.

Comment une banque règle-t-elle sa dette envers les autres banqucs ? Dans l'exemple du dessus, le transfert peut s'effectuer soit par un transfert à la Banque de France du dépôt de B1x à B2x, soit B1x fait un emprunt à la banque de France puis verse la somme à B2x. Finalement B2x peut faire crédit à B1x pour un jour en se disant que selon la loi des grands nombres en moyenne ce qu'une banque doit à l'autre un jour est compensé le lendemain[7]. Il est vraisemblable que le lendemain c'est B2x qui devra quatre-vingt francs à B1x annulant ainsi la dette précédente. Le taux auquel une banque prête à une autre s'appelle le **taux interbancaire** et c'est pour la France le **PIBOR**, (*Paris Inter Bank Offered Rate*)[8].

On comprend qu'il est coûteux pour les banques d'avoir des dettes envers les autres banques même si ces dettes n'existent que pendant très peu de temps. Pour cette raison, les banques cherchent à avoir une clientèle aussi grande que possible.

### 3.3.5 Financement d'une dépense publique

Supposons que le Ministre de la Culture décide de construire un atelier de cinéma pour un million de francs qu'il mettra à libre disposition des cinéastes. Comment fera-t-il concrètement pour financer ce projet ? Il a trois possibilités pour financer ce projet. Soit par des prélèvements d'impôts, soit par émission de dette, soit par ce qu'on appelle **seigneuriage** et que nous allons définir dans cette section. Depuis que la banque centrale a été rendue indépendante, le seigneuriage n'est plus un moyen de financement !

Pour le financement par impôt il demande simplement au Trésor publique de lui allouer cette somme.

[7] Cela joue surtout pour les banques de même taille.

[8] Dans les banques il est courant de parler du PIBOR ; la version française est TIOP correspondant à taux interbancaire offert à Paris. Pour les prêts internationaux il y a aussi le LIBOR pour *London Inter Bank Offered Rate*. Le PIBOR et LIBOR sont en pratique étroitement liés.

S'il désire effectuer le financement par dette, le Ministre doit obligatoirement passer par la Banque de France. Il vend à la banque centrale une **obligation**. Cette obligation spécifie la durée de l'emprunt et la rémunération sous forme de coupon. Elle spécifie également que l'État est garant ce qui implique qu'une telle obligation est très sûre du point de vue faillite. De manière caricaturale le gouvernement reçoit lors de cette vente une liasse de billets[9]. Cette liasse de billets sera inscrite dans le compte courant du trésor public que la banque centrale tient gratuitement, selon l'article 17 de son règlement. La banque centrale vend ensuite au public l'obligation. Lors d'un placement important, on peut facilement imaginer que le taux d'intérêt sera poussé à la hausse. Les versements sous forme de coupons ainsi que le remboursement final de l'obligation doit être financé. Ces flux d'argent peuvent être autofinancés, par exemple parce que l'État a construit un bien qui génère de l'argent (comme par exemple le péage sur une autoroute). Il se peut aussi qu'en dernier lieu le Trésor Public doive rembourser la somme.

Le résultat d'un financement par dette est un transfert d'un million de francs initialement détenu sous forme d'un dépôt ou de cash vers le secteur immobilier. Globalement la masse monétaire n'a pas changé. Comme on a déjà fait allusion au fait que la masse monétaire est liée au niveau de prix on comprend qu'une augmentation de la dette n'est pas génératrice d'inflation !

Il nous reste à définir le seigneuriage. Le seigneuriage signifie que le gouvernement peut créer de l'argent sans contrepartie exactement comme les seigneurs du Moyen Age ont prélevé des biens auprès de leurs serfs sans leur demander s'ils étaient d'accord ou non. La mise en place du seigneuriage est simple. De manière caricaturale il suffit d'une machine pour imprimer des billets de banque. Avec les billets fraîchement imprimés, on finance alors ce qu'on veut. Le résultat du seigneuriage est une création monétaire. Pour cette raison quand on parle de relance par une augmentation de la masse monétaire on dit parfois qu'on fait fonctionner la *planche à billets*. Afin de limiter les risques inflationnistes engendrés par la création monétaire, les divers pays d'Europe ont donné l'indépendance à leur banque centrale vers le milieu des années 90.

### 3.3.6 Comment une crise bancaire peut-elle se produire ?

Considérons d'abord le cas où les banques ne peuvent pas prêter. Si un jour Obélix est pris de panique parce qu'il entend des mauvaises nouvelles sur les banques et qu'il court vers B1x pour retirer son argent, il n'a pas de problème. Le banquier lui rend simplement son dépôt (après éventuellement avoir soustrait les frais de garde en dépôt). Obélix, qui est intelligent, comprend que dans le cas où les banques ne peuvent pas prêter, les réserves sont fixées à 100% et qu'il n'a pas de raison de paniquer. Dans ce cas de figure une crise bancaire n'a pas de raison d'être.

Supposons pour rendre les choses plus amusantes que les banques puissent prêter. Supposons qu'Obélix soit encore pris de panique car une rumeur circule selon laquelle la banque B1x est au bord de la faillite. Il se rue sur sa banque pour retirer les 900 F qu'il avait initialement déposé. B1x ayant seulement 180 F en réserves ne peut satisfaire sa demande et on aurait une première forme de crise bancaire. Même si Obélix s'énerve il ne pourra récupérer à la va vite que les réserves, le reste étant prêté.

En pratique, ce n'est pas un seul épargnant qui peut déclencher une ruée sur la banque mais un ensemble de gens. Plusieurs cas peuvent alors se présenter. Dans le très court terme, la banque ne pouvant satisfaire Obélix, risque de le voir alerter le reste du village ; il y a ruée générale sur les banques qui vont devoir momentanément suspendre toute activité (à noter que cela c'est vu a plusieurs reprises lors de la Grande Dépression aux États Unis). Les banques vont essayer d'avoir plus de liquidités. C'est à ce moment que la **banque des banques**, c'est à dire la banque centrale peut jouer son rôle de **prêteur de dernier ressort** car c'est elle

[9] On fait abstraction de la manière dont l'État dépense le million (passage par une banque commerciale ou un compte de chèque postal ou autre).

qui peut procurer des liquidités aux banques. Un cas analogue est celui d'une entreprise dont la production marche assez bien mais qui devrait faire faillite car elle souffre de problèmes de liquidité. Dans ce cas un prêt bancaire permet de surmonter la crise. La banque centrale peut prêter aux banques des fonds afin que celles-ci puissent faire face à l'augmentation de la demande de liquidités. La banque centrale peut par exemple simplement imprimer de l'argent et le distribuer aux banques. Parfois, simplement l'annonce au public par le gouverneur de la banque centrale de la garantie que les banques seront aidées en cas de difficulté suffit à calmer les marchés.

Supposons qu'Obélix soit nerveux mais qu'il réagit uniquement sur des rumeurs fondées. S'il a pensé que sa banque risque d'avoir un problème c'est qu'il avait une raison. Le problème de liquidité n'est pas vraiment un problème tant que la banque centrale intervient. Le problème se pose quand la banque centrale n'intervient pas, ce qui peut être le cas lorsque les banques ont des problèmes de mauvais crédits.

Nous allons maintenant quitter notre petit village et faire un tour outre-atlantique. Supposons comme cela s'est passé récemment aux USA [10], que les banques prêtent à n'importe qui pour un financement d'immobilier. Nous allons montrer que le **taux d'autofinancement** (la part de la valeur totale d'un achat qui est financée par soi même) ainsi que la durée du prêt et des dépôts peuvent jouer un rôle critique.

Supposons que M. Simon s'achète une maison pour 1000 F financés par ses fonds propres à 20 % et avec un crédit de 800 F de la banque. On passe sur les détails des conditions du crédit hypothécaire mais on sait que M. Simon doit faire un paiement d'annuité mensuelle [11]. Il a aussi renoncé à l'assurance qui lui aurait permis, en cas de chômage, d'avoir ses annuités payées.

Arrive une récession. M. Simon se retrouve au chômage et le marché immobilier s'effondre de 25%. Quelles sont les conséquences ? Il ne peut plus faire face à ses obligations de paiement des annuités. La seule façon de sauver sa peau est de vendre la maison ou bien de demander un rééchelonnement de la dette. Si la banque refuse le rééchelonnement parce qu'elle a elle-même des problèmes de liquidité, M. Simon a perdu sa mise initiale de 200 F et il se retrouve dans la rue, au chômage, avec de la dette, car même s'il vendait sa maison, avec l'effondrement général du marché immobilier, il récupérait seulement 750 F. La morale de cette histoire à ce stade : la banque devient propriétaire de la maison, M. Simon a perdu sa mise initiale de 200 F d'autofinancement, il est dans la rue au chômage et il a encore pour 50 F de dette. Pas très réjouissant comme perspective [12] ! Il est probable que si beaucoup d'individus sont touchés par une situation semblable l'État cherchera à intervenir pour éviter le pire. Tout compte fait, l'État a une responsabilité de régulateur et il n'aurait pas dû laisser les banques prêter si facilement en premier lieu.

Qu'en est-il de la banque ? Supposons que la banque ait initialement un bilan comme celui représenté ci-dessous. Avec la perte en valeur de la maison de Simon, la banque perd. Sans entrer dans les détails comptables, on comprend que si la banque a beaucoup d'emprunteurs avec des difficultés, elle est elle-même en difficulté. Si Mme Isabelle qui étudie attentivement le marché immobilier comprend que la banque a choisi beaucoup de **mauvais risques** les chances qu'elle-même puisse être remboursée sont faibles. Sur cette compréhension, sa ruée sur la banque est bien fondée. On comprend que les banques doivent bien choisir leurs investissements d'une

[10] *Saving and loan crisis* de la fin des années 1980.

[11] Dans une section ultérieure nous discuterons des crédits hypothécaires (*mortgage* en anglais).

[12] J'ai connu quelqu'un aux États-Unis à qui ce genre de choses est arrivé. Il avait tout perdu, à cause de cela il a eu un infarctus et pendant qu'il récupérait à l'hôpital son épouse l'a quitté... En France vous êtes probablement protégé par une loi sociale ; peut-être la banque diminue-t-elle ces demandes de paiement de dette pour que vous puissiez sauver votre peau et parce que en fin de compte elle récupère plus si elle vous fait grâce de quelques annuités jusqu'à ce que vous ayez retrouvé du travail. Ce qui est certain, c'est que vous allez passer quelques nuits blanches...

Banque X

| Actif | | Passif | |
|---|---|---|---|
| Réserves | 450 | Dépôt | 1250 |
| Prêt pour M.Simon | 800 | | |
| Total | 1250 | | |

part et d'autre part, ont intérêt à garder en cas de crise des réserves excédentaires.

## 3.4 La crise des caisses d'épargne américaines

### 3.4.1 Introduction

Avant 1980, la fonction principale des Caisses d'Épargne américaines était de collecter des dépôts pour financer l'acquisition de logements. La rémunération aux déposants était modeste, ainsi que les taux d'intérêt des prêts. Après une période ininterrompue de croissance et de rentabilité durant l'après-guerre, le secteur s'est retrouvé en quelques mois seulement au cœur d'une crise financière sans précédent dans l'histoire économique. En état de siège en 1981, le secteur ne s'en relèvera jamais. À la fin des années 80, plus du quart des institutions américaines ont disparu. Les moyens financiers nécessaires pour assainir le secteur étaient estimés à plusieurs centaines de milliards de dollars.

### 3.4.2 La crise 1980-1989

#### La situation au début des années 80

Les caisses d'épargne sont très largement spécialisées dans les prêts hypothécaires, qui représentent 80 % des actifs du secteur en 1980. La réglementation très stricte des taux sur les dépôts limite fortement les risques liés à une hausse des taux d'intérêt. Mais la Federal Reserve modifie sa politique en octobre 1979. Sous la conduite de Paul Volcker, elle décide de se concentrer sur le contrôle de la masse monétaire plutôt que sur celui des taux d'intérêt, avec comme conséquence une hausse rapide et une instabilité des taux plus forte. L'écart grandissant entre les rendements de nouveaux placements et les dépôts aux Caisses d'Épargne rend ces derniers moins attractifs. Cependant, fin 1980, la santé du secteur reste globalement satisfaisante : sur les 3993 caisses en activité, à peine 43 sont insolvables. Pour permettre aux caisses d'épargne de faire face à la concurrence accrue dans la récolte des dépôts et à la hausse des taux d'intérêt, le Congrès américain adopte en mai 1980 le *Depository Institutions Deregulation and Monetary Control Act* (DIDMCA), destiné à adapter la réglementation aux nouvelles conditions du marché. Il autorise les caisses d'épargne à se diversifier dans l'octroi de prêts non hypothécaires, et à rémunérer plus librement les dépôts. Bien qu'exposant les caisses d'épargne aux fluctuations des taux d'intérêt et à la hausse possible du coût de leurs ressources, cette loi fait l'unanimité car elle est perçue comme permettant enfin la modernisation du secteur.

### Le développement de la crise durant les années 80

Malgré les efforts réglementaires d'adaptation du secteur aux nouvelles conditions de la concurrence et de la conjoncture, une crise d'une ampleur sans précédent se manifeste dès 1981.

- disparition de nombreuses institutions. Plus du quart des caisses d'épargne américaines disparaissent en 10 ans. Mais les liquidations sont peu nombreuses, et la plupart des disparitions résultent de fusions. Certaines caisses en difficultés ne remplissaient plus les exigences légales, et la fusion leur évitait un contrôle qui leur aurait fait perdre de la valeur. De plus, plusieurs caisses d'épargne fusionnent afin de rationaliser leurs services par la recherche d'économies échelle.

- généralisation des insolvabilités. Malgré l'important processus de consolidation du secteur, sa santé financière s'est continuellement dégradée. Jusqu'en 1987, le nombre d'institutions insolvables ne cesse d'augmenter pour culminer à 520. Par ailleurs, le phénomène de sous-capitalisation a pris lui aussi une ampleur sans précédent. En 1984, 43% des institutions ont une solvabilité inférieure à 3%.

- l'évolution des revenus du secteur. En 1989, les pertes atteignent le montant record de - 40 milliards de dollars, au terme d'un processus en trois phases. En 1981-1982, le secteur est en perte pour la première fois depuis la fin de la deuxième guerre mondiale. De 1983 à 1986, il enregistre à nouveau des bénéfices. Durant les années 1987-1989, le secteur enregistre des pertes largement supérieures à celles du début de la décennie et plonge véritablement dans le déficit chronique. Ceci confirme que cette longue crise ne se résume ni à un processus d'assimilation d'une crise initiale, ni à un simple phénomène d'adaptation du secteur à un environnement nouveau.

- la dispersion des performances au sein du secteur. Initialement causée par des pertes dues aux variations des taux d'intérêt, la crise s'est ensuite développée à cause des pertes sur actifs de mauvaise qualité, du type des *junk bonds* à haut rendement et haut risque. Parallèlement un phénomène particulier est apparu: le secteur s'est divisé en deux sous-ensembles distincts. Alors que durant les premières années de la crise, toutes les caisses d'épargne sont touchées par la hausse des taux d'intérêt, la majorité des institutions sont rentables à partir de 1984 et la non-rentabilité globale du secteur résulte du déficit d'un nombre limité d'institutions. Celles-ci auraient choisi d'investir dans des actifs très risqués mais à rentabilité anticipée élevée. Si elle réussit, cette tactique a l'avantage de compenser les pertes accumulées dans le passé et d'éviter une prise de contrôle par les autorités. En cas d'échec, l'insolvabilité de l'institution est évidemment plus importante. Dans cette hypothèse, les pertes supplémentaires enregistrées sont à la charge de l'organisme chargé de l'assurance des dépôts. Ainsi, une institution insolvable qui entreprend des activités risquées en conserve les gains en cas de succès et reporte sur un tiers ses pertes éventuelles. La caisse d'épargne solvable, au contraire, supporte les pertes, imputées directement sur ses fonds propres.

## 3.4.3 Intervention des autorités

### Les institutions de soutien aux caisses d'épargne

Après la crise de 1930-1932 et la mise en évidence de l'inefficacité du *Federal Reserve System* lors des paniques bancaires, le congrès a mis en place, en 1932, le *Federal Home Loan Bank System*. Cette structure qui s'articule autour de douze *Federal Home Loan Banks* est destinée à fournir des liquidités aux caisses d'épargne. À la différence du *Federal Reserve System*, les avances mises à disposition le sont généralement pour de longues périodes et à taux avantageux. Le *Federal*

*Home Loan Bank Board* (FHLBB) dirige le système, et a des compétences étendues en matière de réglementation. Il supervise la compagnie d'assurance des dépôts : *le Federal Savings and Loan Insurance Corporation* (FSLIC).

**La politique d'intervention des autorités**

Le manque de moyens humains et financiers, ainsi que le lobbying efficace de certains groupes de pression proches du secteur des caisses d'épargne, ont très vite réduit à néant la marge de manœuvre du FHLBB. Il a dû geler la crise au jour le jour, sans véritable coordination avec le pouvoir politique.

Jusqu'au début 1984, les nombreux analystes du secteur n'auront conscience de l'ampleur de du problème de solvabilité du secteur. Les autorités appliquent une politique de souplesse. Après un nombre record d'interventions en 1982, elles n'interviennent plus que dans les cas graves et accordent tacitement des délais de grâce à la majorité des autres caisses d'épargne en difficulté. Le FHLBB diminue les exigences de fonds propres à 3 % de l'actif. À partir de 1984, il devient clair que la crise s'aggrave. Mais le nombre d'interventions contre les institutions insolvables reste limité. La pression des lobbies et les désaccords au sein du congrès repoussent l'adoption du plan à juillet 1987. La recapitalisation du FSLIC porte sur un montant modeste de 10,8 milliards de dollars. Les mesures adoptées ne permettent pas d'assainir le secteur en profondeur.

Ce n'est finalement qu'en février 1989, lorsque le désastre est devenu manifeste, que le président Bush présente un véritable plan d'assainissement du secteur et de sauvetage du FSLIC, qui porte initialement sur 100 milliards de dollars.

### 3.4.4 Conclusion

Les tergiversations du pouvoir politique qui tarda à adopter un plan de recapitalisation du FSLIC pesèrent lourd dans l'aggravation de la crise : elles sont responsables de la paralysie du FHLBB. Des institutions insolvables ont poursuivi leurs activités sans fonds propres et leurs pertes ne pouvaient s'imputer que sur les réserves du FSLIC. La non-liquidation des institutions insolvables apparaissait aussi comme un aveu d'impuissance des autorités dont la capacité à sanctionner des stratégie de prise de risque peu orthodoxes a considérablement baissé.

# Chapitre 4

# L'inflation

Ayant compris comment la banque centrale peut intervenir sur le marché financier et créer de la monnaie, nous voulons maintenant chercher à comprendre ce qui détermine l'inflation.

## 4.1 L'équation quantitative de la monnaie

Le premier concept que nous allons développer est celui de vitesse de circulation de la monnaie. Une aide mentale pour comprendre ce concept est d'imaginer que la masse monétaire $M$ est simplement un ensemble de billets et qu'il n'y a pas de banques. Dans ce cas les billets sont simplement détenus par le public. Supposons, par exemple, que nous avons une économie avec deux billets de banque avec 50 francs imprimé sur chacun et donc une masse monétaire totale de cent, $M = 100$. Si dans notre économie quatre pizzas ont été vendues au prix de cinquante francs chacune, c'est qu'en moyenne chaque billet a changé deux fois de main. On peut alors dire que la vitesse de circulation de la monnaie est deux.

On peut maintenant très facilement formaliser ce concept. On rappelle que $M$ est la masse monétaire. On note par $P, Y$ et $V$ le niveau général des prix, le revenu national réel (c'est à dire de la production réelle en biens et services) et la vitesse de circulation de la monnaie. Avec l'exemple des pizzas nous obtenons $P = 50$, $Y = 4$. La vitesse de circulation de la monnaie est

$$V = \frac{P \cdot Y}{M}.$$

Numériquement on retrouve 2. La généralisation de cette idée simple à une économie tout entière constitue l'équation quantitative de la monnaie qu'on récrit par

$$M V = P Y.$$

Cette relation indique que la valeur de la monnaie qui a changé de main, $M V$, doit être égale à la valeur nominale de ce qui a été acheté, $P Y$.

Á noter qu'on considère dans les achats uniquement les achats de biens et services mais pas l'achat de main d'œuvre qu'il y a en contrepartie.

## 4.2 Demande de monnaie naïve, offre de monnaie

Il est possible d'obtenir une **fonction de demande de monnaie simplifiée** en utilisant l'équation quantitative. Dans un chapitre ultérieur, considérant la microéconomie de la demande de monnaie, nous verrons que cette fonction de demande de monnaie peut être obtenue comme un cas particulier d'une fonction de demande de monnaie plus généralisée.

Afin de développer cette fonction de demande de monnaie, le premier pas consiste à écrire la relation du dessus en mettant en évidence l'aspect réel

$$\frac{M}{P} = \frac{1}{V}Y.$$

Avec un certain sens de l'abstraction qui viendra à l'étudiant après maintes années d'études en économie, on peut se laisser inspirer par cette équation pour introduire la fonction de demande de monnaie [1]

$$\left(\frac{M}{P}\right)^d = \frac{1}{V}Y.$$

Pourquoi cette relation pourrait-elle être une fonction de demande de monnaie ? Si on prend $V$ comme un paramètre positif cette relation indique que plus il y a des biens échangés, plus on aura besoin de monnaie. Pas mal pour un début... On va aussi appeler la quantité

$$\left(\frac{M}{P}\right)^o = \frac{\overline{M}}{P}$$

l'offre de monnaie. La barre sur le $M$ indique que cette variable est sous le contrôle de l'un des acteurs économiques à savoir la banque centrale. Une variable qu'on suppose être sous le contrôle de l'un des agents économiques sera appelée variable **exogène.** La quantité $\overline{M}/P$ correspond à la quantité de monnaie que nous avons réellement dans l'économie.

Si on connaît la vitesse de circulation de la monnaie et l'**offre réelle de monnaie**, qu'on appelle aussi **l'offre d'encaisses réelles**, on peut dire combien de fois on a pu acheter le panier représentatif des biens et services. Par exemple, si la masse monétaire est constituée de deux billets à cinquante francs, donc de cent francs au total, si le niveau des prix est de cinquante, l'offre réelle de monnaie est de deux. Si chaque billet a circulé deux fois on a pu acheter quatre biens agrégés. Ce que nous venons de faire ici est simplement de réinterpréter l'équation quantitative.

## 4.3 Théorie quantitative de la monnaie

Ce que nous avons fait jusqu'ici est d'utiliser l'équation quantitative pour définir la vitesse de circulation de la monnaie. Cela nous a permis d'écrire que la valeur de ce qui est vendu doit être égale à la valeur payée. Il s'agit là d'une relation intuitive.

En partant de l'offre et de la demande de monnaie on constate que si la demande de monnaie est proportionnelle au revenu alors on peut réinterpréter l'équation quantitative en disant que l'offre de monnaie est égale à la demande de monnaie.

La théorie quantitative de la monnaie postule, même s'il ne s'agit que d'une approximation grossière, que la vitesse de circulation de la monnaie est une constante. Dans une section prochaine nous testerons cette théorie sur des données historiques américaines.

L'introduction des distributeurs automatiques de billets peut être vue comme une invention financière qui a certainement changé la vitesse de circulation de la monnaie ! Par exemple, juste avant d'aller au restaurant les gens peuvent retirer encore de la monnaie même si les banques sont déjà fermées depuis longtemps. Ainsi la vitesse de circulation de la monnaie est plus grande car l'accès à la monnaie est rendu plus facile.

[1] La notation $X^d$ signifie qu'il s'agit de la demande pour l'entité $X$. On notera par $X^o$ l'offre de l'entité $X$. Il s'agit d'une simple notation et ne signifie pas qu'on prend $X$ à la puissance $d$ ou $o$ !

## 4.4 Implications de la théorie quantitative

Nous avons donc établi une certaine relation entre les dépenses et le revenu. On peut maintenant interpréter cette relation de diverses façons.

- Cette théorie dit que $P = MV/Y$ et donc que tous les éléments intervenant dans la production tel que le capital, énergie, travail, invention technologique, peuvent (si $M$ et $V$ sont constants) influencer $P$ par le biais de $Y$.
- Si on écrit $M = PY/V$ la relation implique que $M$ détermine le revenu nominal.
- Dans le long terme on peut dire que le revenu national par personne (et, comme nous le verrons dans le chapitre sur la croissance, ajusté pour un facteur de croissance de la technologie) est une constante. Si on double $M$, $P$ double aussi. Dans le long terme on constate que la politique monétaire n'a pas d'effet sur l'économie. On dit que la monnaie est **neutre** dans le long terme. Il s'agit d'une observation importante ! Alors que dans le court terme une politique monétaire peut créer des effets, on parle aussi d'**illusion monétaire**, dans le long terme elle n'en crée guère.

On peut facilement passer de l'équation quantitative à une expression en termes de croissance. Pour cela il faut bien entendu supposer que les variables sont fonction du temps[2]. Nous allons d'abord écrire les formules puis indiquer comment nous sommes passés de l'une à l'autre.

$$\begin{aligned}
MV &= PY \\
\Rightarrow \ln(M) + \ln(V) &= \ln(P) + \ln(Y) \\
\Rightarrow \frac{d\ln(M)}{dt} + \frac{d\ln(V)}{dt} &= \frac{d\ln(P)}{dt} + \frac{d\ln(Y)}{dt} \\
\Rightarrow \frac{dM}{Mdt} + \frac{dV}{Vdt} &= \frac{dP}{Pdt} + \frac{dY}{Ydt} \\
\Rightarrow \frac{\Delta M}{M} + \frac{\Delta V}{V} &= \frac{\Delta P}{P} + \frac{\Delta Y}{Y}
\end{aligned}$$

Dans la première relation l'équation quantitative est rappelée. Dans la deuxième équation on prend des logs puis on dérive par rapport au temps. La dernière équation s'obtient en remplaçant les accroissements infiniment petits par des accroissements discrets[3]. Cette dernière relation nous montre que, si la vitesse de circulation de la monnaie est constante (donc que $\Delta V/V = 0$), si le taux de croissance de la masse monétaire est de dix pour cent, et si la quantité de biens et services réellement produits augmente de cinq pour cent, alors le taux d'inflation doit être de cinq pour cent.

Cette relation montre aussi que si la masse monétaire et la vitesse de circulation étaient constantes alors une augmentation de la production nationale entraînerait une déflation. Dans l'exemple avec les pizzas, on pourrait dire que si tout à coup on vend huit pizzas au lieu de

---

[2] Pour simplifier on omet l'indice du temps dans les notations qui suivent.

[3] Un exercice pour mieux comprendre ce type de calcul est le suivant : On suppose connaître le taux de changement de $P$ et de $Y$. Quel sera celui du revenu nominal $PY$ ?

$$\begin{aligned}
\frac{dPY}{PYdt} &= \frac{d\ln(PY)}{dt} = \frac{d\ln(P) + d\ln(Y)}{dt} = \frac{dP}{Pdt} + \frac{dY}{Ydt} \\
\Rightarrow \frac{(PY)_t - (PY)_{t-1}}{(PY)_{t-1}} &\simeq \frac{P_t - P_{t-1}}{P_{t-1}} + \frac{Y_t - Y_{t-1}}{Y_{t-1}}.
\end{aligned}$$

Dans la première équation on ne fait que de simples transformations algébriques. Dans la deuxième équation on prend une approximation en remplaçant les accroissement infiniment petits par des accroissements discrets où la longueur du pas est unitaire, $dt = 1$.

quatre et que la somme globale payée, $(M\,V)$, est de deux cent francs c'est que chaque pizza a été payée vingt cinq francs.

**Anecdote :** L'objectif de la politique monétaire française a été depuis 1992 de contribuer à réduire l'inflation et à obtenir la stabilité de la valeur externe du franc dans le cadre des engagements envers le Système Monétaire Européen (S.M.E). La cible est d'obtenir un taux de croissance de la masse monétaire prise au sens large, $M3$, entre 4 et 6 %. Cela se compose en utilisant la théorie quantitative de la monnaie d'une prévision de la hausse réelle du PIB d'environ 2.5 % et à une hausse des prix de 2.5 %.

Le graphique suivant trace l'évolution du taux d'inflation pour la France et l'Allemagne de 1961 à 1998.

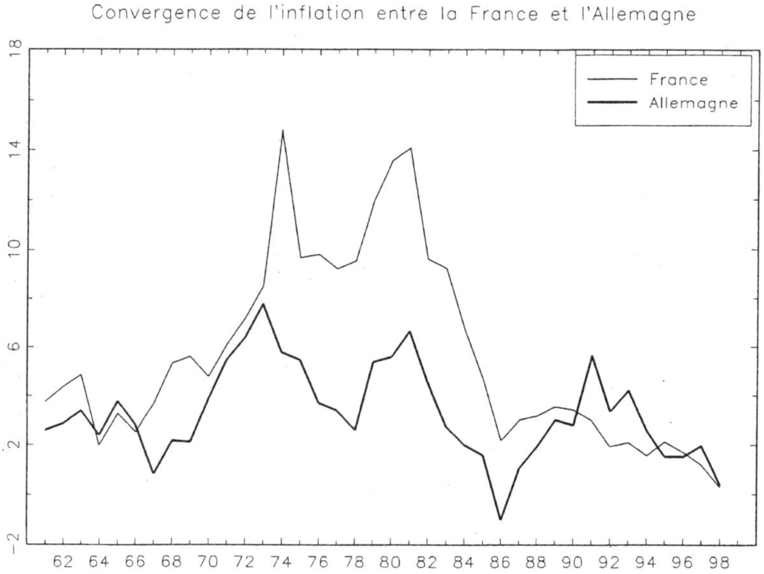


On remarque la forte croissance de l'inflation de 1972 et 1979 correspondant aux chocs pétroliers. Dès 1981 on remarque les progrès qui ont été faits au niveau du contrôle des prix. Dès 1988 l'inflation surgit en Allemagne. Il s'agit là de la conséquence de la réunification. Vers 1994 les taux de l'Allemagne et de la France sont très proches et faibles. On aperçoit là le résultat de la volonté politique des deux pays de se préparer pour l'unification monétaire.

## 4.5 Test empirique de la théorie quantitative de la monnaie

Le message central de la théorie quantitative de la monnaie est qu'il doit exister dans le long terme une relation linéaire entre le taux de croissance de la monnaie et l'inflation, c'est à dire le taux de croissance des prix. Afin d'établir si une telle relation existe, on prend des moyennes du taux de croissance de la monnaie et de l'inflation sur un certain nombre de décennies. Le graphique suivant trace pour les États Unis les couples inflation moyenne-taux de croissance de M2.

Le graphique montre que les points s'alignent approximativement sur une droite. La théorie quantitative est donc plutôt une théorie du long terme. Dans le court terme la théorie quantitative est une approximation assez grossière. C'est uniquement en prenant des décennies qu'il y a neutralité de la monnaie.

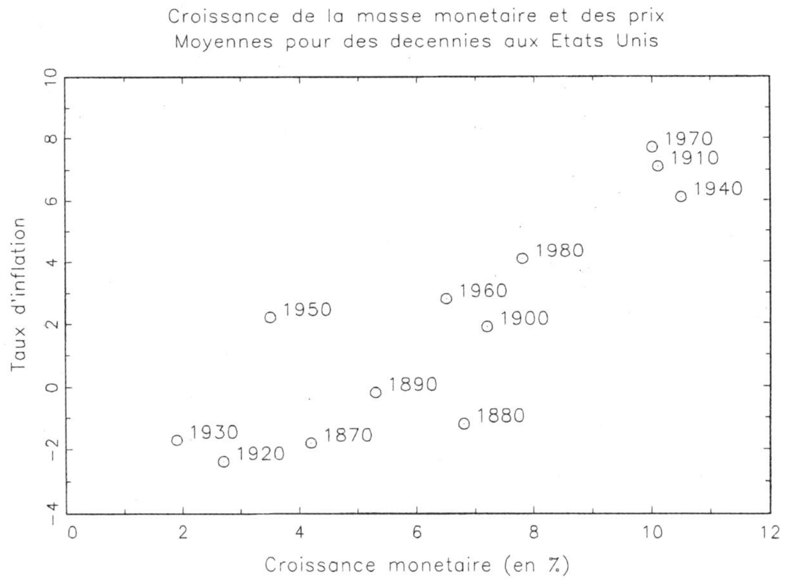


## 4.6 Seigneuriage et l'impôt inflationniste

Nous avons vu que la banque centrale détient le monopole de création monétaire. Si la banque centrale fait des prises en pension, elle paye des intérêts qui proviennent virtuellement de la planche à billets. Elle crédite un compte, celui de la banque, sans contrepartie. En faisant cela elle crée de la monnaie qui constitue un revenu pour l'État.

Selon la théorie quantitative, si la masse monétaire augmente à vitesse et revenu constants, le prix augmente. Les détenteurs de monnaie vont payer plus cher un bien au moment où ils l'achètent qu'au moment quand ils ont eu cette monnaie. Pour cette raison on peut voir la hausse des prix comme une **taxe inflationniste**. L'inflation donne donc lieu à une taxe indirecte qui revient au gouvernement.

Le seigneuriage est le revenu collecté par le gouvernement résultant du pouvoir de monopole de la banque centrale d'imprimer la monnaie. Analytiquement on peut définir le seigneuriage par

$$\mathrm{SE} = \frac{M - M_{-1}}{P}.$$

L'indice -1 indique qu'il s'agit d'une grandeur prise à une date antérieure.

Si les balances réelles sont constantes à travers le temps alors on peut écrire

$$\frac{M}{P} = \frac{M_{-1}}{P_{-1}} \Rightarrow M_{-1} = \frac{P_{-1}}{P} M.$$

Substituant cette expression dans SE on obtient une nouvelle expression notée $TI$ et appelée la **taxe inflationniste**

$$\mathrm{TI} = \frac{M}{P}\left(\frac{P - P_{-1}}{P}\right)$$

qu'on peut voir comme le produit entre l'encaisse réelle, $M/P$, et un certain terme, $(P - P_{-1})/P$, qu'on interprète comme le taux de la taxe inflationniste[4]. En général le produit entre un **taux**

[4] Il ne s'agit pas du taux d'inflation qui fait intervenir le niveau du prix passé au dénominateur et qui s'écrit

**d'imposition** et la **base d'imposition** donne la taxe. Il est donc naturel de considérer dans ce contexte que la base monétaire est la base d'imposition.

Le seigneuriage et la taxe inflationniste ne sont égaux que lorsque les encaisses réelles sont constantes ce qui en général n'est pas le cas.

## 4.7 Taux d'intérêt

Dans cette section nous allons définir le taux d'intérêt et voir l'impact de l'inflation sur celui-ci. Commençons donc par le taux d'intérêt. Par définition un intérêt est la rémunération d'un individu ou d'une institution pour avoir mis à disposition une certaine somme d'argent pendant un certain temps.

Les exemples sont multiples. Par exemple un individu qui désire investir dans une voiture peut demander un *emprunt*. Dans ce cas il s'engage à payer pendant un certain temps des versements correspondant à un intérêt et à un remboursement de la dette. Chaque versement s'appelle une **annuité**.

Un autre exemple est celui du gouvernement qui cherche à financer un investissement par émission obligataire. Lors de la vente d'une **obligation** le gouvernement s'engage à verser des payements réguliers, qu'on appelle des **coupons** et de rembourser un certain montant, qu'on appelle le **nominal** à une certaine date dite de **maturité**.

Les entreprises peuvent également émettre des obligations. Représentant un risque de faillite plus grand que l'État elles vont devoir assurer à l'investisseur une **prime de risque** se traduisant par une rémunération supérieure à celui exigé pour une obligation de l'État.

### 4.7.1 Composition et actualisation des taux

Dans cette section nous allons comprendre comment calculer le taux d'intérêt implicite d'un investissement. Pour cela il est nécessaire de comprendre le concept d'actualisation. Pour simplifier nous allons commencer par supposer que l'on peut placer son argent dans un compte à terme et que celui-ci est rémunéré à un taux annuel $i$. Introduisons la notation $V$ pour la richesse initiale dont on dispose. Pour se fixer les idées supposons que $V = 100$ et que $i = 5\,\%$.

Après une année, nous aurons une richesse composée du placement initial $V$ et des intérêts $i\,V$, soit une richesse finale de $W_1 = (1+i)\,V = 100 \cdot 1.05 = 105$. Si on replace les intérêts, en supposant que le taux annuel $i$ n'a pas bougé, alors après deux ans le montant de notre investissement initial sera de $(1+i)^2\,V$. Après $T$ années on aura une richesse finale de $W_T = (1+i)^T\,V$.

Si on fait ce type de calcul, donc si on se demande quelle sera la richesse après une certaine période de $T$ années, on fait une **composition** qu'on appelle aussi parfois un **calcul d'une valeur future**.

L'actualisation est le calcul dual. Partant d'une valeur future et en supposant existence d'un taux constant $i$ par unité de temps, on cherche la valeur qu'il aurait fallu placer initialement pour obtenir une telle valeur future. La modélisation est triviale. Désignons par $W_T$ la valeur obtenue après $T$ années et $V$ la valeur initiale. La composition a donné

$$W_T = (1+i)^T\,V$$

et donc

$$V = W_T/(1+i)^T.$$

donc $(P - P_{-1})/P_{-1}$. Le taux d'inflation et le taux de la taxe inflationniste seront cependant proches.

Comment peut-on faire si on doit actualiser un ensemble de flux ayant lieu aux dates $1, 2, \cdots, T$ et dont le montant est $W_1, \cdots, W_T$ ? Afin de comprendre comment procéder dans ce cas nous allons procéder par un raisonnement abstrait qui nous donne les mêmes flux $W_1$ jusqu'à $W_T$. Supposons ouvrir $T$ comptes à terme. On place initialement un montant $V_t$ dans le compte $t$. Le taux d'intérêt est supposé être constant jusqu'à la fin de l'année $T$. Maintenant on suppose que la règle du jeu est de retirer en fin de l'année $t$ le montant du compte $t$ qui sera clôturé dès lors.

Le tableau suivant résume les divers flux pour les divers comptes :

| | montant initial | montant final | flux alternatifs |
|---|---|---|---|
| compte 1 | $V_1$ | $(1+i)V_1$ | $W_1$ |
| compte 2 | $V_2$ | $(1+i)^2V_2$ | $W_2$ |
| ... | ... | ... | ... |
| compte $T$ | $V_T$ | $(1+i)^T V_T$ | $W_T$ |
| total | $V = V_1 + V_2 + \cdots V_T$ | | |

Á la fin de l'année $t$ on va retirer un montant $(1+i)^t V_t$. On peut maintenant répondre au problème initial concernant la valeur actualisée d'un ensemble de flux. En effet, si un flux $W_t$ a lieu à la date $t$, cela signifie qu'il aurait fallu placer $V_t = W_t/(1+i)^t$ dans le $t$ème compte. En sommant on obtient que l'ensemble des flux $W_1, W_2, \cdots, W_T$ peut être obtenu par un investissement initial de

$$V = \frac{W_1}{1+i} + \frac{W_2}{(1+i)^2} + \cdots + \frac{W_T}{(1+i)^T}. \tag{4.1}$$

Cette formule donnant la **valeur actuelle** des flux financiers $W_1$ à $W_T$ est très importante et beaucoup utilisée en Finance. Nous allons maintenant l'utiliser pour montrer comment on peut calculer le taux d'intérêt pratiqué dans le marché et comment on calcule le montant des annuités pour un crédit hypothécaire.

Il existe un marché pour les obligations émises par le gouvernement. Ces obligations sont garanties par celui-ci et donc très sûres du point de vue de faillite. Ces obligations payent typiquement des coupons constantes, $C$, pendant $T$ années et un nominal, $N$, à échéance. Si une telle obligation se négocie à un prix $V$ alors le taux $i$, qui satisfait l'égalité donnée par 4.1 et devenu avec les nouvelles notations

$$V = \frac{C}{1+i} + \frac{C}{(1+i)^2} + \cdots + \frac{C+N}{(1+i)^T}$$

et qui doit éventuellement être calculé par un ordinateur car l'équation n'a pas de solution explicite, s'appelle le **taux de rendement interne**. Il correspond à un taux d'intérêt implicite à l'obligation qu'on reçevrait en achetant maintenant l'obligation et en la gardant jusqu'à $T$.

Il est également possible d'établir quel doit être le montant d'une annuité. On rappelle que dans un crédit hypothécaire on reçoit un montant $V$ initial qu'on rembourse par $T$ versements égaux chacun d'un montant $A$. Formellement la formule 4.1 devient

$$\begin{aligned} V &= \frac{A}{1+i} + \frac{A}{(1+i)^2} + \cdots + \frac{A}{(1+i)^T} \\ &= \frac{A}{i}\left(1 - \frac{1}{(1+i)^T}\right) \end{aligned}$$

d'où l'on tire

$$A = iV/(1 - \frac{1}{(1+i)^T}).$$

Cette grandeur représente donc le payement qu'il faut effectuer pour rembourser la dette tout en procurant une rémunération sur le montant de la dette qui reste à rembourser.

### 4.7.2 Taux d'intérêt nominal et réel

Dans cette section nous allons étudier l'impact de l'inflation sur le taux d'intérêt. Pour comprendre cet impact nous allons considérer un exemple. Supposons qu'aujourd'hui une pomme coûte dix francs. Si au lieu de consommer la pomme tout de suite, je place mon argent pendant un an sur un compte à terme où l'on me rémunère à un taux d'intérêt de dix pourcent, l'année prochaine j'aurais onze francs à dépenser. Est-ce que je peux m'acheter plus d'une pomme ? La réponse dépend du taux d'inflation qu'on note $\pi$.

- Si $\pi = 10\,\%$ le coût de la pomme sera de onze francs et c'est le *status quo*. Je consomme la même quantité de bien.
- Si $\pi = 5\,\%$ le coût de la pomme sera de dix francs cinquante et je gagne car non seulement je peux me payer la pomme mais après achat de la pomme il me reste 50 centimes.
- Si $\pi = 15\,\%$ le coût de la pomme devient onze franc cinquante et je ne peux plus m'acheter la pomme tout entière. Dans ce cas mon **pouvoir d'achat** s'est détérioré.

On comprend donc que le gain ou la perte réelle si je laisse mon argent travailler à la banque dépend du taux d'**intérêt nominal** c'est à dire du taux que je reçois à la banque et du taux d'inflation.

Formellement, si $\pi, r, i$ désignent le taux d'inflation, le taux d'intérêt réel et le taux d'intérêt nominal qui se sont réalisés au cours de la période précédente alors le taux d'intérêt réel est défini comme la variation réelle de ce que je peux consommer ? Il faut donc établir combien d'unités je peux consommer si je laisse fructifier mon argent. On obtient ainsi la définition du taux d'intérêt réel

$$1 + r = \frac{1+i}{1+\pi}.$$

Si $\pi$ est petit on obtient en première approximation que[5].

$$i = r + \pi.$$

Le taux d'intérêt nominal est la somme entre le taux d'intérêt réel et le taux d'inflation. Le taux d'intérêt est une quantité qui est définie comme étant la différence entre le taux d'intérêt nominal et le taux d'inflation.

Il convient à ce stade de distinguer entre deux sortes de taux d'intérêt. Le taux d'intérêt réel **ex ante** est le taux d'intérêt réel anticipé. On connaît facilement le taux d'intérêt nominal qui se pratique entre maintenant et un horizon futur donné. Par exemple on peut prendre le PIBOR. Le taux d'inflation pour l'année à venir est une inconnue. En prenant la différence entre le taux d'intérêt nominal et le taux d'inflation anticipé j'obtiens le **taux d'intérêt réel anticipé**.

Le taux d'intérêt réel **ex post** est le taux d'intérêt que je peux calculer lorsque je connais le taux d'intérêt nominal et le taux d'inflation après qu'ils se sont réalisés ; par exemple à la fin de l'année si je m'intéresse à des taux annuels. Ce genre de taux d'intérêt est donc calculable

[5] Pour obtenir cette approximation on écrit que $1+i = (1+r)(1+\pi) = 1 + r + \pi + r\,\pi$. Le terme $r\,\pi$, produit entre le taux d'intérêt et le taux d'inflation, est un produit entre deux petits nombres et devient donc négligeable.

uniquement en fin d'année. Pour distinguer le taux d'inflation anticipé de celui qui a réellement eu lieu on note le premier $\pi^a$ et le deuxième $\pi$. Ainsi le taux d'intérêt réel ex post est

$$r = i - \pi.$$

Statistiquement on peut formuler un modèle expliquant comment évolue le taux d'inflation. On peut utiliser un tel modèle pour obtenir une prévision (anticipation) du taux d'inflation.

### 4.7.3 L'équation d'Irving Fisher

Il s'agit d'une relation en termes **ex ante** qui postule que le taux nominal se forme à partir des anticipations d'inflation et du taux réel

$$i = r^a + \pi^a.$$

Cette relation montre que si on anticipe une hausse du taux d'inflation de deux pour cent et si le taux d'intérêt réel n'est pas changé alors le taux d'intérêt nominal va aussi augmenter de deux pour cent.

Reste la question de ce qui détermine le taux d'intérêt réel. Nous verrons dans les sections ultérieures que le taux d'intérêt réel est donné par une relation d'équilibre.

Le graphique suivant trace l'évolution du taux PIBOR à 3 mois et de l'inflation entre 1970 et 1998.

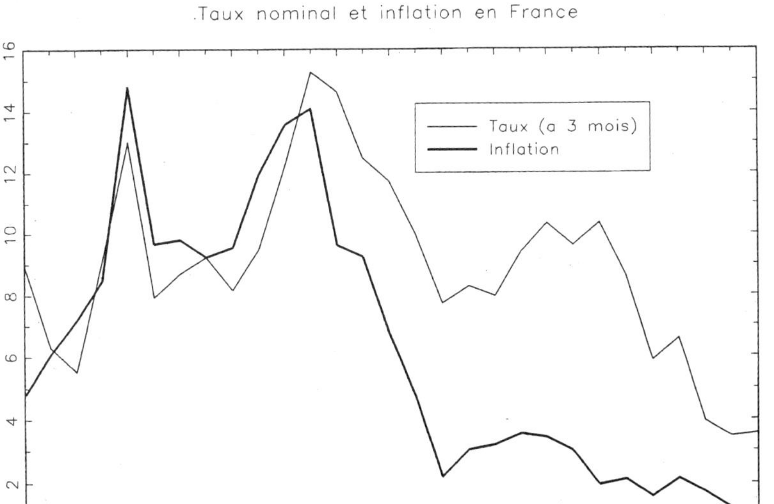


On constate que le taux d'intérêt et l'inflation évoluent de pair jusqu'au milieu des années 80. Dès 1988 il y a une forte augmentation du taux court. Cette augmentation est due au fait que l'Allemagne a connu une période d'inflation au lendemain de la réunification qu'elle a cherché à freiner avec une politique monétaire restrictive. La France, soucieuse de maintenir un taux de change constant vis-à-vis de l'Allemagne a été contrainte d'importer une politique de taux élevé.

### 4.7.4 Le taux d'intérêt nominal et la demande de monnaie

La théorie quantitative de la monnaie a été utilisée pour développer une simple fonction de demande de monnaie réelle valable dans le long terme. En réalité le taux d'intérêt nominal joue aussi un rôle. Si le taux d'intérêt qu'on me propose pour un placement à terme est très élevé, je vais avoir tendance à y laisser mon argent et par conséquent, le taux d'intérêt devrait figurer dans la fonction de demande de monnaie.

Faut il utiliser le taux réel ou le taux nominal ? D'après ce qui précède nous avons vu que si on effectue un placement dans un marché du type interbancaire alors lors du placement le taux nominal est connu. De même on connaît le taux implicite d'une obligation. Ainsi, avec ce type de placement le taux nominal est connu avec certitude *ex ante*. Il faut donc fonder sa demande de monnaie sur ce taux car on aurait pu se tromper fortement en utilisant le taux réel anticipé.

Tout cela nous conduit à une fonction de demande de monnaie améliorée

$$(\frac{M}{P})^d = L(i, Y) = L(r^a + \pi^a, Y).$$

Plus tard nous verrons que le fait que $i$ et $Y$ interviennent dans la demande de monnaie peut être justifié rigoureusement de plusieurs manières :

- par la **théorie du choix de portefeuille.** Cette théorie se fonde sur l'idée qu'il y a un ensemble d'actifs financiers qui sont tous plus ou moins risqués. L'agent économique doit arbitrer entre garder son argent en poche ou le placer dans un actif financier (comme un compte à terme) dont la rémunération est $i$. Plus ce taux est élevé et plus on placera d'argent en banque pour encaisser des intérêts. La demande de monnaie doit donc dépendre négativement du taux d'intérêt. On peut voir le taux d'intérêt $i$ comme le **coût d'opportunité** de détention de monnaie.

- par l'observation que l'on a besoin de monnaie dans un **but de transaction**. Plus le revenu est élevé, plus on désire dépenser de l'argent et donc plus la demande de monnaie est grande. De façon agrégée la demande de monnaie doit donc aussi dépendre positivement du revenu national.

### 4.7.5 Un modèle pour stopper une hyper-inflation

Dans la section précédente nous avons vu que la fonction de demande de monnaie dépend du taux d'intérêt nominal et du revenu. Dans cette section nous allons reprendre ce modèle et indiquer comment expliquer l'hyper-inflation qu'il y a eu en Allemagne dans les années vingt[6]. Ce modèle a aussi des implications très profondes et importantes qui ont été utilisées pour stabiliser l'inflation dans les pays d'Amérique Latine et dans certains pays de l'Est. Cette section montre également qu'un modèle de demande de monnaie aussi simple que celui développé ci-dessus peut avoir des implications très intéressantes.

L'équilibre entre offre et demande de monnaie donne, si on ajoute un indice de temps aux variables en question

$$\frac{M_t}{P_t} = L(r_t^a + \pi_t^a, Y_t) = L(r_t^a + \frac{P_{t+1}^a - P_t}{P_t}, Y_t)$$

où nous avons remplacé le taux d'inflation par sa définition. $P_{t+1}^a$ est le niveau des prix anticipé pour la période $t+1$ en utilisant toute l'information disponible à la date $t$. Pour simplifier le problème, et afin d'obtenir une relation qui soit facile à résoudre analytiquement, on suppose que le revenu national réel et le taux d'intérêt réel ne sont pas affectés par une hyper-inflation. Cela est une approximation grossière car comme nous le verrons dans une section ultérieure un taux d'inflation très élevé peut jouer un rôle très négatif sur le secteur productif de l'économie.

[6] Cette section est techniquement plus élaborée que les précédentes et peut être sautée dans une première lecture. Les implications pratiques sont détaillées en fin de section et devraient être compréhensibles même pour le *mathophobe*.

Notre but à ce stade n'est pas d'avoir une description très complète de l'évolution monétaire mais d'avoir seulement un cadre de référence dans lequel on peut analyser certaines questions. Nous allons donc faire une nouvelle hypothèse simplificatrice en supposant que la demande de monnaie est donnée par une simple fonction puissance et qu'elle ne dépend que du taux de croissance des prix.

$$\frac{M_t}{P_t} = (\frac{P^a_{t+1}}{P_t})^{-\gamma} \qquad \text{où } \gamma > 0.$$

En prenant des logarithmes partout en notant ces logarithmes par des lettres minuscules nous obtenons que

$$m_t - p_t = -\gamma(p^a_{t+1} - p_t).$$

Cette relation dit que la demande de monnaie réelle est plus petite si on anticipe un niveau des prix plus élevé. Ceci est raisonnable car si on anticipe des prix plus élevés on exigera un taux nominal plus élevé. On placera dès lors plus de monnaie dans le compte à terme. On est donc passé d'une relation abstraite à une relation paramétrique qui garde l'esprit du modèle initial. Le lecteur verra que le passage d'une relation à une autre en gardant la signification de l'équation sera fait très souvent dans ce cours. Il s'agit de ne pas oublier qu'ici nous faisons de l'économie et que notre but est d'obtenir des résultats qu'on peut utiliser réellement. Rares sont les exemples en macroéconomie où une formalisation mathématique vraiment poussée aide à la compréhension.

Afin de pouvoir poursuivre nous allons supprimer l'exposant qui indique que toutes les variables avec un indice plus grand que $t$ sont anticipées. Cela revient à supposer que l'on ne se trompe pas dans ces anticipations. Il suit que

$$m_t = p_t(1+\gamma) - \gamma p_{t+1} \Rightarrow p_t = \frac{1}{1+\gamma} m_t + \frac{\gamma}{1+\gamma} p_{t+1}$$

et si on remplace consécutivement on obtient de même que

$$\begin{aligned} p_{t+1} &= \frac{1}{1+\gamma} m_{t+1} + \frac{\gamma}{1+\gamma} p_{t+2}, \\ p_{t+2} &= \frac{1}{1+\gamma} m_{t+2} + \frac{\gamma}{1+\gamma} p_{t+3}. \end{aligned}$$

En substituant on obtient en détaillant les calculs le plus possible que

$$\begin{aligned} p_t &= \frac{1}{1+\gamma} m_t + \frac{\gamma}{1+\gamma} p_{t+1} \\ &= \frac{1}{1+\gamma} m_t + \frac{\gamma}{1+\gamma} [\frac{1}{1+\gamma} m_{t+1} + \frac{\gamma}{1+\gamma} p_{t+2}] \\ &= \frac{1}{1+\gamma} \Big[m_t + \frac{\gamma}{1+\gamma} m_{t+1}\Big] + \Big(\frac{\gamma}{1+\gamma}\Big)^2 p_{t+2} \\ &= \frac{1}{1+\gamma} \Big[m_t + \frac{\gamma}{1+\gamma} m_{t+1}\Big] + \Big(\frac{\gamma}{1+\gamma}\Big)^2 [\frac{1}{1+\gamma} m_{t+2} + \frac{\gamma}{1+\gamma} p_{t+3}]. \end{aligned}$$

On obtient après nouveau regroupement que

$$p_t = \frac{1}{1+\gamma} \Big[m_t + \frac{\gamma}{1+\gamma} m_{t+1} + \Big(\frac{\gamma}{1+\gamma}\Big)^2 m_{t+2}\Big] + \Big(\frac{\gamma}{1+\gamma}\Big)^3 p_{t+3}.$$

L'idée est alors d'itérer la construction de cette équation et en laissant tomber le prix final. Cela revient à supposer que $\lim_{T\to\infty}(\gamma/(1+\gamma))^T p_{t+T} = 0$. Cela nous donne

$$p_t = \frac{1}{1+\gamma}\sum_{s=0}^{+\infty}\Big(\frac{\gamma}{1+\gamma}\Big)^s m_{t+s}.$$

Cette équation montre que le niveau du prix d'aujourd'hui dépend de la masse monétaire actuelle ainsi que des masses monétaires futures. Supposons que nous soyons en pleine **hyper-inflation** et que nous anticipions que la masse monétaire augmente comme une puissance $M_{t+1} = M_t^{(1+\mu)}$. Dans ce cas on obtient que le prix augmente au même rythme que la masse monétaire :

$$\begin{aligned} m_{t+1} = (1+\mu)m_t; \quad & m_{t+2} = (1+\mu)^2 m_t; \ldots \\ \Rightarrow p_t = & \frac{1}{1+\gamma}\Big[\sum_{s=0}^{+\infty}\Big(\frac{\gamma(1+\mu)}{1+\gamma}\Big)^s\Big] m_t \\ \Rightarrow p_t = & \text{(une constante)} \cdot m_t \end{aligned}$$

Nous avons donc que

$$\frac{p_{t+1}}{p_t} = \frac{m_{t+1}}{m_t} = 1+\mu$$

et donc que les prix augmentent effectivement au même rythme que la masse monétaire.

Montrons comment la masse monétaire et les prix doivent évoluer si on veut stopper une hyper-inflation. Supposons pour cela que nous désirons passer d'un taux d'inflation positif $\pi > 0$ à un taux nul $\pi = 0$.

Les graphiques suivants montrent comment les différentes variables du modèle devraient évoluer :

> **Remarque :** Les économistes au lieu de tracer des graphiques comme les mathématiciens avec $x$ en abscisse et $f(x)$ en ordonnée les tracent juste à l'envers.

Cette analyse montre qu'au moment de l'arrêt de l'hyper-inflation, l'offre de monnaie doit faire un dernier saut pour permettre l'ajustement des balances réelles. Après le saut, la masse monétaire restera constante pour assurer stabilité des prix. La raison intuitive du saut final de la masse monétaire est que si l'hyper-inflation est stoppée, les agents vont désirer détenir plus de monnaie car il n'y a plus d'inflation et dans ce cas il y a une demande d'encaisses réelles supérieure à ce qu'elle serait autrement. En d'autres termes, après l'arrêt de l'hyper-inflation on cherche de nouveau à détenir de la monnaie qui reprend son rôle habituel de moyen d'échange et surtout de réserve de valeur.

Ce que cette analyse ne permet pas de déterminer est le rôle de la crédibilité de la politique de la banque centrale. Il faut que la banque centrale puisse s'engager de manière crédible à suivre une certaine politique. Pour arrêter l'hyper-inflation, il faut en plus faire un saut ultime de la masse monétaire ! Il est clair que si la banque centrale a suivi pendant longtemps une politique de monnaie facile, et qu'elle annonce une accélération de la vitesse à laquelle elle augmente la masse monétaire, dans ce cas il y a un vrai problème de crédibilité. Il n'y a rien qui a priori l'empêche de ne pas continuer à avoir une hyper-inflation.

Si la banque centrale en collaboration avec le gouvernement élimine la cause du besoin du seigneuriage elle peut mener une politique crédible. Ainsi, souvent la fin d'une hyper-inflation coïncide avec une réforme fiscale permettant la réduction des dépenses gouvernementales. Voici ce que cela donne en pratique. La cause de l'hyper-inflation en Allemagne était un problème de

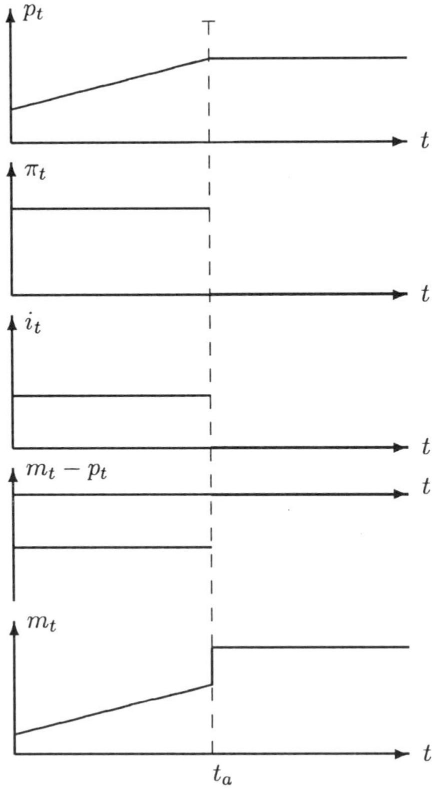


fiscalité dû à la demande des paiements de réparation de guerre aux Alliés. Ces paiements ont causé un fort déficit fiscal. Le gouvernement allemand a alors décidé de financer ce déficit par la **planche à billets** ce qui a provoqué l'hyper-inflation.

Les actions prises par le gouvernement qui ont permis d'arrêter l'hyper-inflation étaient :

- une réforme fiscale consistant à réduire le nombre de fonctionnaires d'un tiers.

- suspension de la demande des paiements des réparations de guerre par les Alliés.

- remplacement de la *Reichsbank* par la *Rentenbank* qui fut une nouvelle banque centrale avec des statuts différents et donnant plus d'indépendance garantissant ainsi que le gouvernement ne pouvait plus dicter à la banque centrale ce qu'elle devait faire. La notion d'une banque centrale indépendante garantissant une forte monnaie est restée chère aux Allemands. Peut-être n'est-ce pas une coïncidence que la Banque Centrale Européenne se trouve en Allemagne.

- remplacement de la *Reichsmark* par les *Rentenmark* au taux de un trillion ($10^{12}$) de *Reichsmark* par *Rentenmark*.

Il est à noter que le modèle est très simple. Je ne sais pas comment on aurait pu raconter une bonne histoire sur l'arrêt de l'hyper-inflation en Allemagne en restant uniquement littéraire.

## 4.8 Les effets microéconomiques de l'inflation

Nous avons vu dans un chapitre antérieur que selon la théorie quantitative de la monnaie, une variation de la masse monétaire sera suivie d'une égale variation des prix si la vitesse de circulation de la monnaie et la quantité réellement produite ne changent pas. Ce type de phénomène s'appelle aussi **neutralité de la monnaie.** Nous avons vu empiriquement que la monnaie semble être effectivement neutre dans le long terme (décennie après décennie) mais dans le court terme il peut en être très différemment. Les individus dans notre économie sont très attentifs quand aux variations des prix et une hausse des prix (ou un changement de l'inflation) est généralement interprété comme un fléau ! Nous allons illustrer par quelques exemples pourquoi cela est le cas.

Tout d'abord considérons l'impact de l'inflation sur un crédit hypothécaire. Typiquement lors de la signature de celui-ci le taux d'intérêt est fixé. Dans ce cas si l'inflation augmente vous gagnez du moment que votre salaire augmente aussi. La raison est que la part du revenu qui sera consacré au remboursement de votre dette diminue. Bien entendu du point de vue de la banque il s'agit d'une mauvaise affaire car elle devra faire face à des coûts comme les salaires plus élevés. Pour cela il existe en général une clause dans les contrats prévoyant la rupture du contrat dans ce type de situation.

Un autre exemple est celui de l'**érosion fiscale**. Ce terme décrit le phénomène que votre niveau de vie baisse à cause d'une augmentation de la **pression fiscale**, c'est-à-dire de la taxation. Afin de comprendre ce mécanisme il faut d'abord savoir que nous sommes imposés selon des tranches de revenu. Si votre revenu est entre telle et telle borne, alors votre taux d'imposition sera d'un certain montant. Par ailleurs, plus votre revenu est élevé et plus vous serez imposé. L'érosion fiscale se produit si votre salaire est ajusté avec l'inflation mais que les tranches d'imposition ne le sont pas.

Pour comprendre le mécanisme d'érosion fiscale prenons un exemple caricatural. Supposons que le taux d'inflation soit de 10% et que le coût des oranges à un moment donné est de 1 F par unité. Votre revenu est de 100 F. La fiscalité est la suivante : pour un revenu de moins de 105 F le taux d'imposition est de 40%; pour un revenu supérieur le taux d'imposition est de 50%. Puisque votre revenu initial est de 100 F vous devez verser 40 F à l'État. Cela vous permet d'acheter 60 oranges. Bon appétit.

Une année plus tard votre revenu sera ajusté pour l'inflation et vaut 110 F. Par ailleurs, vous êtes maintenant imposés à 50% en sorte que vous pouvez acheter pour 55 F d'oranges qui valent 1.10 F la pièce. En termes réels, malgré l'ajustement de votre salaire, votre **pouvoir d'achat** s'est détérioré.

Un dernier exemple illustrant le fait qu'une forte inflation ait des effets réels est le suivant, tiré de l'hyper-inflation en Allemagne. Si le taux d'inflation est très élevé, la monnaie perd son rôle de réserve de valeur et les agents vont chercher à se débarrasser au plus vite en achetant des biens ou en portant l'argent à la banque avec l'espoir que la banque paie un intérêt qui tient compte de l'inflation. Á la limite il faudrait payer les travailleurs plusieurs fois par jour et leur permettre d'effectuer leurs courses de suite car la valeur de ce qu'ils ont gagné le matin ne correspond plus à la valeur des biens qu'ils peuvent acheter pendant l'après-midi. Il est clair que si les gens vont faire leurs courses deux fois par jour que cela va créer des coûts pour la société sous forme d'heures de travail perdues. Les ouvriers seront trop préoccupés et épuisés par leur sort en sorte qu'une baisse de la productivité va s'instaurer. Parce que les gens vont passer leur temps à faire des courses on appelle cela *coût d'usure des semelles*[7].

[7] En anglais on dit *shoeleather cost of inflation.*

# Chapitre 5

# Microéconomie de la demande de monnaie

Dans le chapitre précédent, nous avons indiqué que la fonction de demande de monnaie dépendait du taux d'intérêt nominal ainsi que du niveau de revenu. Dans ce chapitre, nous chercherons à aller plus loin dans la construction d'une fonction de demande de monnaie. Nous présentons deux théories qui permettent de lier la demande de monnaie à des variables macro-économiques pertinentes. La première théorie s'applique surtout à des agrégats monétaires tel que $M2$ et $M3$ et la deuxième à $B$ et $M1$.

## 5.1 Théorie du portefeuille de la demande de monnaie

Cette théorie s'applique surtout à M2 et M3, et montre que lorsque le taux d'intérêt des obligations et la rentabilité des actions augmentent, on demande moins de M2 ou de M3. Inversement, si la richesse nationale augmente. L'idée de base est que les investisseurs, dans le but de réduire le risque de perdre leur richesse, doivent placer leurs actifs dans un **portefeuille diversifié**. On peut, par exemple, envisager l'achat d'or, d'obligations, d'actions, de SICAV, la détention de billets ou le placement sous forme de monnaie dans un dépôt. Une telle diversification aide à réduire le risque car si par exemple, l'or baisse en valeur on peut penser qu'un autre actif, peut être l'immobilier, gagne en valeur. L'idée est que pour ne pas prendre trop de risque on ne doit pas mettre *tous les œufs dans le même panier*. Les théories qui suggèrent que l'on détient de la monnaie comme une réserve de valeur s'appellent des **théories du portefeuille**.

On pourrait supposer que la demande de monnaie, où l'on entend par monnaie les pièces et les billets, s'écrit sous la forme :

$$(M/P)^d = L(i_A, i_O, W)$$

où $i_A, i_O$ et $W$ désignent respectivement la rentabilité anticipée des actions, le taux d'intérêt des obligations et la richesse de l'individu. Avec quel signe les différentes variables entrent elles dans la fonction ? Plus la rentabilité des actions ou des obligations est grande, moins on voudra détenir de richesse sous forme de billets de banque ou en dépôt car on préférera placer sa fortune dans les actifs qui donnent une grande rentabilité. Finalement, plus la richesse d'un individu est grande et plus cet individu va demander à détenir n'importe quel actif financier et donc en particulier de la monnaie.

Les observations ci-dessus nous montrent que la fonction de demande de monnaie que nous avons utilisée dans ce cours à savoir $L(i, Y)$ est une simplification.

### 5.1.1 Lien avec la demande de monnaie $L(i, Y)$

On peut considérer que le revenu $Y$ est fortement lié à la richesse $W$, et que le revenu est donc proportionnel à la richesse. Remplacer $Y$ par $W$ n'est donc qu'une formalité.

À ce stade, nous devons aussi noter que la rentabilité qui intervient dans $L$ est un taux d'intérêt nominal mais nous n'avons jamais dit de quel taux précis il s'agissait. Si le lecteur prend un journal, il verra qu'il existe une multitude de taux qu'on peut prendre : taux à trois mois, six mois, long terme, taux de rentabilité sur un bon du trésor ou sur un papier commercial (comme sur une obligation d'une grande entreprise). Dans la notation intervenant dans notre fonction de demande de monnaie nous avons agrégé les divers taux d'intérêt en un seul. On peut justifier cela en disant qu'en première approximation les divers actifs financiers ont des rentabilités corrélées et que ce qui importe est, avant tout, la variation des taux. Par exemple si $i_3$ et $i_6$ représentent la rentabilité de deux bons du trésor (avec des échéances respectives de trois et six mois) et si on suppose que les deux taux sont liés par une relation affine du type

$$i_6 = a + bi_3$$

alors on peut montrer que les rentabilités $i_3$ et $i_6$, vues comme des variables aléatoires à 3 et 6 mois ont un coefficient de corrélation de un[1].

Si on prend une spécification linéaire de la demande de monnaie

$$(M/P)^d = \alpha_0 - \alpha_1 i_6 - \alpha_2 i_3 + \alpha_3 W$$

alors on peut déduire que

$$\begin{aligned}(M/P)^d &= \alpha_0 - \alpha_1(a + bi_3) - \alpha_2 i_3 + \alpha_3 W \\ &= \alpha_0 - \alpha_1 a - (\alpha_1 b + \alpha_2) i_3 + \alpha_3 W\end{aligned}$$

et on s'aperçoit donc que la demande de monnaie ne dépend plus d'un seul taux. En réalité les taux à trois et à six mois ne sont pas parfaitement corrélés. Dans ce cas on peut voir le remplacement des divers taux d'intérêt par un seul comme une approximation simplificatrice.

Le problème avec la théorie du portefeuille de la demande de monnaie est que les billets en circulation sont, du point de vue du risque, moins bons qu'un placement en banque sur un compte-chèques (compte courant), car on risque de se faire voler les billets. De nos jours l'accès aux billets placés à la banque est facile car on peut retirer de la monnaie avec les cartes à chaque coin de rue et à n'importe quelle heure. On dit que les billets en circulation sont des **actifs dominés**. Comme réserve de valeur, on peut faire mieux.

Cette observation suggère que la théorie du portefeuille de la demande de monnaie s'applique surtout aux actifs les moins dominés. Si nous nous demandons pourquoi les agents préfèrent garder leur richesse sous forme d'un dépôt commun dans $M2$ et $M3$, plutôt que sous forme d'obligation ou d'action, la théorie du portefeuille semble donner une réponse satisfaisante. En revanche cette théorie ne semble pas satisfaisante pour expliquer la demande en liquide de $M1$.

## 5.2 Théorie des transactions de la demande de monnaie

Les théories qui mettent l'accent sur le fait que la monnaie peut servir comme un moyen d'échange s'appellent des **théories de transaction**. Ces théories permettent de mieux com-

[1] On rappelle que si $\tilde{x}$ et $\tilde{y}$ sont deux variables aléatoires, le coefficient de corrélation $Corr(\tilde{x}, \tilde{y}) = Cov(\tilde{x}, \tilde{y})/\sqrt{Var(\tilde{x})Var(\tilde{y})}$ où la covariance est définie par $Cov(\tilde{x}, \tilde{y}) = E(\tilde{x}\tilde{y}) - E(\tilde{x})E(\tilde{y})$ et la variance est la covariance d'une variable avec elle-même $V(\tilde{x}) = Cov(\tilde{x}, \tilde{x}) = E(\tilde{x}^2) - [E(\tilde{x})]^2$.

prendre pourquoi les gens détiennent des billets. En 1950 **Baumol** et **Tobin** ont développé ce modèle qui reste l'un des grands piliers de la théorie monétaire.

Il y a des coûts et des bénéfices dans la détention de la monnaie. Supposons pour commencer que votre revenu $Y$ soit placé en début de mois sur un compte en banque. Vous êtes supposé dépenser continuellement de la monnaie dans le but de vous vêtir et de vous nourrir. La quantité **moyenne** de monnaie que vous allez détenir dans votre poche pendant un mois dépend du nombre de fois où vous allez à la banque.

Dans le graphique suivant, on suppose que vous allez une seule fois à la banque, le premier jour du mois.

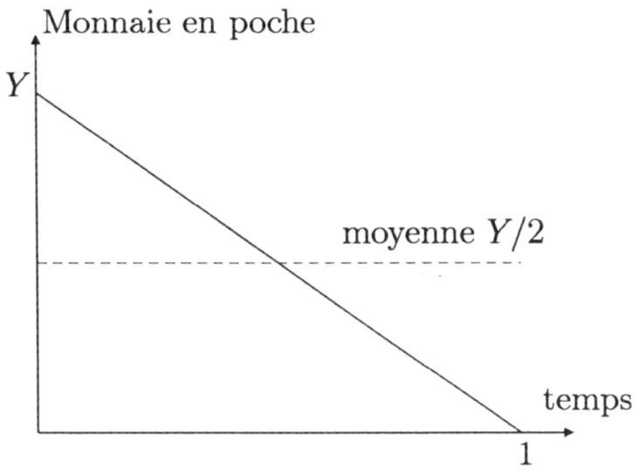


**Évolution de la monnaie détenue en poche**

La quantité moyenne de monnaie détenue pendant le mois est de $Y/2$. Dans le graphique suivant, on suppose que vous êtes allé deux fois à la banque, une fois le premier jour et une fois au milieu du mois.

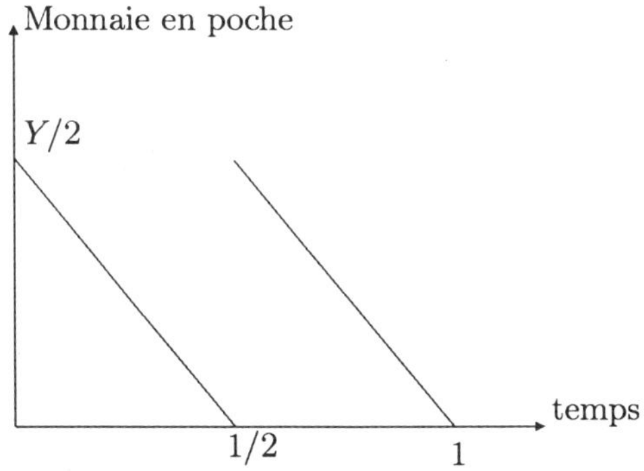


**Monnaie en poche avec deux passages en banque**

Lors de chaque passage vous effectuez un retrait de $Y/2$. La quantité de monnaie détenue en moyenne est donc de $Y/4$.

De façon plus générale, si vous allez $N$ fois à la banque et qu'à chaque fois vous retirez $Y/N$, en moyenne vous allez détenir dans votre poche $Y/2N$. Le graphique correspondant à votre compte en banque est une fonction en escalier.

Supposons qu'on vous rémunère à un taux d'intérêt mensuel $i$. Si vous laissez en moyenne $A$ francs à votre banquier, il vous donnera $iA$ francs d'intérêts par mois. Plus vous allez souvent à la banque et moins vous recevez d'intérêts. Vue de manière alternative, si vous détenez en moyenne $Y/2N$ en poche c'est que votre banquier ne vous donnera pas d'intérêts d'un montant $iY/2N$. Ceci constitue pour vous un **manque à gagner** qu'on appelle aussi **coût d'opportunité**. Ainsi plus vous allez souvent chez votre banquier et plus votre coût d'opportunité sera bas.

Lorsque nous allons à la banque, nous avons des frais (coûts de transport et temps perdu). Ces coûts étaient particulièrement élevés avant l'introduction des distributeurs, car il fallait d'abord faire la queue ensuite il y avait des formulaires à remplir. On peut dire que cela crée un coût pour chaque transaction. Par exemple si votre salaire horaire est de cent francs et qu'il vous faut quinze minutes pour aller retirer de l'argent à la banque, vous pouvez estimer le coût à vingt cinq francs. Soit $F$ l'ensemble des coûts que représente un passage à la banque pour vous. Si vous allez $N$ fois à la banque, le coût cumulé sera de $NF$. On peut chercher quel sera pour vous le nombre optimal de passages à la banque en minimisant le coût total que vous avez par mois si vous allez $N$ fois à la banque. Le coût total mensuel est :

$$\frac{iY}{2N} + NF.$$

La condition d'optimalité est alors :

$$-\frac{iY}{2N^2} + F = 0 \Rightarrow N^* = \sqrt{\frac{iY}{2F}}.$$

Pour ce nombre de passages optimal $N^*$, la quantité de monnaie détenue en moyenne sera

$$\frac{Y}{2N^*} = \frac{Y}{2}\sqrt{\frac{2F}{iY}} = \sqrt{\frac{YF}{2i}}.$$

Ce modèle nous indique que la quantité de monnaie détenue en moyenne sera importante si le revenu est grand ou le taux d'intérêt bas. On retrouve ainsi le comportement de la fonction demande de monnaie utilisée jusqu'à maintenant. Cela si on prend pour monnaie un concept étroit tel que billets en poche ou compte courant. De plus ce modèle nous indique que plus le coût de passage $F$ à la banque est faible plus on ira souvent à la banque et plus la demande moyenne de monnaie sera faible. On peut, en procédant par analogie, avec ce que nous avons vu dans un chapitre antérieur, associer $F$ à la vitesse de circulation de la monnaie. On comprend bien que l'invention des distributeurs de billets diminue le coût *d'aller à la banque* et on obtient ainsi une justification microéconomique que l'invention des distributeurs augmente la vitesse de circulation de la monnaie.

**Anecdote :** Aux États-Unis en 1990, chaque citoyen détenait en moyenne 1000 \$ en poche. Cela correspond à environ 5000 francs. Est-ce qu'en moyenne vous avez 5000 francs en poche ? Moi pas. L'explication en est très probablement l'économie clandestine. Si vous œuvrez dans la drogue, la prostitution ou le crime, il est peu probable que vous allez investir ou déposer cet argent à la banque car à un moment donné, vous allez devoir déclarer des impôts sur vos intérêts, d'ailleurs souvent c'est la banque qui est elle-même obligée de déclarer. Si la somme sous-jacente aux intérêts que vous percevez est disproportionnée par rapport à votre revenu, il y a plus de risques pour que la police vienne mettre son nez dans vos affaires.

# Chapitre 6

# Le court et le long termes

Nous introduisons ici les courbes d'offre agrégée (AS) et de demande agrégée (AD) [1]. La construction que nous proposons ici est un raccourci permettant d'utiliser le plus rapidement possible l'intuition issue de la forme des courbes d'offre et de demande. En particulier, à ce stade, cela nous permet d'illustrer les effets de prix dans le court et le long termes. Par la suite nous reviendrons avec beaucoup plus de détails sur la construction de ces courbes. Cela nous permettra d'introduire explicitement les actions que peut prendre le gouvernement mais aussi comment des facteurs psychologiques peuvent modifier le comportement de l'économie.

Cette approche rapide nous permet donc d'adresser la question de la flexibilité des prix. Si on regarde le marché des actions, on observe que le prix des titres change presque continuellement. Il en est de même si on observe le taux de change d'une monnaie contre une autre. En revanche, si on regarde le prix des journaux, on s'aperçoit que celui-ci ne change que très rarement. Une étude faite aux États-Unis montre que le prix des journaux n'est ajusté que lorsque le prix s'est détérioré de 25%, ce qui correspond à une constance des prix sur environ six ans. La recherche la plus récente en macroéconomie s'intéresse justement au problème de la rigidité des prix. Nous développons dans ce chapitre un petit modèle qui se fonde sur des méthodes de l'économie industrielle et qui permet de justifier pourquoi les prix sont relativement constants dans le court terme. Nous prendrons par la suite la fixité des prix comme une caractéristique du **court terme.** Au contraire, une caractéristique du long terme sera la flexibilité des prix. La distinction de ce qu'est le court terme et le long terme est floue. En général, une période de plus de trois ans est considérée comme étant du long terme.

## 6.1 La courbe de demande agrégée AD

La demande agrégée est la relation entre la quantité d'output demandée et le niveau du prix agrégé. En d'autres termes, la demande agrégée nous dit combien de biens et services vont être achetés pour un niveau de prix donné.

Nous verrons ultérieurement une dérivation plus rigoureuse de la courbe de demande agrégée. Pour le moment contentons-nous de dériver une première version d'après l'équation quantitative $MV = PY$. Notre première construction suppose validité de la théorie quantitative et que la masse monétaire est parfaitement contrôlée par la banque centrale. La théorie quantitative impose que la vitesse de circulation de la monnaie est une constante : $V = \overline{V}$. Pour un niveau de masse monétaire donné $M = \overline{M}$ nous obtenons :

$$Y = \overline{MV}\frac{1}{P}.$$

[1] Les sigles correspondent à *aggregate supply* pour offre agrégée et *aggregate demand* pour demande agrégée.

D'un point de vue mathématique cette équation définit une hyperbole dans l'espace revenu national, $Y$, et prix, $P$. D'un point de vue économique cette équation a les propriétés d'une fonction de demande : lorsque les prix baissent, la quantité demandée augmente. On choisit d'appeler cette relation $AD$.

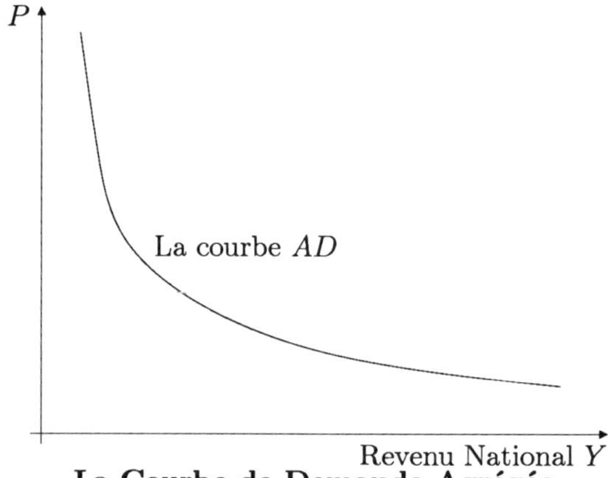


**La Courbe de Demande Agrégée**

Interprétons cette courbe :

- En termes de théorie quantitative on constate que pour une masse monétaire exogène $M = \overline{M}$, une hausse du niveau général des prix $P$ entraîne lors de chaque transaction un transfert plus grand de monnaie, de sorte que la quantité de biens et services achetés doit chuter simplement parce qu'il n'y a pas assez de billets en circulation.
- Plus simplement, sans passer par la théorie quantitative mais en se mettant à la place d'un consommateur quelconque, si les prix augmentent, la quantité demandée diminue.

La théorie quantitative permet donc de dériver une relation entre le niveau du prix agrégé et le revenu national qui semble *a priori* raisonnable. Pour le moment nous ne pouvons pas dire à quel niveau se fixe le prix agrégé et quel sera le revenu national associé.

### 6.1.1 Déplacements de la courbe AD

Un premier exercice consiste toujours à se demander comment se déplacent les courbes lorsque certains paramètres changent.

| Pour comprendre comment se déplace une courbe lorsque l'un des paramètres varie, on se place soit à un niveau donné de l'abscisse soit à un niveau donné de l'ordonnée. Lorsque nous avons choisi quelle variable nous voulons garder constante (correspondant soit à l'abscisse soit à l'ordonnée), on considère l'effet d'une augmentation d'un paramètre sur la variable restée libre. |
|---|

Nous allons maintenant mettre cette règle en place pour étudier les déplacements de AD lorsque la masse monétaire augmente. L'équation de la courbe de demande agrégée est $Y = \overline{MV}/P$. Considérons l'effet d'une augmentation de la masse monétaire $\overline{M}$ de $\overline{M}_1$ à $\overline{M}_2$. Le fait de laisser la barre sur le $M$ traduit que cette variable est contrôlée par quelqu'un. On peut voir quel est le déplacement de AD en choisissant un niveau de l'ordonnée constant ($P_{fixe}$) ou un niveau de l'abscisse constant ($Y_{fixe}$). Dans les deux graphiques ci-dessous nous traçons les évolutions de AD selon ces deux cas de figure. Le graphique de gauche correspond au cas où l'on se fixe $P$ et celui de droite si on se fixe $Y$.

- Pour un $P$ fixé à $P_{fixe}$, $Y$ passe de $Y_1 = \overline{M}_1\overline{V}/P_{fixe}$ à $Y_2 = \overline{M}_2\overline{V}/P_{fixe} > Y_1$. Cela revient à faire un déplacement de $AD$ vers la droite.
- Pour un $Y$ fixé à $Y_{fixe}$, $P$ change de $P_1 = \overline{M}_1\overline{V}/Y_{fixe}$ à $P_2 = \overline{M}_2\overline{V}/Y_{fixe} > P_1$. Cela revient à déplacer $AD$ vers le haut.

Les deux approches donnent bien entendu le même résultat.

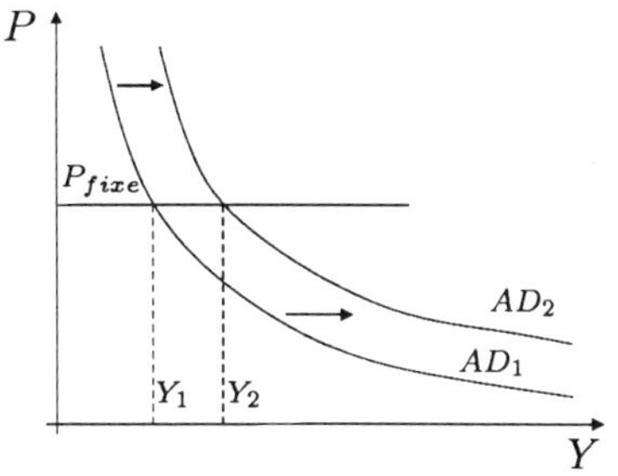


**Déplacement de AD avec $P$ fixé**

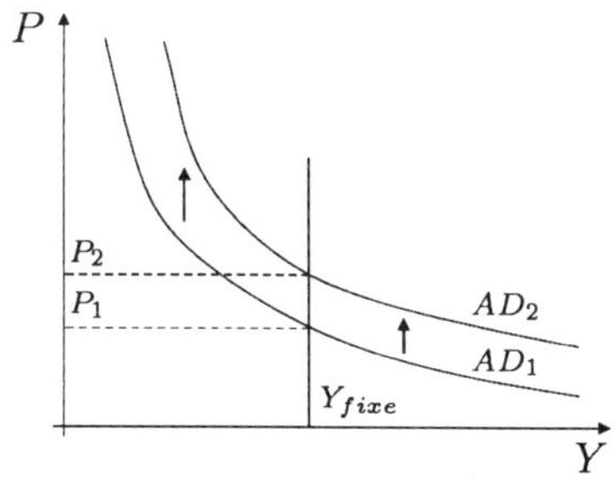


**Déplacement de AD avec $Y$ fixé**

Ces résultats s'accompagnent d'une intuition économique. Dans le graphique de gauche nous venons de traduire le fait que si les prix ne varient pas, alors une augmentation de la masse monétaire augmente le revenu national. Ainsi, si les prix ne varient pas, et c'est là une hypothèse clef qui ne tient que dans le court terme, alors une expansion monétaire peut augmenter le revenu national.

**Anecdote :** Pendant la guerre du Golfe les Alliés ont joué avec la théorie quantitative pour déstabiliser l'Irak en bombardant Bagdad avec une pluie de monnaie irakienne falsifiée. Imaginez un habitant de Bagdad qui, le matin, se retrouve avec une fortune tombée, comme la manne, du ciel. La première chose qu'il fera est de se précipiter dans les magasins pour acheter tout ce dont il a toujours rêvé. Dans une première phase on aura donc une hausse de la demande de biens à prix constants. Rapidement les magasins vont se vider et on ne saura plus quelle valeur attacher à la monnaie...

Le graphique de droite est également accompagné d'une intuition économique. Là on suppose la constance de la quantité des biens vendus. Si la monnaie a augmenté c'est donc fatalement que les prix ont bougé. Cet exemple correspond à la logique de l'hyper-inflation étudiée dans un chapitre antérieur.

Finalement il nous reste à constater qu'on aurait pu obtenir le déplacement de AD par simple calcul mathématique sans faire de raisonnement économique. Nous encourageons le lecteur à travailler toutes les dimensions que celles-ci soient économiques ou mathématiques.

**Remarque :** Lorsqu'on superpose différentes courbes et qu'on étudie l'effet d'un changement de l'un des paramètres, on fait ce qu'on appelle un **exercice de statique comparée**. Dans la pratique on utilise des équations semblables à celles introduites dans ce cours. Il se peut qu'il y ait quelques variables en plus avec des indices de temps retardés mais l'idée reste la même. Après avoir estimé ces relations avec des données, c'est à dire après **calibrage** du modèle, la statique comparative saura nous dire quel est l'impact sur l'économie d'un changement de l'une des variables exogènes. Dans ce cours nous restons qualitatif et non quantitatif.

### 6.1.2 La courbe d'offre agrégée du long terme $ASLT$

On suppose que le revenu national est produit grâce à une certaine technologie. On peut par exemple supposer que le revenu national soit lié aux facteurs de production $K$ et $L$, où $K$ désigne le stock de capital et $L$ le stock d'ouvriers, par une fonction $Y = F(K, L)$.

On fait l'hypothèse suivante concernant le long terme : pour des raisons démographiques, la force de travail est prise comme une constante $L = L^*$. On suppose aussi fixité du stock de capital $K = K^*$. Il s'agit d'hypothèses qui peuvent être généralisées et sont donc **sans perte de généralité**. Il est à noter que l'on néglige dans la fonction de production le progrès technique. Nous considérons, dans le chapitre sur la croissance, des fonctions de production plus générales faisant intervenir le progrès technique et éventuellement le capital humain.

Par définition, la production obtenue en faisant pleine utilisation des facteurs de production s'appelle l'**offre potentielle** (on dit aussi **offre de plein emploi** ou **production de plein emploi**). Pour le moment il suffit de voir cette offre potentielle comme celle obtenue si l'économie était à son plein emploi et s'il n'y avait pas de sous capacité dans la production (c'est à dire que les machines seraient utilisées de façon optimale).

Dans le long terme, on suppose donc que le revenu national est égal à l'offre potentielle $Y = Y^*$ ce qui revient à supposer que l'offre ne dépend pas du prix. Une courbe qui ne dépend pas du prix peut être représentée comme dans le graphique suivant.

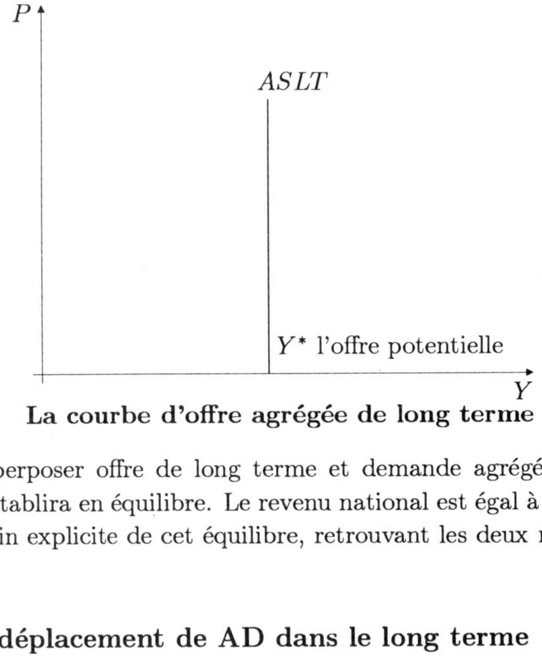


**La courbe d'offre agrégée de long terme**

On peut alors superposer offre de long terme et demande agrégée. Cette superposition donnera le prix qui s'établira en équilibre. Le revenu national est égal à l'offre potentielle. Nous ne faisons pas de dessin explicite de cet équilibre, retrouvant les deux relations dans la section suivante.

### 6.1.3 Effet d'un déplacement de AD dans le long terme

Ayant une courbe d'offre et une courbe de demande, nous allons étudier l'effet d'un changement de telle ou telle variable sur le niveau de prix et sur la production nationale. Considérons le cas d'une diminution de la masse monétaire. Nous avons déjà vu que cela correspond pour la demande agrégée à un déplacement vers la gauche et vers le bas. Pour simplifier nous allons dorénavant, lorsque cela ne gène pas le raisonnement économique, remplacer l'hyperbole par un segment de droite. On peut voir cela comme une approximation locale de l'hyperbole. La raison de faire cette approximation est que cela permet d'obtenir des graphiques plus lisibles [2].

Supposons donc partir d'une situation $A$ où la masse monétaire est fixée à un niveau $\overline{M}_A$. Notre problème est de déterminer vers quel nouvel **équilibre de long terme** évoluera notre

[2] Les droites sont également plus faciles à tracer.

économie lorsque la banque centrale ramènera la masse monétaire à $\overline{M}_B < \overline{M}_A$. Graphiquement nous obtenons la situation suivante :

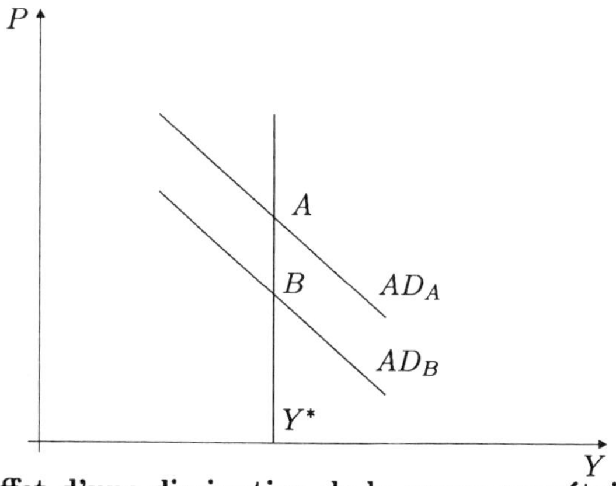


**Effet d'une diminution de la masse monétaire**

Si la banque centrale décide d'une diminution de la masse monétaire, pour acheter une même quantité de biens, le prix des biens va baisser, car la rareté de la monnaie a augmenté. On peut comprendre cela grâce à un exemple. Imaginons une économie avec seulement deux billets de 50 francs. Supposons qu'un bien (le panier de biens agrégés) coûtant initialement 100 francs est payé avec deux billets de 50 francs. Si le second billet est retiré de l'économie, le prix du bien devra s'ajuster et coûter seulement 50 francs afin que l'on puisse l'acheter avec un seul billet de 50 francs à vitesse de circulation de la monnaie constante.

Dans le long terme, le déplacement de la demande ne change pas la production.

Il est important que le lecteur se familiarise avec le raisonnement économique. Il aurait également pu déterminer mathématiquement l'impact de la baisse de $\overline{M}$. Pour la détermination mathématique on commence par rappeler les équations en considération. Dans cet exemple simple nous obtenons :

$$\begin{cases} Y^* = f(K^*, L^*) & \text{ASLT}, \\ P = \dfrac{\overline{M}\,\overline{V}}{Y} & \text{AD}. \end{cases}$$

D'un point de vue algébrique, le **prix d'équilibre** s'obtient en calculant l'intersection entre ASLT et AD. On obtient pour prix d'équilibre :

$$P^* = \frac{\overline{M}\,\overline{V}}{Y^*}.$$

Puisque $\overline{V}$ et $Y^*$ sont positifs une diminution de $\overline{M}$ de $\overline{M}_A$ à $\overline{M}_B$ entraîne une baisse de $P^*$ de $P_A^* = \overline{M}_A\overline{V}/Y^*$ à $P_B^* = \overline{M}_B\overline{V}/Y^*$. Personnellement je trouve la dérivation graphique plus élégante en tant qu'outil pour se souvenir rapidement des effets de telle ou telle variation. L'outil mathématique devient indispensable lorsque l'on cherche à quantifier ces variations.

### 6.1.4 La fixité des prix dans le court terme

Une observation de tous les jours est que les fournisseurs de biens et services pris au sens large, (marchands de journaux, vendeurs de pizza, écoles, transports publics, etc.) ne changent pas leurs prix même si la quantité vendue varie dans une certain mesure. Il faut donc que la courbe d'offre du court terme soit indépendante du prix.

Nous allons justifier cette constatation par un modèle qui dérive de l'économie industrielle. La question pourquoi les prix ne varient pas d'avantage dans le court terme est connue sous le nom **problème du coût d'impression des menus**[3]. Les économistes se sont en effet interrogés pendant assez longtemps pourquoi certains prix restent stables alors que d'autres, comme les prix boursiers par exemple, sont assujettis à des fluctuations très fortes.

Considérons une entreprise avec un certain pouvoir monopolistique dans son marché : Lorsqu'elle désire vendre beaucoup c'est qu'elle doit fournir les biens à prix bas. Inversement, si l'entreprise demande des prix élevés elle ne pourra vendre que très peu.

Soit ainsi une fonction de demande qu'on prend linéaire pour se simplifier la vie

$$p = a - bq.$$

Ici $p$ et $q$ désignent le prix et la quantité produite. Les lettres $a$ et $b$ représentent des paramètres positifs. On a bien une relation inverse entre prix et quantité justifiant qu'il s'agit là d'une fonction de demande.

La recette totale (un comptable dirait *chiffre d'affaire*) est donnée par la valeur totale vendue, c'est à dire par la valeur reçue lors de la vente de $q$ unités au prix $p$.

$$RT = p \cdot q = (a - bq)q.$$

Nous supposons que le coût total de la production de $q$ unités soit donné par une fonction simple

$$CT = cq^2.$$

La lettre $c$ représente un paramètre positif et constant. Le coût marginal, c'est à dire le coût de production d'une unité supplémentaire est défini comme une dérivée [4]:

$$Cm = \frac{dCT}{dq} = 2cq.$$

La fonction de coût total nous montre que plus on produit, plus cela nous coûte. Le coût marginal croissant nous indique que chaque unité supplémentaire nous coûte plus que la précédente. Pour comprendre ce que signifie un coût marginal croissant, imaginons que l'entreprise produit à l'intérieur d'un bâtiment de taille fixe. Si l'entreprise produit relativement peu, les ouvriers peuvent se déplacer sans gêne, on arrive également à stocker la marchandise sans problème. Plus on produit, plus il faut employer des gens mais dans un espace délimité ceux-ci vont commencer à se gêner ; chaque nouvelle personne produira un peu moins que la précédente. Aussi, peut-être faudra-t-il produire pendant la nuit ce qui coûtera en heures supplémentaires. On comprend que chaque unité de produite coûtera de plus en plus cher.

L'entrepreneur choisit un niveau de production $q^*$ qui maximise son **profit**, défini comme la différence entre la recette totale et le coût total. La condition du premier ordre indique alors que la recette marginale doit être égale au coût marginal :

$$\begin{aligned} \frac{d\,RT - CT}{d\,q} &= Rm - Cm = 0 \\ &\Rightarrow Rm = Cm. \end{aligned}$$

Soit analytiquement $a - 2bq^* = 2cq^*$. Le graphique suivant traduit cela. Tout d'abord il représente l'équation du coût marginal $Cm$, il s'agit d'une droite. On retrouve ensuite la fonction de demande, $p = a - b\,q$, et la courbe de recette marginale, $a - 2b\,q$. L'intersection entre cette dernière et le coût marginal, ce qui a lieu au point $B$, donne la quantité optimale à produire,

[3] An anglais on dit *menu cost*.

[4] En économie on supprime souvent la notation mettant en évidence la dépendance fonctionnelle d'une variable vis à vis d'une autre. Ainsi on écrira $RT$ et $CT$ au lieu de $RT(q), CT(q)$.

$q^*$. Pour obtenir le prix auquel l'entreprise vendra cette quantité il faut revenir sur la fonction de demande qui, évaluée en $q^*$, c'est à dire en $C$, donne le prix $p^*$.

On peut avec ce graphique déterminer également quelle est la recette de l'entreprise. Il s'agit de l'aire donnée par $p^* q^*$, c'est à dire par le rectangle A$q^*$CD. Pour retrouver le coût total il faut réfléchir un peu plus. Le graphique contient le coût marginal, c'est à dire la dérivée du coût total. Inversement, le coût total s'obtient comme une intégrale du coût marginal.

$$CT(q^*) = \int_0^{q^*} Cm(q)\,dq = \int_0^{q^*} 2cq\,dq = c(q^*)^2.$$

Or on reconnaît là exactement la surface du triangle A$q^*$B. On conclut que le profit est donné par la surface ABCD.

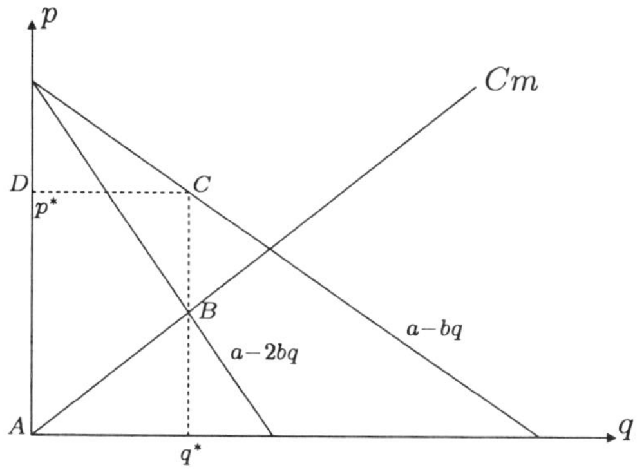


**Maximisation du profit**

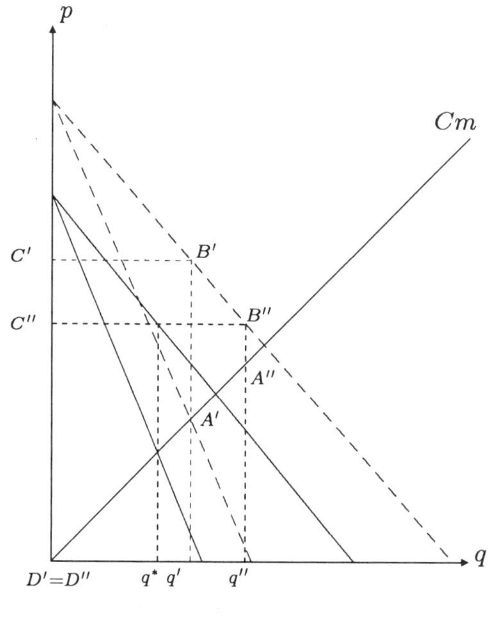


**Comparaison des profits selon la stratégie choisie**

Supposons maintenant que la demande pour une entreprise soit accrue et qu'elle s'écrive $p = a' - bq$ avec $a' > a$. Le monopoleur peut alors réimprimer sa liste des prix. Cela lui permet d'obtenir par suite un nouvel profit optimal. Soit $p'$ et $q'$ les prix et quantités maximisant le profit pour la nouvelle fonction de demande. Par ailleurs si l'entreprise change sa liste des prix cela lui coûte $\kappa$. On peut penser que $\kappa$ ne soit pas très grand. Cependant à cause de ce coût le monopoleur peut se demander si changer les prix en vaut la chandelle. En effet si le monopoleur a une incertitude concernant le déplacement de la demande il va éventuellement accommoder la demande en produisant plus au prix d'avant. Dans un monde avec de l'incertitude l'attente sera la meilleure stratégie. En particulier si la différence des profits n'est pas grande.

Dans ce graphique nous avons tout d'abord représenté le coût marginal. La fonction de coût ne change pas car, par définition même, elle exprime la relation entre la quantité produite et les frais associés. On comptabilise $\kappa$ de manière indépendante. On retrouve dans les traits pleins la demande et recette marginale initiale. La quantité optimale à produire est $q^*$.

Les traits discontinus correspondent à la situation avec modification de la fonction de demande. Si le manager changeait le menu il pourrait produire une nouvelle quantité optimale $q'$. Son profit serait A'B'C'D'-$\kappa$. Si le manager décide d'accommoder la demande sans changer les prix, il gardera ces derniers au niveau C" et produira $q''$. Dans ce cas son profit est A"B"C"D". On constante graphiquement que la différence entre le profit A'B'C'D' et le profit A"B"C"D" est assez petite. En particulier la modification de l'aire des surfaces peut ne pas couvrir le coût nécessaire pour réimprimer des menus. Ainsi, si le manager de l'entreprise a des doutes concernant le déplacement de la demande il risque d'attendre avant de changer les prix.

Cet exemple montre qu'avec quelques notions assez simples de l'économie industrielle on arrive à expliquer certains phénomènes macroéconomiques très importants. On met en évidence le fait que l'existence de coûts très faibles peut avoir un impact important en termes de conséquences.

### 6.1.5 La courbe d'offre agrégée du court terme *ASCT*

D'après ce qui précède nous obtenons dans le court terme une courbe d'offre horizontale.

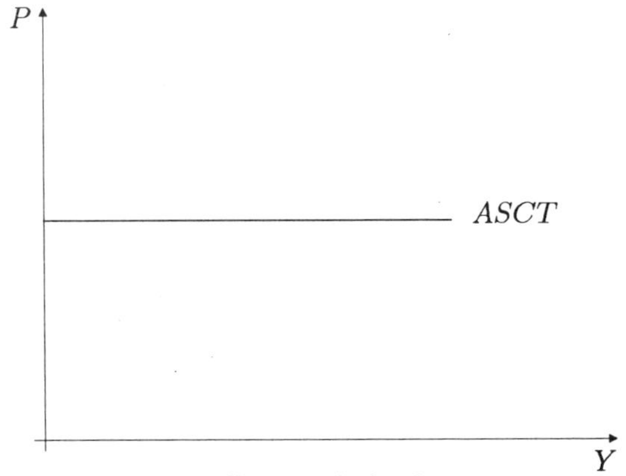


**La courbe d'offre agrégée de court terme**

La modélisation mathématique de la courbe ASCT est triviale. On écrit que $P = P^*$ pour indiquer que le niveau des prix est fixé à un certain niveau prédéterminé.

### 6.1.6 Effet de court terme d'un déplacement de *AD*

Nous venons de montrer qu'en première approximation on peut supposer que l'offre du court terme est constante et indépendante de la quantité produite. Nous sommes donc en mesure d'étudier l'impact sur notre économie d'un déplacement de la demande. Nous allons supposer, pour nous fixer les idées, que le déplacement de AD est dû à une augmentation de la masse monétaire.

Graphiquement on constate que dans le court terme, une augmentation de la masse monétaire aura comme effet une augmentation du revenu national. L'intuition économique derrière ce résultat est simple. Les prix étant constants, si la masse monétaire augmente les consommateurs se retrouvent avec un revenu accru. Cela les conduit à consommer d'avantage. En dernier lieu les marges des entreprises augmentent ce qui conduit à un revenu national augmenté.

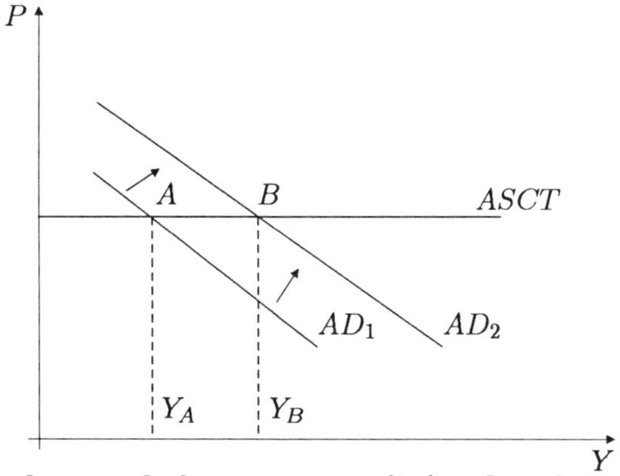


**Effet d'un hausse de la masse monétaire dans le court terme**

On remarque que dans un chapitre antérieur nous avons discuté de la possibilité de faire une petite relance d'une économie par une augmentation de la masse monétaire. Nous avons maintenant une justification théorique de ce phénomène. Il faut remarquer qu'historiquement, avant que la banque centrale ne soit aussi indépendante qu'elle ne l'est actuellement, une petite relance par une augmentation de la masse monétaire était populaire auprès des gouvernements qui devaient se présenter à une élection pendant une période économique difficile. Plus loin nous verrons quelle en est la conséquence dans le moyen terme.

Nous encourageons le lecteur à faire le raisonnement économique pour la situation où le déplacement de AD serait causé par une variation de la vitesse de circulation de la monnaie. De même il peut considérer la situation où la masse monétaire ou la vitesse de circulation baisse. De façon plus générale, nous conseillons au lecteur de systématiquement refaire le raisonnement symétrique à celui présenté dans le livre. Il peut lui être également utile de dériver les résultats par une modélisation mathématique lorsque cela n'est pas déjà fait dans le livre.

### 6.1.7 Passage du court terme au long terme

Dans le court terme, les prix sont rigides. Ils s'ajustent dans le long terme. On peut combiner les différentes courbes pour obtenir **l'équilibre du long terme**.

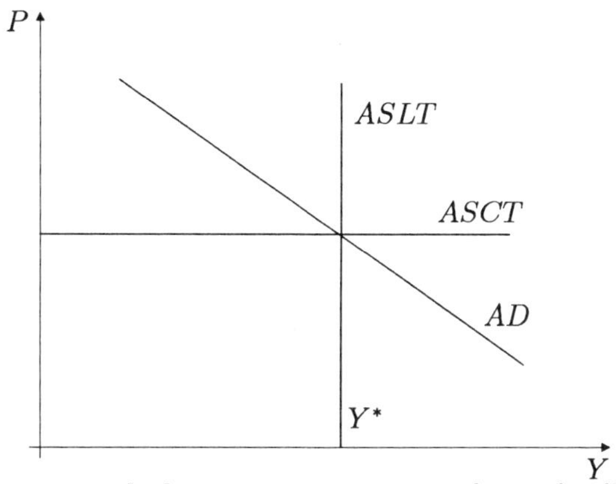


**Le court et le long terme superposés en équilibre**

### 6.1.8 Dynamique d'une réduction de $AD$

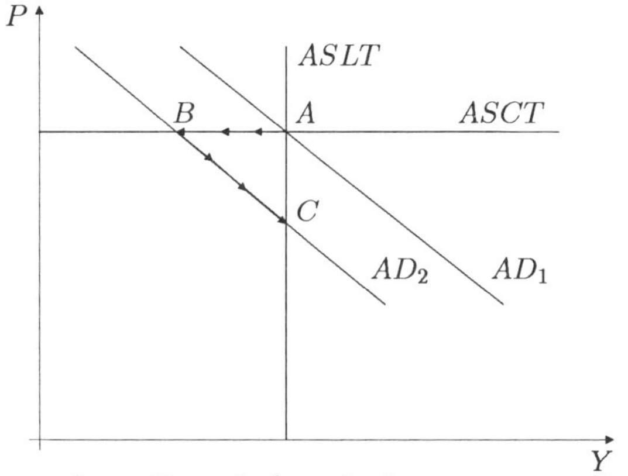


**Dynamique d'une baisse de la masse monétaire**

Supposons que la banque centrale réduise la masse monétaire $\overline{M}$. Dans le court terme, puisque les prix sont constants la production chute jusqu'à $B$. La production se trouve alors à gauche de $Y^*$, nous sommes en récession. Le temps passe et les salaires ainsi que les prix vont baisser. À ce moment là, la production repart et le revenu augmente. Ce graphique illustre qu'une baisse du niveau des prix est toujours douloureuse à réaliser et passe par une période de récession. Cette constatation fondamentale a conduit les gouvernements européens à abandonner des politiques inflationnistes.

### 6.1.9 Contrôle de chocs par une politique monétaire

Dans cette section nous allons voir quelle est la marge de manœuvre de la banque centrale pour corriger le tir dans un certain nombre de situations.

#### Chocs sur la demande agrégée

Essayons de comprendre ce que la banque centrale peut faire pour annuler les effets d'une hausse de la vitesse de circulation de la monnaie. On prend comme exemple concret celui des distributeurs de billets. Des machines incorporées dans les murs extérieurs des banques permettant de retirer de la monnaie même au milieu de la nuit. Supposons que le nombre de billets de monnaie existants n'ait pas été changé. La conséquence de cette invention financière est qu'il est plus facile de retirer de la monnaie. Au lieu de se balader avec 200 francs en poche, 50 francs suffisent car il est très facile d'aller refaire le plein au prochain coin de rue. De plus le jeu d'écritures se fait très rapidement car, tout étant centralisé par ordinateur, on peut faire beaucoup plus rapidement les transferts. La vitesse de circulation de la monnaie, V, augmente donc rapidement. Revenant à $AD$ cela signifie que la demande agrégée, définie par la relation $Y = MV/P$ augmente aussi.

Afin de comprendre la possibilité d'intervention dont dispose la banque centrale considérons la figure du dessus.

Le point de départ est le point $A$ intersection de la demande agrégée et de l'offre de long terme. Ce graphique montre que si la vitesse de circulation de la monnaie augmente, $AD$ se déplace de $AD_1$ à $AD_2$ et l'équilibre passe dans le court terme de $A$ en $B$, puis dans le long terme de $B$ à $C$. Si en réponse à l'augmentation de la vitesse de circulation de la monnaie, la banque centrale baisse la masse monétaire $\overline{M}$ alors $AD_2$ se déplacera en $AD_3$ qui n'est autre que $AD_1$. Cet exemple montre qu'avec une intervention monétaire adéquate, la banque centrale peut contrôler un certain nombre de chocs auxquels est soumise l'économie.

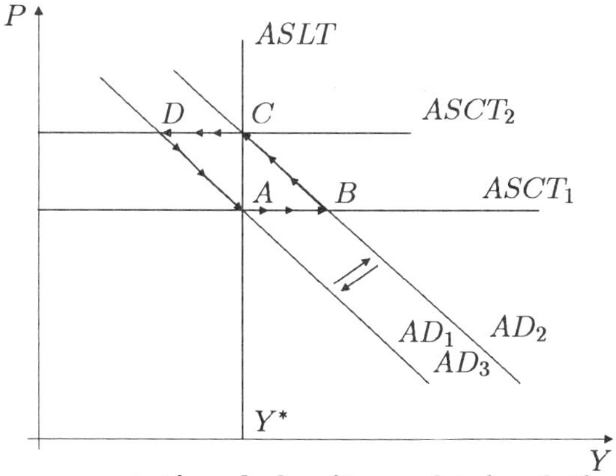


**Contrôle d'une augmentation de la vitesse de circulation de la monnaie**

Il va de soi qu'il est difficile pour la banque centrale de savoir de combien elle doit modifier la masse monétaire. Au mieux elle a un modèle économétrique, c'est à dire statistique, qui lui permet de quantifier les chocs. Quoi qu'il en soit, on peut tout de même s'attendre à des effets réels puisque le passage le long du losange ne se fera pas rapidement.

### Chocs sur l'offre agrégée

Un choc sur l'offre est un choc qui altère les conditions dans lesquelles se déroule la production. Les points suivants donnent des exemples de chocs sur l'offre agrégée conduisant à une hausse des prix.

- une sécheresse qui détruit la récolte mène à une hausse des prix par la raréfaction des denrées.
- une augmentation de l'agressivité des syndicats conduisant à une hausse des salaires. Lorsque les salaires augmentent les entreprises sont souvent obligées de répercuter cette hausse au niveau du prix de vente. Autrement, elles ne seraient plus en mesure d'effectuer leur paiement d'intérêts ni de conserver leur place compétitive. Le mécanisme forçant une hausse des prix est semblable pour les deux points suivants.
- une loi sur la pollution qui interdit certains procédés de production.
- l'organisation d'un cartel pétrolier.

L'ensemble de ces chocs conduit donc à une hausse des prix. L'impact au niveau économique dépend dans une large mesure de l'attitude de la banque centrale. Le graphique de gauche ci-dessous correspond à une situation où la banque centrale n'intervient pas. Le contraire pour le graphique de droite.

Dans les deux cas de figure, le choc sur l'offre conduit à une augmentation des prix donc à un déplacement de l'offre agrégée de $ASCT_1$ en $ASCT_2$. Si la banque centrale n'intervient pas dans une première phase, l'économie se déplace de $A$ en $B$. À ce stade l'économie est en récession. Il ne peut s'agir d'un équilibre. La demande agrégée ne s'étant pas déplacée, le seul point compatible avec un équilibre est $A$. Après un processus long et douloureux l'économie y retournera.

Si la banque centrale intervient en augmentant la masse monétaire, alors la demande agrégée se déplace de $AD_1$ en $AD_2$. Cela permet à l'économie de rester au plein emploi mais à un niveau de prix supérieur. Cet exemple illustre le dilemme auquel la banque centrale est confrontée. Le choix de l'intervention serait purement politique. Nous pensons que les exemples considérés résument bien le choix des possibilités qu'a une banque centrale indépendante. C'est avec l'aide et la concertation du gouvernement, qui peut également agir sur un ensemble de variables que de nouvelles possibilités s'ouvrent. Nous allons nous tourner maintenant vers l'étude de ces nouveaux outils.

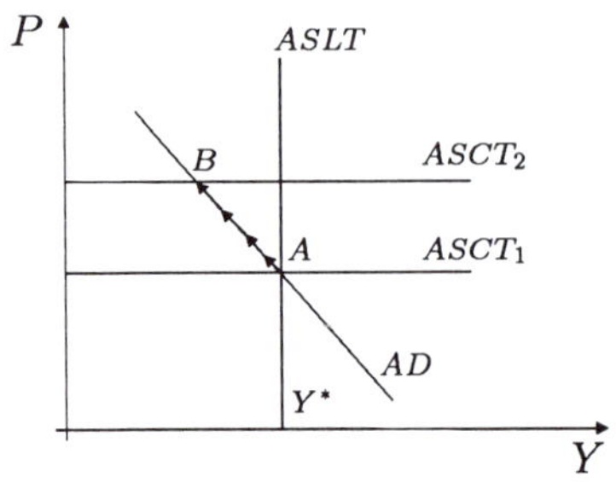


**Sans intervention**

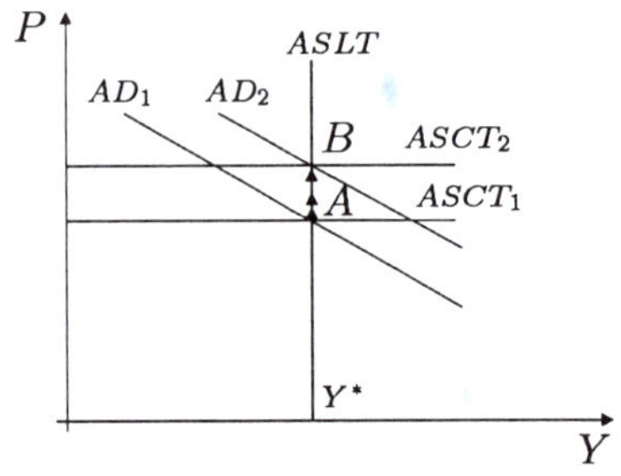


**Avec intervention**

# Chapitre 7

# Construction keynésienne de AD

Dans le chapitre précédent, nous avons dérivé la courbe $AD$ par la théorie quantitative de la monnaie. La théorie quantitative, comme nous l'avons vu dans un chapitre précédent, constitue une approximation valable surtout pour le long terme. Dans ce chapitre, nous allons donner des fondements théoriques plus profonds visant à obtenir $AD$. Cela permettra aussi de montrer que le gouvernement peut influencer l'économie par une **politique fiscale** c'est-à-dire en modifiant soit les impôts, $\overline{T}$, soit les dépenses publics $\overline{G}$[1]. Nous commencerons par un modèle très simple que nous allons enrichir au fur et à mesure.

Dans la théorie classique les conditions d'offre des facteurs (capital et travail) sont supposées tirer toute l'économie. Ainsi tout choc sur l'économie devrait être absorbé par un ajustement des prix. Le chômage serait résolu par une baisse des salaires. Comme déjà indiqué dans le premier chapitre, vers 1930, Keynes a proposé une théorie radicalement différente. Selon lui, dans le court terme, on peut avoir des situations stables où une modification des prix des facteurs ne change rien, simplement parce que de la part des consommateurs il n'y a pas de demande envers les entreprises, qui refusent donc d'acheter des matières premières ou d'embaucher quelqu'un quelque soit le niveau de prix ou salaire[2]. Keynes critiquait les théories classiques en affirmant que ce n'est pas l'offre des facteurs qui détermine le revenu national mais la demande ! Keynes restait relativement littéraire dans sa *théorie générale.* C'est John Hicks qui fit une formalisation de la théorie keynésienne. L'outil de base de l'analyse keynésienne sera le modèle $IS - LM$. Le modèle $IS - LM$ est un modèle qui considère les prix comme une variable **exogène.** Les ingrédients du modèle $IS - LM$ sont la courbe $IS$ et la courbe $LM$.

- $IS$ correspond[3] à *Investment and Saving*, c'est à dire investissement et épargne.

- $LM$ correspond à *Liquidity and Money*, c'est à dire liquidité et monnaie.

L'hypothèse cruciale de l'analyse keynésienne est de supposer la rigidité des prix. Lors de l'étude de l'évolution dynamique de l'économie nous relâcherons cette hypothèse.

---

[1] On considère en général que les impôts et les dépenses publiques sont des variables sous le contrôle du gouvernement. Il s'agit donc de variables exogènes, ce qui explique pourquoi on met également une barre sur ces variables.

[2] Cela revient à supposer que les ouvriers sont très protégés et donc très difficiles à licencier. Il faut reconnaître que dans les pays non européens, la flexibilité de la main d'œuvre est beaucoup plus grande. On ne peut donc pas substituer de la main d'œuvre chère par celle prête à travailler pour un salaire plus bas. On reviendra sur ce type de problématique dans la section traitant du marché du travail.

[3] On garde dans ce cours les sigles provenant de l'anglais.

## 7.1 Les composants du revenu national et la croix keynésienne

### 7.1.1 Un retour à la comptabilité nationale

Dans le chapitre de comptabilité nationale, nous avons vu que les composants fondamentaux du PIB sont :

- $C$ : la consommation des ménages
- $I$ : l'investissement des entreprises
- $G$ : la dépense publique
- $NX$ : l'exportation nette.

Pour le moment nous allons nous placer dans une **économie fermée** ce qui revient à négliger les exportations et importations $NX$. Ainsi le revenu national total est

$$Y = C + I + G.$$

Dans le chapitre qui traite de l'économie ouverte nous verrons que tous les résultats trouvés pour l'économie fermée sont encore vrais mais que les effets seront moins importants. C'est parce que l'on peut transposer de nombreux résultats de l'économie fermée à celle ouverte qu'il est important de commencer par bien comprendre les mécanismes de l'économie fermée. On se souvient du chapitre traitant de la comptabilité nationale que le revenu national en économie fermée avec gouvernement est composé de trois agrégats: $C$, $I$, $G$. Alors que nous avons simplement comptabilisé ces flux dans le chapitre de la comptabilité nationale, nous allons maintenant faire des hypothèses de comportement, c'est à dire que nous supposons dépendance entre ces agrégats et certains flux.

### 7.1.2 La fonction de consommation : $C$

Nous consommons une certaine partie de ce que nous recevons comme revenu (la consommation correspond à environ 2/3 du PIB). La décision de la quantité consommée ou épargnée se fait après avoir payé nos impôts. Il est donc raisonnable de définir d'une part, le **revenu disponible** comme le revenu national net d'impôts $Y - T$ où $T$ est l'impôt direct et de postuler que la consommation est une fonction du revenu disponible: $C = C(Y - T)$. Afin de modéliser la relation entre la consommation et le revenu disponible $Y - T$ nous allons faire un raisonnement extrême. Ainsi, si le revenu disponible d'un individu est nul, dans le raisonnement de Keynes, il consomme quand même une certaine quantité, ne serait-ce que pour survivre, par exemple des fruits qu'il cultive dans son potager. On peut donc poser $C(0) = Aut$ pour **consommation autonome**. Considérons maintenant une situation normale où l'individu reçoit un revenu disponible positif. Si le revenu disponible de cet individu est augmenté d'un franc celui-ci va probablement augmenter sa consommation, $C$, mais de moins d'un franc. Implicitement, cela présuppose que le revenu disponible est supérieur au revenu minimal existentiel, qui permettrait juste la survie de l'individu. La part du franc non consommée sera épargné. On définit la **propension marginale à consommer**, $Pmc$, comme la fraction dépensée sous forme de consommation d'un franc de revenu disponible supplémentaire[4]. Cela nous permet de postuler que

$$C = C(Y - T) = Aut + Pmc \cdot (Y - T).$$

[4] Propension veut dire *tendance* et marginale pour *dernière unité*.

Il est également important d'avoir un ordre de grandeur du paramètre *Pmc*. On peut se dire que lors de la vie active d'un individu celui-ci épargne pour la retraite et pour l'éducation de ses enfants en sorte qu'un ordre de grandeur de 0,6 semble raisonnable.

### 7.1.3 La fonction d'investissement : $I$

Les entreprises et les ménages investissent (l'investissement correspond à environ 15% du PIB). Les entreprises investissent pour augmenter et remplacer le capital usagé. Les ménages achètent de nouvelles résidences. La décision d'investissement se fonde d'une part sur la rentabilité de cet investissement et d'autre part sur son coût de financement. Dans le cas de l'achat d'une résidence l'acheteur évaluera ainsi le potentiel de plus-value de l'habitation. Il devra, dans la plupart des cas, financer cet achat par un crédit hypothécaire dont le taux est une grandeur primordiale. De manière semblable, dans le cas de l'achat d'une machine, le manager d'une entreprise devra évaluer la contribution de la machine au produit de l'entreprise et la comparer au coût d'investissement. L'investissement dépend donc du taux d'intérêt. C'est seulement lorsque la rentabilité d'un investissement excède son coût que celui-ci devrait être effectué. Plus le coût d'un investissement, mesuré par le taux d'intérêt augmente, moins de projets seront rentables et l'investissement va diminuer. Dans un cours de **finance d'entreprise**[5] on apprend que le taux d'intérêt à prendre pour un projet donné, dépend du risque du projet. C'est dans un tel cours que l'on étudie plus en détail les facteurs qui peuvent influencer l'investissement (valeur d'option d'attente, facteurs d'asymétrie d'information, contraintes de liquidité, etc.). Nous sommes en macroéconomie et nous allons prendre comme taux d'intérêt significatif le taux d'intérêt réel. Cela nous permet d'ignorer les phénomènes monétaires qui sont très compliqués.

Il y a différentes façons de justifier pourquoi on fait ce choix de taux d'intérêt. La première est de dire que nous supposons que le niveau des prix est fixe, et donc qu'il n'y a pas d'inflation. Cette approche ne permet pas d'étendre, par la suite, le modèle à des situations dynamiques où l'on fait également évoluer les prix. La deuxième justification est qu'il y a symétrie d'information et donc que le banquier qui prête des fonds aura la même anticipation d'inflation que l'entrepreneur qui utilisera ces fonds. On peut alors négliger les phénomènes monétaires dans la décision d'investissement. Nous pouvons formaliser cette dernière justification ce qui permet de mieux comprendre les hypothèses faites. Considérons le cas d'une décision d'investissement qui se réalise sur deux périodes 1 et 2. On se donne les notations suivantes.

- Soit $C_1 > 0$ le coût du projet à la date 1. On peut voir $C_1$ comme la somme qu'il faut débourser pour pouvoir accéder à un projet d'investissement.
- Soit $C_2^a > 0$ la recette totale anticipée du projet à la date 2. Puisque nous avons ici un modèle à deux périodes, $C_2$ peut être vu comme la valeur de revente du projet.
- Soient $P_1$ et $P_2^a$ le niveau du prix d'aujourd'hui et celui anticipé pour demain.

Nous allons montrer que le taux nominal du banquier et le **retour sur l'investissement** de l'entrepreneur ont des expressions très semblables. Si on emprunte à la banque on doit payer un taux d'intérêt nominal de $i = r^a + \pi^a$ par l'équation de Fisher. Examinons le point de vue de l'entrepreneur. Tout d'abord la rentabilité réelle du projet est obtenue en comparant les flux réels des deux périodes. Formellement nous obtenons

$$\rho^a = \frac{\frac{C_2^a}{P_2^a} - \frac{C_1}{P_1}}{\frac{C_1}{P_1}}.$$

[5] Qu'on appelle en anglais *corporate finance*.

Nous allons maintenant établir la relation qui existe entre le taux d'intérêt nominal et le taux réel anticipé. Montrons que la rentabilité nominale du projet se compose de $\rho^a$ et de $\pi^a$. Nous allons d'abord effectuer les calculs détaillés, puis expliquer le passage d'une égalité à l'autre[6] :

$$\begin{aligned}
\frac{C_2^a - C_1}{C_1} &= \frac{\dfrac{C_2^a}{P_2^a} - \dfrac{C_1}{P_1}\dfrac{P_1}{P_2^a}}{\dfrac{C_1}{P_1}} \frac{P_2^a}{P_1} = \frac{\dfrac{C_2^a}{P_2^a} - \dfrac{C_1}{P_1}\dfrac{1}{1+\pi^a}}{\dfrac{C_1}{P_1}}(1+\pi^a) \\
&\sim \frac{\dfrac{C_2^a}{P_2^a} - \dfrac{C_1}{P_1}(1-\pi^a)}{\dfrac{C_1}{P_1}}(1+\pi^a) = (\frac{\dfrac{C_2^a}{P_2^a} - \dfrac{C_1}{P_1}}{\dfrac{C_1}{P_1}} + \pi^a)(1+\pi^a) \\
&= \rho^a + \pi^a + \pi^a\rho^a + (\pi^a)^2 \\
&\sim \rho^a + \pi^a.
\end{aligned}$$

La première égalité s'obtient en multipliant le numérateur par $P_2^a/P_2^a$, le dénominateur par $P_1/P_1$, et en regroupant les termes pour faire apparaître des termes qui figurent dans le taux d'inflation anticipé, $\pi^a = (P_2^a - P_1)/P_1$. La deuxième égalité s'obtient en remplaçant $P_2^a/P_1$ par $1+\pi^a$. La troisième égalité s'obtient en utilisant l'approximation $1/(1+\pi^a) = 1-\pi^a$. Les deux égalités suivantes ne sont que des calculs algébriques. La dernière approximation s'obtient en négligeant tous les termes très petits[7].

L'entrepreneur rationnel investit lorsque la rentabilité du projet dépasse la rentabilité exigée par la banque. Cela donne en termes nominaux

$$\rho^a + \pi^a > r^a + \pi^a.$$

Si le banquier et l'entrepreneur ont la même information sur toutes les grandeurs intervenant dans l'économie, alors ils feront la même anticipation pour l'inflation. Cela donne

$$\Rightarrow \rho^a > r^a$$

et on aura investissement si le taux réel anticipé du projet est supérieur au taux réel exigé par la banque.

Il s'agit bien entendu d'une relation *ex ante* car, au moment où la décision d'investissement est prise, ni la rentabilité réelle du projet ni celle du marché financier n'est connue. La relation implique que plus le taux d'intérêt réel exigé par le banquier est élevé, plus le manager doit être sélectif dans le choix de ces projets et il choisira moins de projets ne gardant que ceux ayant une rentabilité très élevée. Par conséquent un niveau de taux élevé va de pair avec un niveau d'investissement faible. Cette observation a poussé Keynes à postuler que l'investissement est une fonction du taux d'intérêt réel, $I = I(r)$. Il est important de noter que l'on pourrait faire tous les raisonnements de décision d'investissement en termes nominaux mais le passage en termes réels va faciliter les choses par la suite. Un exemple de l'allure d'une fonction d'investissement est donné dans le graphique suivant.

[6] Le signe $\sim$ représente approximativement. On rappelle aussi que si $x$ et $y$ sont des nombres petits alors $(1+x)^{-1} \sim 1-x$ et $(1+x)(1+y) \sim 1+x+y$.

[7] Comment ai-je pondu ces équations ? D'abord l'intuition économique m'a dicté que le taux nominal doit être lié au terme réel et à l'inflation. Pour le reste, j'ai joué avec les équations jusqu'à obtenir le résultat cherché. Il n'y a pas de mystère, l'intuition m'a guidée en premier lieu. Cocorico.

Par la suite pour se faciliter la vie on supposera souvent que $I(r)$ est localement une droite.

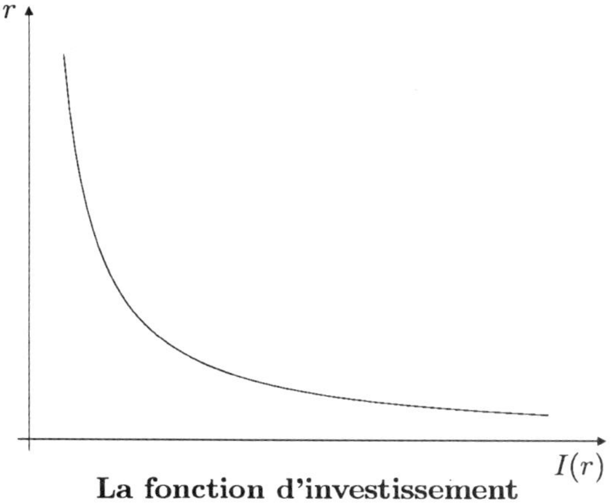


**La fonction d'investissement**

### 7.1.4 Dépenses publiques et impôts

Puisque c'est le gouvernement qui contrôle les dépenses gouvernementales, $\overline{G}$ et les recettes $\overline{T}$ on tend à considérer celles-ci comme **exogènes**[8]. Les équations suivantes caractérisent alors l'économie

$$Y = C + I + G \tag{7.1}$$
$$C = C(Y - T) \tag{7.2}$$
$$I = I(r) \tag{7.3}$$
$$G = \overline{G} \tag{7.4}$$
$$T = \overline{T}. \tag{7.5}$$

La substitution de (7.2) à (7.5) dans (7.1) donne

$$Y = C(Y - \overline{T}) + I(r) + \overline{G}. \tag{7.6}$$

Nous obtenons ainsi une relation qui lie le revenu national au taux d'intérêt. On appelle cette équation **IS**[9]. Dans cette équation il y a deux variables controlées par le gouvernement $\overline{G}$ et $\overline{T}$. Il reste deux variables libres $Y$ et $r$. Afin d'obtenir des valeurs concrètes pour ces deux variables il est nécessaire d'effectuer des hypothèses supplémentaires. On peut se placer une fois de plus dans le court ou le long terme.

## 7.2 Le taux d'équilibre du long terme

Il est possible d'utiliser l'équation (7.6) pour obtenir le taux d'équilibre du long terme. On se souvient que dans le long terme il y a ajustement optimal des facteurs de production en telle sorte qu'il n'y a ni sur- ni sous-utilisation du capital et du travail. Soit donc $Y^* = f(K^*, L^*)$ l'offre potentielle. Il suit que dans le long terme le taux d'équilibre est défini de manière **implicite** par l'équation

$$Y^* = C(Y^* - \overline{T}) + I(r) + \overline{G}.$$

[8] Cela n'est vrai que dans une certaine limite car le peuple peut influencer le choix des dépenses publiques lorsqu'il choisit son gouvernement.

[9] Plus loin le choix de ce nom se justifiera.

Nous avons ici une représentation implicite du taux, c'est à dire une représentation qui ne permet pas de dire quel sera le taux sans faire une spécification supplémentaire des divers agrégats. Ce que l'on peut dire cependant tout de suite c'est que $r$ dépendra de $\overline{T}$ et $\overline{G}$ d'une part et de $Y^*$ et des spécifications de $C(\cdot)$ et de $I(\cdot)$ d'autre part [10].

### 7.2.1 Expression explicite du taux

Afin de pouvoir écrire explicitement $r$ il est nécessaire d'effectuer une spécification paramétrique. Nous avons déjà vu que la consommation peut être spécifiée par $C = Aut + Pmc(Y - \overline{T})$. Pour l'investissement supposons que $I(r) = I_0 - j\,r$. $I_0$ et $j$ sont des constantes positives. Une telle spécification de l'investissement traduit bien qu'une hausse du taux diminue l'investissement. On obtient alors que

$$Y = Aut + Pmc(Y - \overline{T}) + I_0 - jr + \overline{G}$$
$$\Rightarrow r^* = \frac{1}{j}\Big(Aut - (1 - Pmc)Y - Pmc\overline{T} + I_0 + \overline{G}\Big)$$

On déduit ainsi l'existence d'un taux d'équilibre du long terme. Nous reviendrons sur ce taux d'équilibre dans un chapitre ultérieur. Considérons maintenant ce qui peut se passer dans le court terme.

## 7.3 La croix keynésienne

Nous allons maintenant chercher à donner une interprétation alternative de l'équation IS en donnant un nouveau sens au membre de gauche et de droite de la relation $Y = C + I + G$. Nous allons interpréter la gauche comme une offre et la droite comme une demande. Cette distinction permet de mettre en évidence l'**effet du multiplicateur**.

On peut également voir la croix keynésienne comme l'interprétation formelle la plus simpliste que l'on peut faire de la théorie keynésienne. On compliquera ensuite le modèle à volonté.

Dernièrement, le cadre formel proposé jusqu'ici néglige dans une large mesure la dimension temporelle. Cela n'est pas un handicap puisque pour le moment notre but n'est pas la détermination précise de l'évolution des économies. La croix keynésienne permet de comprendre comment s'équilibre selon Keynes l'économie.

### 7.3.1 L'idée de Keynes

L'accent est mis ici sur la dimension investissement. En début d'une période, en fonction du taux d'intérêt donné, les ménages décident des achats de résidence et les entreprises choisissent leur niveau d'investissement en machines. Pour faire face aux incertitudes du marché on peut également penser que les entreprises décident d'un certain niveau du stock [11]. Ainsi on obtient une certaine demande d'investissement qu'on peut écrire $\overline{I}^D$ où l'exposant indique qu'il s'agit de l'investissement du début de période.

Pendant et en fin de période, si la demande globale, (c'est à dire celle des ménages, entreprises et du gouvernement), est différente de celle prévue, alors les entreprises doivent effectuer des augmentations ou diminutions non prévues des stocks.

---

[10] La notation $C(\cdot)$ permet d'insister sur le fait qu'on doit considérer $C$ comme une fonction et non pas comme la valeur prise par la fonction. De même pour $I$.

[11] Ce niveau dépendra bien entendu également de $r$ car un bien produit non vendu doit être financé.

La croix keynésienne est un outil qui permet de considérer séparément l'offre et la demande de biens et services. On considère alors

$$\begin{aligned} Y^o &= Y \\ Y^d &= C + I + G \\ C &= C(Y - T) \\ I = \overline{I}^D \quad G &= \overline{G} \quad T = \overline{T}. \end{aligned}$$

On définit, dans la première équation la demande de biens et services. La seconde équation dit que l'offre de biens et services est égale à la quantité produite $Y$. Dans la fonction de consommation entre toujours le revenu disponible. On a équilibre lorsque l'offre et la demande de biens et services est égale. Pour comprendre comment s'établit l'équilibre reécrivons la demande sous forme paramétrique puis réalisons un graphique contenant l'offre et la demande.

À partir de

$$Y^d = C(Y - T) + \overline{I}^D + \overline{G}$$

on peut écrire avec la spécification paramétrique $C(Y - \overline{T}) = Aut + Pmc(Y - \overline{T})$ que

$$Y^d = Aut - Pmc\overline{T} + \overline{I}^D + \overline{G} + PmcY$$

qu'on peut représenter graphiquement par une droite croissante dont la pente est $Pmc$. Puisque $Pmc$ est inférieur à 1 la pente est inférieure à 45 degrés.

La représentation de l'offre de biens et services est triviale puisqu'il s'agit d'une droite à 45 degrés.

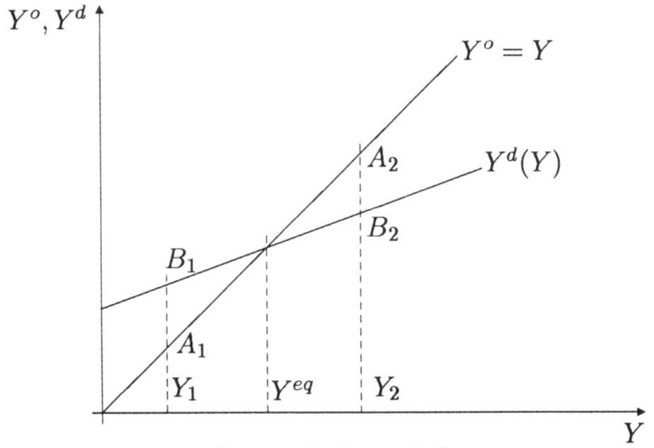


**La croix keynésienne**

On peut maintenant chercher à caractériser l'équilibre et à voir comment on y arrive en cas de déséquilibre initial.

### 7.3.2 L'économie en équilibre

Nous avons équilibre lorsque l'offre de biens et services égale la demande. Graphiquement l'équilibre correspond au point d'intersection entre la droite d'offre et de demande. Il faut distinguer cette notion d'équilibre d'une notion plus générale qui s'intéresserait également au marché du travail. Nous reviendrons sur ce point sous peu.

On peut facilement obtenir une expression analytique de l'équilibre. Lorsque l'offre de biens et services $Y^o$ est égale à la demande $Y^d$ on peut dire que ces deux entités sont aussi égales au revenu $Y$ que les ménages vont recevoir en fin de compte. On obtient alors ce revenu d'équilibre, noté $Y^{eq}$ dans le graphique comme un point fixe de l'équation suivante

$$Y = C(Y - \overline{T}) + \overline{I} + \overline{G} = Aut + \overline{I} + \overline{G} - Pmc\overline{T} + PmcY$$

c'est à dire

$$Y = \frac{1}{1 - Pmc}(Aut + \overline{I} + \overline{G} - Pmc\overline{T}) \tag{7.7}$$

puisque $0 < Pmc < 1$ on obtient $1/(1 - Pmc) > 1$. Cette observation prendra toute son importance plus loin.

### 7.3.3 Comment arrive-t-on à l'équilibre ?

Deux situations peuvent se produire selon que la demande dépasse l'offre ou inversement. Considérons pour commencer la situation où $Y^o < Y^d$, la demande de biens produits est inférieure à celle des biens demandés. Cela correspond dans le graphique précédent à la situation $A_1B_1$. Dans ce cas, les entreprises vont devoir puiser dans leur stock et la période d'après, ajuster leur production en produisant plus. L'investissement qui, on le rappelle, inclut les variations de stock, sert ici de tampon permettant le passage d'une période à une autre. Nous aurons, en fin de période, un niveau d'investissement $\overline{I}^F < \overline{I}^D$.

Dans la deuxième situation, on aura $Y^o > Y^d$. Dans le graphique cela correspond à $A_2B_2$. Les entreprises ont trop produit et vont devoir augmenter leur stock. En fin de période on aura $\overline{I}^F > \overline{I}^D$. La période d'après les entreprises ajusteront leur production à la baisse.

En absence de chocs sur l'économie on aura donc convergence vers l'équilibre. Il est à noter également que Keynes autorise des évolutions dans l'économie où demande désirée et demande effective s'ajustent par le biais des stocks.

### 7.3.4 Et le marché du travail ?

L'idée géniale de Keynes est donc de découpler le marché du travail intervenant dans la fonction de production du marché des biens et services.

Il est important de noter que dans l'équilibre proposé ici on suppose qu'il n'y a pas de force émanant du marché du travail. Si $Y^{eq} < Y^*$, nous avons un équilibre en récession, il y a du chômage. Si $Y^{eq} > Y^*$, où $Y^*$ est l'offre potentielle, on parle d'une période de surchauffe, c'est à dire que la condition économique est tellement intéressante que des gens vont travailler alors qu'ils n'ont pas vraiment envie.

## 7.4 Effet d'un politique gouvernementale

On peut très facilement utiliser la croix keynésienne pour analyser des effets d'un changement de politique.

### 7.4.1 Augmentation de $\overline{G}$ de $\Delta G$.

Si nous augmentons les dépenses publiques d'une quantité $\Delta G$ l'équilibre va se déplacer. Ainsi l'économie converge vers un autre état. Se souvenant de l'équation (7.7) nous obtenons une expression pour l'équilibre initial et une autre pour l'équilibre après augmentation des dépenses publiques.

$$Y_1 = \frac{1}{1 - Pmc}(Aut + \overline{I} + \overline{G} - Pmc\overline{T}),$$

$$Y_2 = \frac{1}{1 - Pmc}(Aut + \overline{I} + \overline{G} + \Delta G - Pmc\overline{T}).$$

À partir de ces deux équations on constate qu'on peut écrire le nouveau revenu national

$$Y_2 = Y_1 + \frac{\Delta G}{1 - Pmc}.$$

Puisque $\Delta G$ et $1 - Pmc$ sont positifs on obtient que le revenu national a augmenté. En résumé, une hausse de $\overline{G}$ de $\Delta G$ augmente $Y$ de $\Delta G/(1 - Pmc)$. Graphiquement nous obtenons

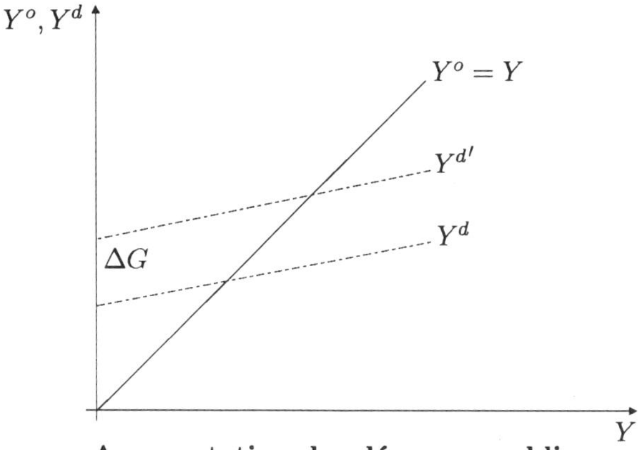


**Augmentation des dépenses publiques**

Si le gouvernement augmente ses dépenses sans contrepartie, il n'est pas surprenant que le revenu national augmente. Le graphique n'est cependant pas capable de nous renseigner sur l'importance de l'augmentation. Pour mesurer la hausse du revenu national nous sommes obligés de revenir au cadre analytique.

Nous avons établi intuitivement, pour la France, que $Pmc \sim 2/3$ de sorte que le multiplicateur $1/(1 - Pmc)$ prend une valeur proche de 3. Une hausse de $\overline{G}$ de $\Delta G$ augmente $Y$ de $3\Delta G$. En résumé, une augmentation des dépenses publiques d'un franc ($= \Delta G$) entraîne une augmentation du revenu national de 3 francs donc bien supérieure. C'est ce qu'on appelle **l'effet multiplicateur.**

**Anecdote :** Un jour Napoléon Bonaparte a dit : *Lorsque le bâtiment va tout va.* Cette citation peut s'interpréter de nos jours de la façon suivante. Supposons que le gouvernement augmente les dépenses sous forme de constructions en immeubles. Dans un premier temps, il y aura seulement construction de maisons. Cela encourage cependant la production de ciment et d'acier. Il faudra donc également plus de camions et il faudra refaire les routes qui seront plus rapidement usées. Une fois les logements créés, il y a des déménagements accompagnés d'achats de nouvelles cuisines et de meubles... À toutes les étapes il faut engager du personnel qui consommera aussi. L'action initiale du gouvernement se trouve ainsi multipliée par un facteur important.

Cet effet est très fort dans ce modèle car on a supposé que l'investissement est une constante. De plus, pour le moment nous n'avons pas du tout fait d'hypothèse sur le financement des dépenses de l'État. Nous n'avons pas encore dit qu'il doit augmenter les impôts ou augmenter les emprunts. La construction d'un modèle incorporant ces facteurs montrera que dans la réalité l'effet multiplicateur n'est pas aussi important. Continuons cependant avec ces hypothèses simplificatrices pour le moment.

### 7.4.2 Intuition économique de l'effet multiplicateur

Une augmentation de $\overline{G}$ d'un franc a tout d'abord un effet direct sur la demande. Les entreprises qui n'avaient pas prévu cette augmentation vont d'abord devoir puiser dans leur stock afin de satisfaire cette plus grande demande. Les entreprises vont aussi ajuster leur production en employant plus de monde, ce qui conduit à une augmentation du revenu des ménages dont la consommation, $C$, augmente. Mais si la consommation augmente cela a un nouvel effet sur le revenu national. On peut ainsi dire que la hausse initiale des dépenses publiques aura un effet direct et un effet indirect par le biais de la consommation.

### 7.4.3 Evolution dynamique

Pour illustrer l'effet multiplicateur nous allons considérer les divers effets qui s'additionnent pour donner en fin de compte une nouvelle demande agrégée. Le tableau suivant résume l'impact de la hausse des dépenses publiques.

| Période | Dépenses du gouvernement | Impact sur $C$ | Impact direct sur $Y$ |
|---|---|---|---|
| $t=0$ | $\overline{G}$ | 0 | 0 |
| $t=1$ | $\overline{G}+\Delta G$ | 0 | $\Delta G$ |
| $t=2$ | $\overline{G}+\Delta G$ | $Pmc\,\Delta G$ | $\Delta G$ |
| $t=3$ | $\overline{G}+\Delta G$ | $Pmc\,\Delta G + Pmc^2\,\Delta G$ | $\Delta G$ |
| etc. | etc. | etc. | etc. |

Le tableau indique qu'à partir de la période 1 le gouvernement augmente ses dépenses de manière permanente d'un montant $\Delta G$. À la date 1 il n'y a pas d'effet sur la consommation mais seulement un effet direct sur la demande agrégée. À la date 2 le gouvernement maintient son niveau des dépenses. Au niveau de la consommation il y a une augmentation, d'un montant $Pmc\,\Delta G$, due à l'augmentation du revenu de la période antérieure. On suppose que la demande agrégée est toujours affectée que par l'effet direct. Sous cette hypothèse l'augmentation de la consommation conduit a une nouvelle augmentation de cette dernière à la date 3.

Ainsi l'effet d'une augmentation permanente des dépenses publiques de $\Delta G$ aura un effet direct sur $Y$ d'un montant $\Delta G$ et un effet indirect par le biais de la consommation de $Pmc\Delta G+ Pmc^2\Delta G+ Pmc^3\Delta G+\cdots$. Ce terme vaut $Pmc\Delta G/(1-Pmc)$ en sorte que l'effet global est de

$$\Delta G \frac{1}{1-Pmc}$$

et on retrouve ainsi l'effet multiplicateur sur $Y$.

La dimension temporelle de l'effet multiplicateur est également bien illustrée dans cette construction. Il s'agit d'une dimension souvent oubliée dans les interprétations trop hâtives de Keynes. Il ne faut en effet pas s'attendre à des miracles du jour au lendemain.

### 7.4.4 Augmentation de $\overline{T}$ de $\Delta T$

En procédant de la même manière que précédemment on obtient en partant de l'équation (7.7) que l'effet sur $Y$ sera de $-Pmc\,\Delta T/(1-Pmc)$. L'interprétation économique de cet effet est comme suit : Une augmentation des impôts va diminuer le revenu disponible des ménages. À cause de cela la consommation baissera d'un montant $Pmc\,\Delta T$, donc proportionnellement à la hausse des impôts. L'effet de l'augmentation des impôts passe donc par la fonction de consommation. Il y a ensuite un deuxième tour : La baisse du revenu va encore baisser le revenu disponible des ménages et donc baisser indirectement la demande de bien et services encore une fois...

Dans la réalité, si le gouvernement augmente les impôts, c'est qu'il fera quelque chose avec. À ce stade nous ne disons rien de l'utilisation des impôts, nous ne faisons que décomposer le problème.

On peut bien entendu toujours effectuer une représentation graphique qui donne une vue alternative sur ce qui se passe dans l'économie. Dans le graphique qui suit, on représente d'abord l'offre des biens et services, $Y^o = Y$. On y représente également la demande de biens et services avant l'augmentation des dépenses $Y^d = Aut + Pmc(Y - \overline{T}) + \overline{I} + \overline{G}$ et après l'augmentation $Y^{d'} = Y^d - Pmc\,\Delta T$. On constate qu'une hausse des impôts équivaut à une translation verticale vers le bas d'un montant $Pmc\Delta T$.

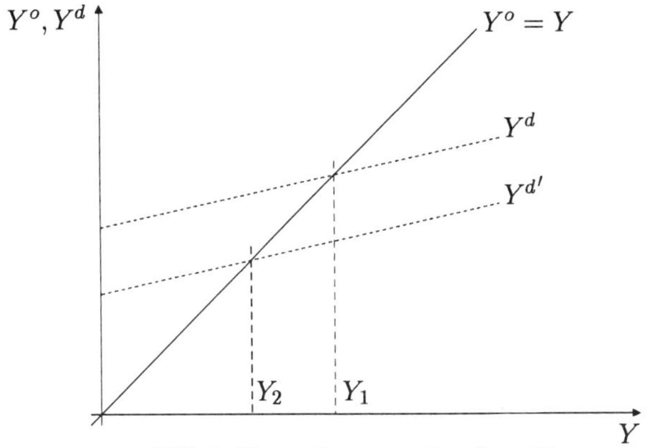


**Effet d'une hausse des impôts**

On constate graphiquement que le revenu national baisse de $Y_1$ à $Y_2$. Nous allons maintenant étudier ce qui se passe si on effectue une augmentation des dépenses publiques entièrement financée par des impôts en sorte que $\Delta T = \Delta G$.

### 7.4.5 Relance avec $G$ financée par $T$

Le budget sera équilibré si $\Delta G = \Delta T$ donc si les dépenses gouvernementales augmentent d'un même montant que la recette fiscale. L'effet sur $Y$ est

$$\Delta Y = \frac{\Delta G}{1 - Pmc} - \frac{Pmc\,\Delta T}{1 - Pmc} = \Delta G = \Delta T,$$

ainsi une politique de relance avec budget équilibré ne comporte plus l'effet multiplicateur mais seulement l'effet direct. L'intuition économique est que les impôts qui agissent sur le revenu disponible annulent l'effet indirect.

Le lecteur peut alors se dire que tout cela est inutile. Ce que nous venons de montrer est qu'on injecte dans l'économie ce qu'on a pris ailleurs. On redistribue de la richesse mais on n'a certainement pas amélioré la condition de notre économie. Que le lecteur s'arme de patience ! Ce que nous venons d'apprendre montre simplement que si une hausse des dépenses publiques est financée par une hausse des impôts alors l'effet global est nul. Bien entendu nous avons un autre moyen de financement, l'augmentation de l'endettement national. Cet autre moyen va entraîner un impact sur le marché financier comme nous le verrons rapidement. Ce que nous proposons donc au lecteur est de continuer à apprendre ses gammes et de continuer à comprendre le fonctionnement marché après marché. Pour cela nous allons envisager l'étude de l'impact d'une hausse des dépenses du gouvernement mais en enrichissant la partie fiscale du modèle.

### 7.4.6 Et avec un impôt proportionnel ?

Dans la section précédente nous avons supposé que les impôts ne dépendent pas du revenu. Indirectement cela revient à dire que tout citoyen paye une part égale d'impôt. Cela ne semble pas très juste d'un point de vue social. Faisons payer d'avantage aux gens qui gagnent plus [12]. On peut modéliser cela en supposant que

$$\overline{T} = T_0 + \tau Y.$$

Dans cette expression $T_0$ est la base fiscale. C'est par exemple tous les impôts du type foncier. L'impôt sur votre domicile est fixé une fois pour toutes et ne se modifie pas même si votre revenu augmente par ailleurs. Le coefficient $\tau$ (avec $0 < \tau < 1$) est le taux d'imposition.

La condition d'équilibre de notre économie devient

$$Y = \frac{1}{1 - Pmc(1-\tau)} \left[ Aut - T_0 Pmc + \overline{I} + \overline{G} \right].$$

Par conséquent une augmentation des dépenses publiques de $\Delta G$ augmente le revenu national d'un montant

$$\Delta Y = \frac{1}{1 - Pmc(1-\tau)} \Delta G.$$

Puisque le revenu national a augmenté cela signifie, avec le nouveau système fiscal, que la masse d'impôt varie de $\Delta T = \tau \Delta G / (1 - Pmc(1-\tau))$. Si on désire un budget équilibré financé par impôts il faut alors soit changer en plus $\tau$, ce qui conduit à des effets compliqués ou bien augmenter la base fiscale $T_0$. Considérons ce dernier cas. On montre que pour avoir $\Delta T = \Delta G$ il faut aussi augmenter la base fiscale de

$$\Delta T_0 = \frac{(1-\tau)(1-Pmc)}{1 - Pmc(1-\tau)} \Delta G.$$

Regroupant ces divers effets on trouve que

$$\Delta Y = \left[ \frac{1 - 2Pmc(1-\tau) + (1-\tau)Pmc^2}{1 - 2Pmc(1-\tau) + (1-\tau)^2 Pmc^2} \right] \Delta G.$$

On constate que le coefficient de $\Delta G$ est légèrement plus grand que 1 à cause du terme $(1-\tau)$ (inférieur à 1) dans le numérateur. Avec $Pmc = 2/3$ et $\tau = 0.3$, ce qui correspond à des grandeurs à peu près réelles, on obtient pour le terme entre crochet 1.328. Pas si mal que ça !

## 7.5 La courbe *IS*

La croix keynésienne est une approximation utile de la réalité car elle permet de comprendre l'effet d'une politique fiscale lorsque l'investissement est constant $I = \overline{I}$. Cette hypothèse est cependant peu réaliste car dans la réalité l'investissement dépend du taux d'intérêt $I = I(r)$. Nous allons considérer maintenant cette situation plus réaliste en utilisant ce que nous venons d'apprendre, c'est à dire la croix keynésienne.

On définit la courbe *IS* comme étant le lieu des points $(Y, r)$ qui satisfont $Y = C(Y - \overline{T}) + I(r) + \overline{G}$.

[12] Par-là je ne dis pas qu'il faut traire les gens qui gagnent un peu plus comme des brutes !

### 7.5.1 Construction graphique

Dans le graphique qui suit on suppose se donner deux niveaux du taux d'intérêt soit $r_1$ et $r_2$. On représente ces deux taux dans le graphique du bas à gauche. À chaque niveau de $r$ correspond, comme cela est indiqué dans la partie basse et gauche, un niveau de $I$. Il nous reste à trouver l'équilibre du marché des biens et services associé. Aux deux niveaux d'investissement correspondent deux courbes de demande $Y^d$ dans la croix keynésienne. La croix keynésienne est représentée dans le graphique en haut à droite. Une hausse de $\overline{I}$ d'un franc translate la fonction de demande $Y^d$ vers le haut d'un franc. L'équilibre dans la croix keynésienne permet alors de trouver les niveaux de $Y$ associés aux taux $r_1, r_2$. Le diagramme du bas à droite contient à ce stade deux points de IS. Comme on ne travaille qu'avec des droites on doit retomber sur une droite ! Ayant deux points on peut alors tracer la droite correspondant à IS.

Nous pouvons également construire IS de manière purement algébrique après avoir spécifié la forme de la consommation et de l'investissement.

Supposons donc en plus que $I(r) = I_0 - jr$ alors la courbe $IS$ s'obtient comme lieu des points $(Y, r)$ tel que

$$Y = Aut - Pmc\overline{T} + PmcY + I_0 - jr + \overline{G}.$$

On résout pour $Y$ ce qui donne l'équation d'IS :

$$Y = \frac{1}{1 - Pmc}(-j\,r + Aut - Pmc\overline{T} + I_0 + \overline{G}). \tag{7.8}$$

Lorsque $r$ augmente, $Y$ baisse comme le montre également le graphique.

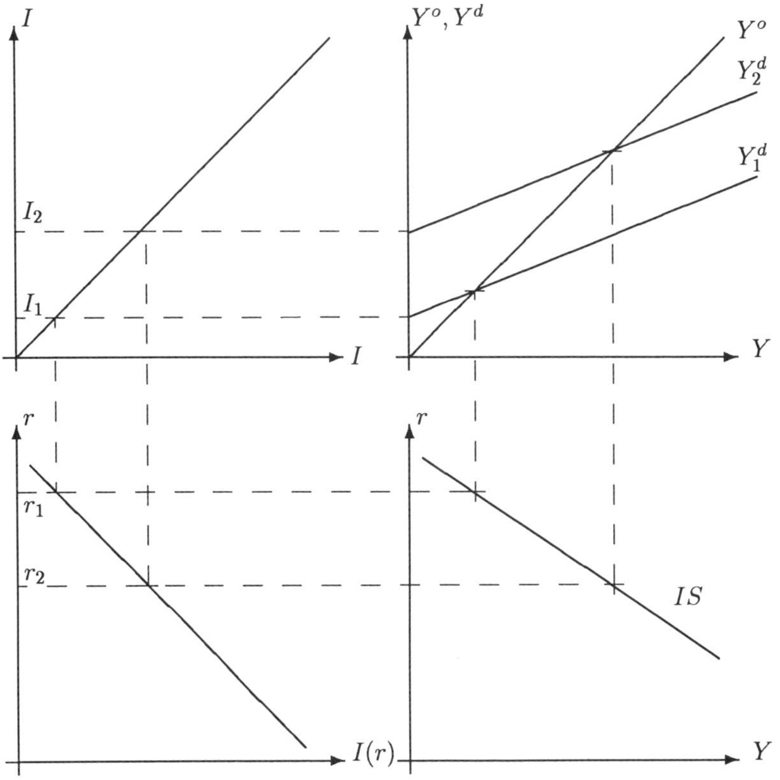


**Construction de la courbe IS**

La construction de $IS$ ci-dessus a été faite sous l'hypothèse que la consommation des ménages n'est pas affectée par $r$. Une façon de remédier à cela est de supposer que $Aut$ est en fait une fonction de $r$. Par exemple $Aut = C_0 - Br$. Dans ce cas on peut montrer que

$$r = \frac{1}{j+b}(C_0 - Pmc\overline{T} + I_0 + \overline{G} - (1 - Pmc)Y).$$

Il est également possible de supposer que $\overline{T} = T_0 + \tau Y$. Nous laissons au lecteur dans ce cas le soin d'établir l'équation définissant IS. Dans ce qui suit nous considérons toujours le modèle économique de base.

Et si on avait en plus supposé que le revenu disponible est $(1-\tau)Y - \overline{T}_0$. Comment aurait-on fait ? Quel $r$ aurait-on obtenu ? Refaites une statique comparative si les paramètres sous-jacents varient.

Ces derniers calculs montrent par ailleurs qu'il est aisé de modifier le cadre de base en faisant dépendre les "paramètres" d'autres variables.

### 7.5.2 Pourquoi la pente de $IS$ est-elle négative ?

Si le taux d'intérêt augmente, les entreprises vont investir moins et on aura baisse de la demande désirée de biens et services; ceci constitue l'effet direct. Si la demande baisse, les entreprises génèrent moins de revenu et le revenu disponible des ménages va aussi baisser. Il s'agit là d'un effet indirect. Donc une baisse des taux est associée à un effet direct et à un effet indirect, tous les deux négatifs. Les deux allant dans le même sens, on conclut qu'une hausse de $r$ entraîne une baisse de $Y$.

## 7.6 Statique comparative

Connaissant le lieu des équilibres $(r, Y)$, nous allons étudier de quelle manière des changements des variables exogènes $\overline{T}$ et $\overline{G}$ ou des paramètres $j, Pmc, Aut, I_0$ peuvent affecter la courbe IS.

### 7.6.1 Augmentation des dépenses publiques

Pour effectuer des statiques comparatives nous disposons toujours de plusieurs moyens. Soit nous analysons le déplacement obtenu dans le graphique, soit nous regardons la formule analytique. Pour le moment nous traçons IS d'après la mécanique de la section précédente. Ayant pris un peu l'habitude, on tracera dans le futur directement les modifications de IS en utilisant notre intuition économique. Procéder de cette manière garantit que l'on peut très rapidement arriver à une conclusion concernant une politique économique. Si vous travaillez dans une salle de marché il vous sera utile de savoir si une nouvelle est bonne ou mauvaise. Ces mécanismes peuvent s'acquérir en jouant un peu avec les équations décrites dans ce cours.

> **Remarque :** Comment savoir comment $IS$ se déplace lorsque les paramètres structurels changent ? L'idée est que ce qui vous ferait dépenser plus à vous fait aussi dépenser plus à l'économie toute entière...

Par exemple si $\overline{G}$ augmente de $\Delta G$ alors comme le montre (7.8) le revenu $Y$ augmente de $\Delta G/(1 - Pmc)$.

Pour tracer le graphique suivant, l'idée est de se placer pour un $r$ constant et de déplacer $IS$. On ne reprend que la partie de droite du graphique précédent.

Nous savons que pour le niveau initial des dépenses publiques $\overline{G}$ la demande de biens et services est $\overline{Y}_1^d = C(Y - \overline{T}) + I(\bar{r}) + \overline{G}$. Si $\overline{G}$ est augmentée de $\Delta G$ nous savons que la demande de biens et services prendra la valeur $\overline{Y}_2^d = \overline{Y}_1^d + \Delta G$. Dans la croix keynésienne cela correspond à un déplacement de $Y^d$ vers le haut et d'un montant $\Delta G$. On retrouve dans le graphique du bas les équilibres $(\bar{r}, Y)$ pour les deux situations. Sachant que IS sera une droite nous concluons que IS sera déplacée vers la droite.

Analytiquement on constate que si le taux d'intérêt était une constante alors l'effet sur $Y$ serait le même que dans la croix keynésienne. D'un point de vue intuitif, si on me donne plus d'argent (n'oublions pas que les dépenses du gouvernement atterrissent en fin de compte dans les poches de quelqu'un) mon revenu a augmenté. Bravo ! C'est ce que traduit le graphique.

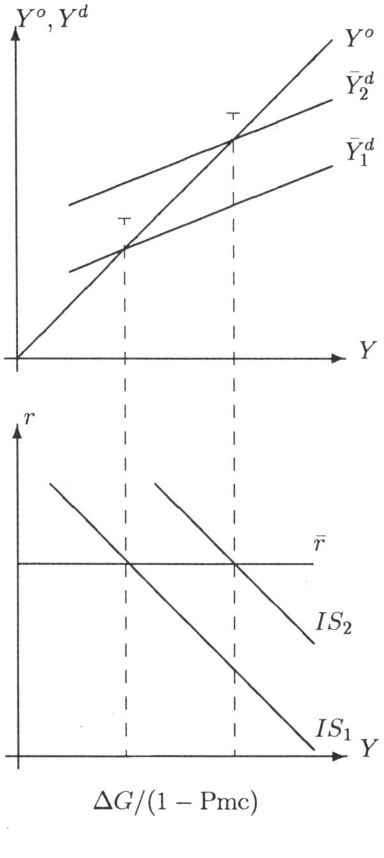


**Effet d'une hausse de $G$ sur IS**

### 7.6.2 Changement de l'élasticité de l'investissement

Nous allons maintenant étudier comment se modifie la pente de IS lorsque celle de l'investissement, $I$ varie. Pour cela nous allons d'abord définir l'élasticité d'une fonction. Soit $f(x)$ une fonction d'une variable $x$. **L'élasticité de $f$ par rapport à $x$** s'interprète comme la variation en pourcentage de la fonction $f$ lorsque la variable sous-jacente, $x$, varie d'un certain pourcentage.

Nous pouvons à partir de cette définition donner une expression analytique. En termes discrets la variation en pour cent d'une variable $x$ s'obtient comme

$$\frac{x_2 - x_1}{x_1}.$$

En passant au continu cela peut s'écrire :

$$\frac{dx}{x} = d\ln(x).$$

Si on revient à la définition d'élasticité on obtient :

$$\frac{\frac{f(x_2) - f(x_1)}{f(x_1)}}{\frac{x_2 - x_1}{x_1}} \sim \frac{\frac{df(x)}{f(x)}}{\frac{dx}{x_1}} = \frac{d\ln f(x)}{d\ln x}.$$

Pour une variation donnée de $x$, la variation de $f$ sera d'autant plus grande que $f$ est élastique. Avec nos conventions graphiques nous pouvons représenter les deux situations extrêmes, c'est à dire la situation d'une élasticité infinie et nulle.

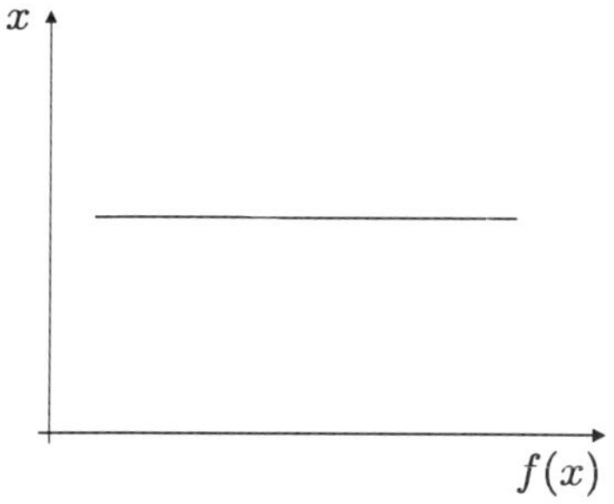

**Courbe avec grande élasticité**

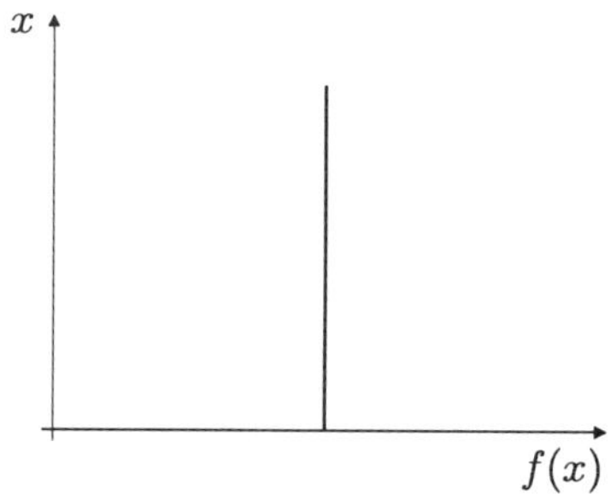

**Courbe avec faible élasticité**

Je ne cacherai pas au lecteur qu'ayant grandi plutôt chez les matheux je dois à chaque fois réfléchir comment tracer les pentes étant donné que les axes sont à l'envers. Dommage que ce n'est pas un mathématicien qui à la première heure s'est mis à établir le standard formel de l'économie. Cela éviterait de devoir se balader avec un miroir. Bref, donnons des exemples de situations avec forte et faible élasticité.

**Anecdote :** Typiquement, on considère que la demande pour des cercueils est très inélastique (au grand bonheur des croque morts) ! Quand l'Heure est arrivée pour quelqu'un, en général les membres de la famille ne regardent pas beaucoup le prix du cercueil. En particulier ils ne vont pas faire du shopping pour trouver le prix le plus bas possible. Ainsi la demande ne change absolument pas même si le prix augmente. Dans une vie ultérieure je vais devenir croque mort !

**Anecdote :** Un exemple de demande élastique est celle des pommes. Si le prix de celles-ci change alors on peut facilement substituer par exemple par des poires. La consommation varie fortement même pour une faible variation du prix.

Le graphique ci-dessous illustre l'effet d'un changement de $j$ sur IS. Dans ce graphique nous avons d'abord considéré en bas à gauche une augmentation de $j$. Si $j$ augmente alors l'impact d'une variation de $r$ donnée sera aussi plus grande au niveau de $I$. On garde toujours les deux niveaux des taux d'intérêt. On ramène les divers niveaux d'investissement correspondant dans la croix keynésienne. La demande agrégée s'est déplacée de $Y_2^d$ en $Y_2^{d'}$. Cela s'explique car le passage de $r_1$ à $r_2$ fait varier $I$ davantage que précédemment donc $Y^d$ doit aussi se déplacer davantage.

On regroupe les divers couples $(r, Y)$ en bas à droite pour tracer la nouvelle courbe IS. On constate que celle-ci s'est aplatie, c'est à dire que son élasticité a augmenté.

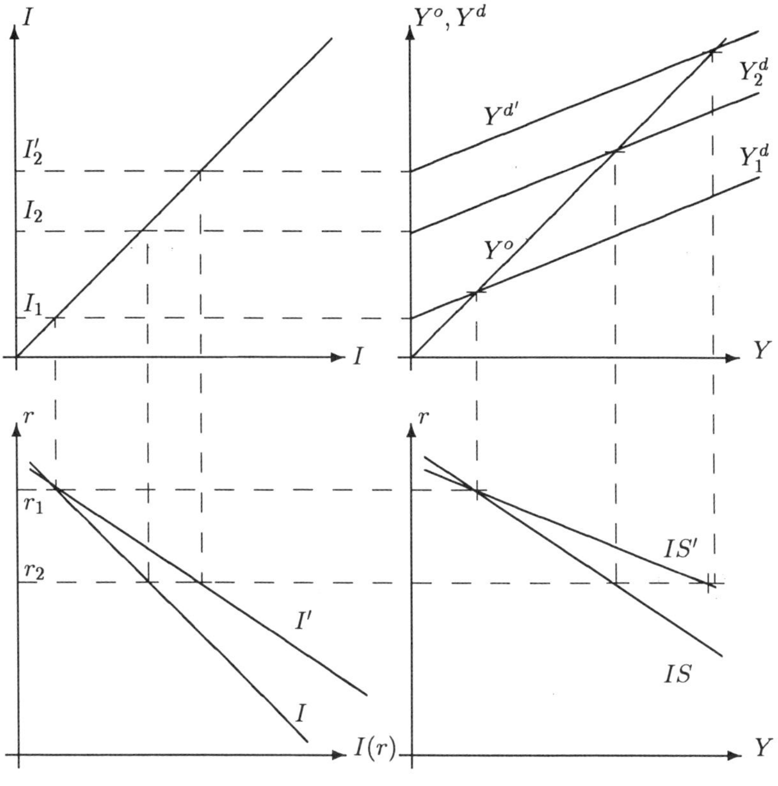


**Effet d'un changement de la pente de $I$**

L'interprétation économique de ce résultat est que si l'effet d'une augmentation de $r$ baisse d'avantage l'investissement que IS sera aussi plus affectée par cette baisse.

Il est important que le lecteur comprenne très bien ces exercices graphiques. Nous l'encourageons à refaire ce type de graphique en considérant toutes les variations imaginables des paramètres.

## 7.7 L'interprétation épargne-investissement de la courbe $IS$

Se souvenant que $Y = C + I + G$ on peut définir $S = Y - C - G$ comme l'**épargne nationale**. L'équation $Y - C - G = I(r)$ indique que l'on peut réinterpréter l'équation comptable comme traduisant l'équilibre entre épargne nationale [13] et investissement.

Pour effectuer une construction graphique on se donne deux niveaux de revenu national. On trace ensuite (graphique de gauche) l'épargne nationale correspondante à ces deux niveaux ainsi

[13] On rappelle que $Y - C - G = (Y - T - C) + (T - G)$ = épargne privée plus épargne publique.

que $I(r)$. Lorsque l'épargne nationale est égale à l'investissement national nous obtenons les taux d'intérêt d'équilibre que l'on peut reporter dans IS.

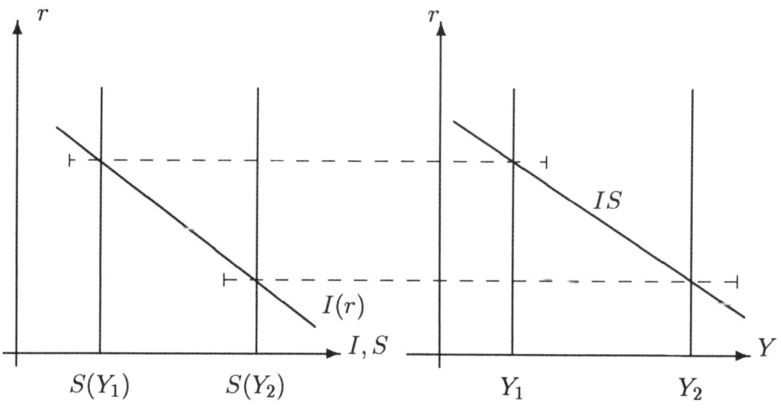


**Interprétation alternative de IS**

Ainsi on peut interpréter $IS$ comme la courbe, qui pour un revenu national donné indique quel est le taux d'intérêt qui équilibre investissement et épargne nationale. Lorsque $Y$ augmente de $Y_1$ à $Y_2$, puisque la propension marginale à consommer est inférieure a 1, l'épargne nationale augmente[14] et $S(Y)$ se déplace de $S(Y_1)$ à $S(Y_2)$.

## 7.8 Le marché monétaire et la courbe $LM$

Lorsqu'on considère IS, cela revient à considérer implicitement un ensemble de couples taux-revenu. Dans l'économie on observe cependant un seul taux et un seul revenu. Il faut compléter le modèle de notre économie. On arrive à faire cela en introduisant le marché monétaire. Nous avons heureusement déjà tous les ingrédients nécessaires en sorte que nous pouvons procéder assez rapidement. L'introduction du secteur monétaire nous permet ensuite de nous interroger, notamment, sur l'impact d'une augmentation de l'endettement public.

Nous avons supposé être dans le court terme et ainsi les prix seront fixes, $P = \overline{P}$ et par conséquent le taux d'inflation aussi est nul dans le court terme, $\pi = 0$. La masse monétaire $\overline{M}$ est contrôlée par la banque centrale, c'est une variable exogène $M = \overline{M}$. On écrira que l'offre d'**encaisses réelles** est $(M/P)^o = \overline{M}/\overline{P}$. Nous avons déjà longuement étudié la demande de monnaie. On rappelle qu'elle s'écrit $(M/P)^d = L(r + \pi^a, Y)$. Ici, avec des prix rigides, le taux d'inflation anticipé est nul en sorte que l'on équilibre le marché monétaire si on a

$$\frac{\overline{M}}{\overline{P}} = L(r, Y).$$

Comme dans la section traitant la courbe IS nous allons chercher à effectuer une construction graphique de l'équilibre du marché financier mettant en évidence offre et demande. Pour cela décomposons une fois de plus le problème. Commençons par considérer la courbe qui définit la

[14] $C(Y - \overline{T}) = Aut + Pmc(Y - \overline{T})$. Avec $Pmc < 1$ on obtient que $S(Y) = Y - Aut + \overline{T}Pmc - PmcY - \overline{G} = (1 - Pmc)Y + \overline{T}Pmc - \overline{G} - Aut$.

demande de monnaie pour un revenu donné. Si on se fixe $Y$ alors on sait qu'une augmentation des taux entraîne une baisse de la demande de monnaie. Graphiquement cela donne :

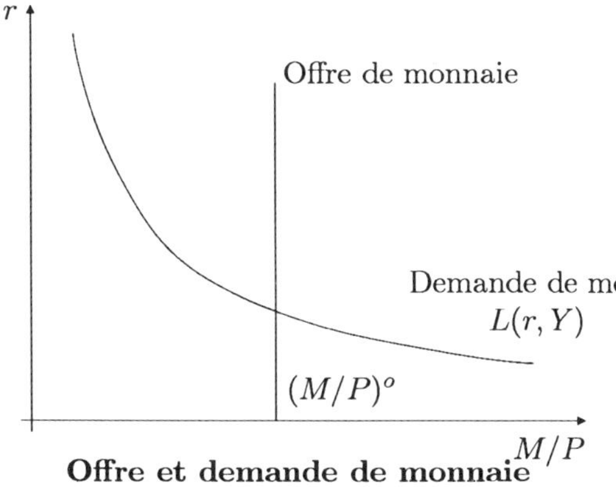


**Offre et demande de monnaie**

Puis on peut se demander quel est l'effet d'une hausse du revenu national ?

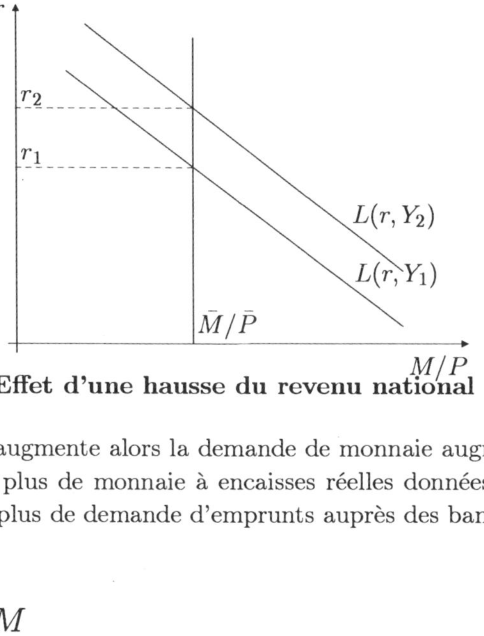


**Effet d'une hausse du revenu national**

Nous savons que si $Y$ augmente alors la demande de monnaie augmente car on fait plus de transactions. Demandant plus de monnaie à encaisses réelles données entraîne une hausse du taux d'intérêt $r$ car il y a plus de demande d'emprunts auprès des banques.

## 7.9 La courbe $LM$

Par définition la courbe $LM$ est le lieu des taux d'intérêt qui pour un niveau de revenu national donné équilibrent l'offre et la demande de monnaie. Formellement la courbe $LM$ est définie par l'ensemble des couples $(r, Y)$ qui égalisent offre et demande de monnaie :

$$\{(r, Y) : \frac{\overline{M}}{\overline{P}} = L(r, Y)\}.$$

Nous allons maintenant effectuer une construction graphique de $LM$. Pour cela on se donne deux niveaux du revenu national $Y_1$ et $Y_2$. À ces deux niveaux correspondent deux courbes de demande de monnaie qu'on trace dans le graphique de gauche. L'équilibre entre offre et demande de monnaie donne alors des taux d'intérêt d'équilibre qu'on reporte dans le graphique de droite. Comme on est parti avec des droites on doit retomber sur des droites. Ayant déjà deux points le tour est joué.

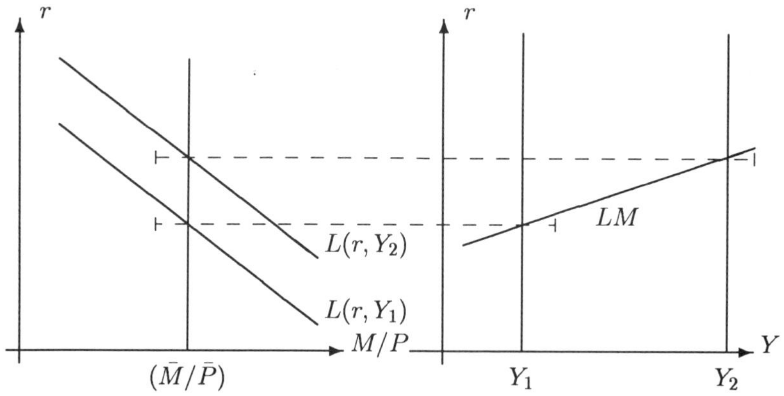


**Construction de la courbe LM**

On peut se demander pourquoi la pente de la courbe LM est positive. Pour cela considérons une augmentation du taux d'intérêt. Cette hausse entraîne une baisse de la demande de monnaie. Cependant l'offre de monnaie est constante, il faut donc qu'une autre force intervienne si on veut garder l'équilibre entre offre et demande de monnaie. Dans notre modèle cela ne peut être que par le revenu.

Ce raisonnement peut paraître un peu artificiel car on cherche à donner un sens de causalité. Le taux augmente donc... Il est peut être plus simple pour convaincre du bien fondé de LM de se dire que si $r$ et $Y$ augmentent, pour des raisons que l'on n'a pas besoin de spécifier, alors pour certaines constellations possibles de ces augmentations la demande de monnaie sera égale à l'offre.

Une dernière remarque consiste à se demander de quelle monnaie on parle. Je crois qu'il faut voir ce modèle comme s'appliquant plus facilement à un agrégat étroit du type M1, plutôt qu'à un agrégat général comme M3.

### 7.9.1 Politique monétaire et déplacements de $LM$

Considérons une politique de réduction de l'offre réelle de monnaie. Dans le diagramme représentant le marché financier cela correspond à un déplacement vers la gauche de l'offre d'encaisses réelles.

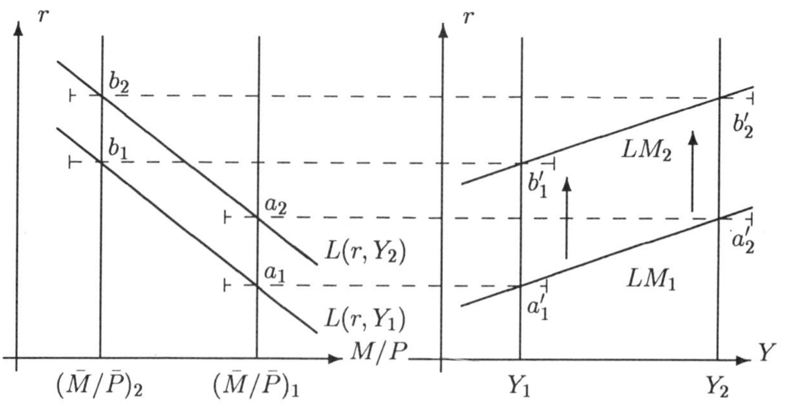

**Déplacement de LM**

Une diminution de l'offre réelle de monnaie entraîne un déplacement à la hausse de $LM$. Pour un niveau de revenu donné, si l'offre de monnaie diminue son coût doit augmenter. Dans le graphique on prend deux niveaux d'offre $(\overline{M}/\overline{P})_1$ et $(\overline{M}/\overline{P})_2$. Il y a aussi les deux niveaux du revenu national $Y_1$ et $Y_2$ qui donnent deux niveaux de demande de monnaie. À partir de $a_1, a_2$ on construit $a'_1, a'_2$ puis à partir de $b_1, b_2$ on construit $b'_1, b'_2$.

### 7.9.2 Statique comparative

Afin d'effectuer les exercices de statique comparative nous introduisons une représentation paramétrique de l'équation de demande de monnaie. Soit donc

$$L(r, Y) = kY - hr$$

où $k$ et $h$ sont des constantes positives. Cette spécification correspond bien à des variations de $L$ attendues. L'équilibre du marché monétaire donne

$$\frac{\overline{M}}{\overline{P}} = kY - hr \Rightarrow r = \frac{k}{h}Y - \frac{1}{h}\frac{\overline{M}}{\overline{P}}.$$

- Cela montre que si $Y$ augmente de $\Delta Y$ alors $r$ augmente de $\frac{k}{h}\Delta Y$. En effet si le revenu national augmente, à offre de monnaie constante il faut que $r$ augmente. On retrouve ici formellement que la pente de LM est positive.
- Si $\overline{M}/\overline{P}$ augmente de $\Delta M/\overline{P}$ alors $r$ diminue de $\frac{1}{h}\Delta\frac{M}{\overline{P}}$. En effet si à revenu constant il y a plus de monnaie dans l'économie c'est que plus de personnes désirent laisser cet argent à la banque et $r$ baisse. Cette constatation nous confirme le résultat de la section précédente.

### 7.9.3 Lien avec la théorie quantitative

L'équation quantitative donne

$$MV = PY \Rightarrow \frac{M}{P} = \frac{1}{V}Y.$$

Cela montre que si nous ne supposons plus que $V$ est constante mais que $V$ dépend de $r$, nous pouvons également justifier l'existence de $LM$ par l'approche quantitative. À offre de monnaie constante, si $Y$ augmente, $V$ doit aussi augmenter avec $r$.

## 7.10 L'équilibre $IS - LM$

La courbe $LM$ donne le taux d'intérêt qui pour un niveau de revenu donné permet d'équilibrer le marché financier. La courbe $IS$ est l'analogue pour le marché des biens et services. On peut alors chercher les points qui équilibrent simultanément le marché financier et le marché des biens. Formellement cet équilibre est donné pour le point $(r^{eq}, Y^{eq})$ appartenant en même temps à $IS$ et à $LM$.

$$\begin{aligned} IS: \quad Y &= C(Y - \overline{T}) + I(r) + \overline{G} \\ LM: \quad \frac{\overline{M}}{\overline{P}} &= L(r, Y) \end{aligned}$$

### 7.10.1 Représentation graphique de l'équilibre $IS$-$LM$

Dans le graphique suivant on représente les équations $IS$ et $LM$. L'intersection de ces deux courbes donne le niveau du taux et du revenu d'équilibre

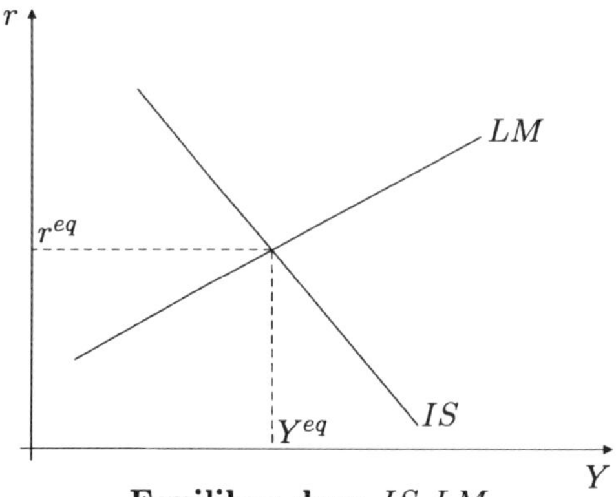


**Equilibre dans $IS$-$LM$**

### 7.10.2 Solution formelle de l'équilibre entre $IS$ et $LM$

Il s'agit de résoudre le système d'équations traduisant simultanément l'équilibre pour le marché des biens et services $IS$ et le marché financier $LM$. Il est à noter qu'ici nous ne disons rien sur le marché du travail. Ce modèle est donc parfaitement compatible avec l'existence du chômage. Il s'agit aussi d'un **équilibre de court terme** car nous avons supposé la fixité des prix. Les prix vont s'ajuster dans le moyen et long termes. Nous reviendrons là dessus dans une section ultérieure. Commençons par résoudre analytiquement notre économie décrite par les deux équations

$$\begin{aligned} Y &= Aut - \overline{T}\,Pmc + Pmc\,Y + I_0 - jr + \overline{G} \\ \frac{\overline{M}}{\overline{P}} &= kY - hr \end{aligned}$$

Pour résoudre ce système on le récrit afin de pouvoir le mettre plus aisément sous forme matricielle

$$\begin{aligned} (1 - Pmc)Y + jr &= Aut - \overline{T}\,Pmc + I_0 + \overline{G} \\ kY - hr &= \frac{\overline{M}}{\overline{P}} \end{aligned}$$

$$\begin{pmatrix} 1 - Pmc & j \\ k & -h \end{pmatrix} \begin{pmatrix} Y \\ r \end{pmatrix} = \begin{pmatrix} Aut - \overline{T}Pmc + I_0 + \overline{G} \\ \frac{\overline{M}}{\overline{P}} \end{pmatrix}$$

La résolution de ce petit système donne

$$\begin{aligned} Y &= \frac{1}{h(1 - Pmc) + kj}\left(h(Aut - \overline{T}Pmc + I_0 + \overline{G}) + j\frac{\overline{M}}{\overline{P}}\right) \\ r &= \frac{1}{h(1 - Pmc) + kj}\left(k(Aut - \overline{T}Pmc + I_0 + \overline{G}) - (1 - Pmc)\frac{\overline{M}}{\overline{P}}\right) \end{aligned}$$

Puisque $h(1-Pmc)+kj$ est positif on constate que $Y$ dépend positivement de $Aut, I_0, \overline{G}, \overline{M}/\overline{P}$ et négativement de $\overline{T}$. On constate aussi que $r$ dépend positivement de $Aut$, $I_0, \overline{G}$ et négativement de $\overline{M}/\overline{P}$.

On pourrait également étudier l'impact d'un changement des autres paramètres tel que $h, Pmc, k$ ou $j$. Parfois l'effet devient compliqué. Dans ces cas, c'est uniquement dans des situations chiffrées, où l'on connaît donc la value prise par les diverses grandeurs qu'on peut résoudre l'exercice de statique comparative.

## 7.11 Ajustement pour les points hors équilibre

Tout point qui ne se trouve pas sur l'intersection entre IS et LM est hors équilibre. Il y a une force de rappel qui tend à ramener ces points vers l'équilibre. Afin de voir à quoi correspondent les points hors équilibre il faut revenir aux composants des différentes courbes. Décomposons le problème en points hors équilibre dans le marché financier et hors équilibre dans le marché des biens et services.

### 7.11.1 Déséquilibre du marché financier

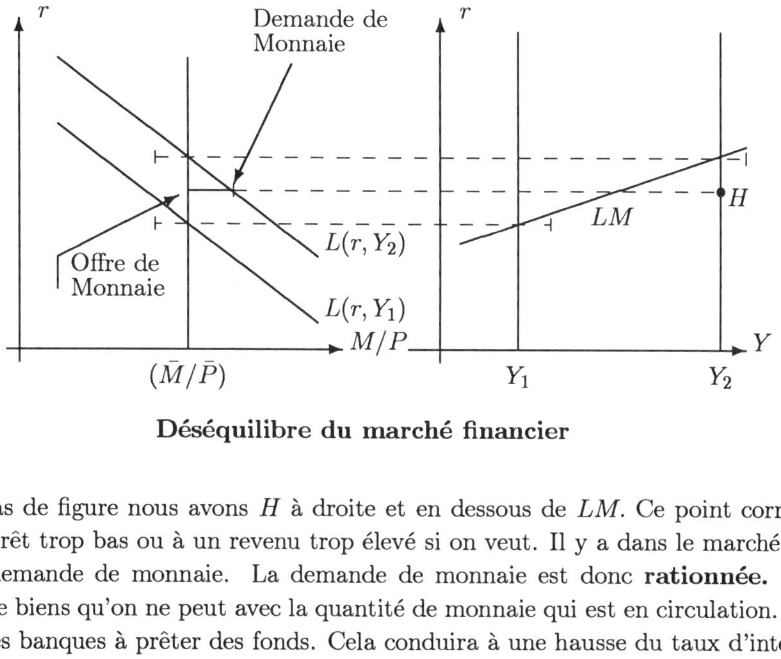


**Déséquilibre du marché financier**

Dans ce cas de figure nous avons $H$ à droite et en dessous de $LM$. Ce point correspond à un taux d'intérêt trop bas ou à un revenu trop élevé si on veut. Il y a dans le marché financier excédent de demande de monnaie. La demande de monnaie est donc **rationnée.** On veut acheter plus de biens qu'on ne peut avec la quantité de monnaie qui est en circulation. Il y aura pression sur les banques à prêter des fonds. Cela conduira à une hausse du taux d'intérêt.

De manière duale on peut dire que pour le niveau du taux d'intérêt en $H$ le revenu, $Y$, est trop élevé et il faut que $Y$ baisse.

Dans la réalité on ne sait pas si c'est le revenu qui est trop élevé ou le taux trop bas. Il y aura vraisemblablement un ensemble de forces qui ramènent $H$ vers LM mais sans la connaissance supplémentaire de IS nous ne pouvons pas dire vers quel point exactement.

### 7.11.2 Déséquilibre dans le marché des biens et services

Dans ce cas de figure nous avons $H$ à gauche de IS. Pour voir à quoi correspond ce point on remonte dans la croix keynésienne. Pour cela on constate que $H$ correspond à un taux $r_2$ et donc à un niveau d'investissement $I(r_2)$ qui donne $Y_2^d$. Pour le revenu qui correspond au point hors d'équilibre nous avons alors un excédent de demande par rapport à l'offre de biens et services.

Les entreprises dans ce cas ne produisent pas assez. Puisque nous avons exclu la possibilité que les prix varient, les entreprises vont devoir diminuer leurs stocks. Selon la logique de la croix keynésienne les entreprises vont alors augmenter plus ou moins rapidement leur production ce qui tend à ramener $H$ vers IS.

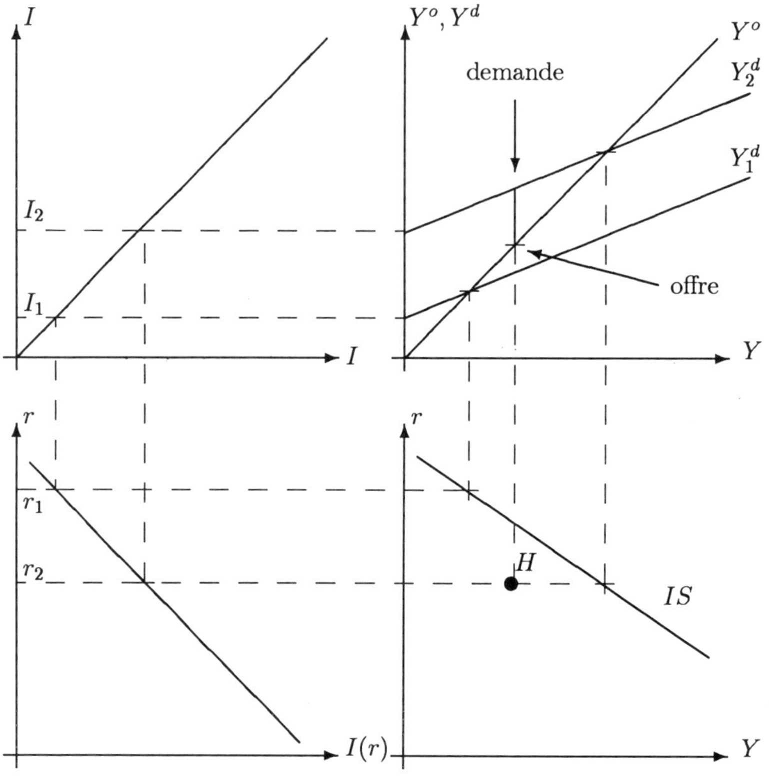


**Déséquilibre du marché des biens et services**

Il est à noter que dans ce modèle nous n'avons pas grand chose à dire sur l'évolution dynamique. Pour le moment c'est une photographie d'une économie statique. Lorsque nous effectuons des statiques comparatives nous regardons comment l'économie change lors d'un changement de l'une des variables exogènes ou de l'un des paramètres définissant le modèle. Nous ne sommes pas encore en mesure de décrire quelle est l'évolution temporelle de notre économie. Avant d'introduire l'élément qui permet de décrire la dynamique de l'économie nous allons commencer par montrer dans le chapitre suivant l'utilité du cadre d'analyse élaboré jusqu'ici.

# Chapitre 8

# Applications de $IS - LM$

Dans le chapitre précédent nous avons pris connaissance du modèle IS-LM. Le moment est venu de passer à quelques applications de ce modèle. Nous allons tout d'abord montrer quel est l'effet sur le taux d'intérêt et le revenu lorsque le gouvernement et/ou la banque centrale décident de modifier l'une ou l'autre des variables exogènes.

Dans un deuxième volet nous allons redécouvrir la courbe AD comme un cas particulier de IS-LM, il suffira de considérer la conséquence d'une variation du prix. La nouvelle courbe AD permettra en plus de comprendre l'impact sur l'économie d'une action du gouvernement, de la banque centrale ou d'une variation d'un paramètre caractérisant nos agents.

Dans un dernier volet nous utiliserons $IS - LM$ pour expliquer la Grande Dépression des USA. Dans cette partie du chapitre nous montrerons comment le modèle de base, développé jusqu'alors, peut être enrichi pour tenir compte de certains faits particuliers qui peuvent se présenter à un moment donné.

## 8.1 Politique fiscale ou monétaire dans $IS - LM$

Dans les illustrations qui vont suivre il est toujours crucial de se souvenir que nous cherchons des équilibres simultanés entre le marché financier et le marché des biens et services. Tandis que l'expérience montre que les marchés financiers s'ajustent rapidement, on peut prendre pour preuve que les prix des actifs financiers sont des variables très **volatiles** (c'est-à-dire fluctuantes), les marchés réels sont beaucoup plus lents à s'ajuster à d'éventuels déséquilibres. En ce sens le modèle statique $IS - LM$ que nous traitons ici ne peut être qu'une abstraction qui permet de trouver l'équilibre statique associé à une constellation de paramètres et variables donnée. Si l'une de ces grandeurs fondamentales varie, IS-LM permet de déterminer le nouvel équilibre. Par ailleurs on peut décrire les forces qui existent pour ramener l'économie vers le nouvel équilibre. En revanche le modèle ne peut rien dire sur la rapidité de la dynamique qui permet le passage d'un équilibre à un autre. On évolue de statique en statique et les effets intermédiaires sont complexes.

Ce sont ces effets que nous cherchons à mieux comprendre maintenant. Pour cela il est important de se souvenir des équations donnant l'équilibre entre $IS$ et $LM$ que nous avons développé dans le dernier chapitre. En effet, lorsqu'on change l'une des variables exogènes c'est le système d'équations

$$Y = \frac{1}{h(1-\text{Pmc})+kj}\Big(h(\text{Aut}-\overline{T}\text{Pmc}+I_0+\overline{G})+j\frac{\overline{M}}{\overline{P}}\Big), \qquad (8.1)$$

$$r = \frac{1}{h(1-\text{Pmc})+kj}\Big(k(\text{Aut}-\overline{T}\text{Pmc}+I_0+\overline{G})-(1-\text{Pmc})\frac{\overline{M}}{\overline{P}}\Big), \qquad (8.2)$$

qui nous permet de mesurer l'effet sur l'équilibre global.

### 8.1.1 Augmentation des dépenses gouvernementales dans $IS - LM$

Supposons que le gouvernement décide d'augmenter ses dépenses de façon permanente d'un montant $\Delta G$. On traite la question du financement plus loin. D'après le chapitre précédent nous savons que l'augmentation des dépenses publiques a un effet sur la courbe IS mais pas sur LM. La courbe IS devra se déplacer vers la droite.

Le graphique suivant permet d'illustrer l'impact sur l'équilibre si on considère l'équilibre simultané du marché financier et des biens et services.

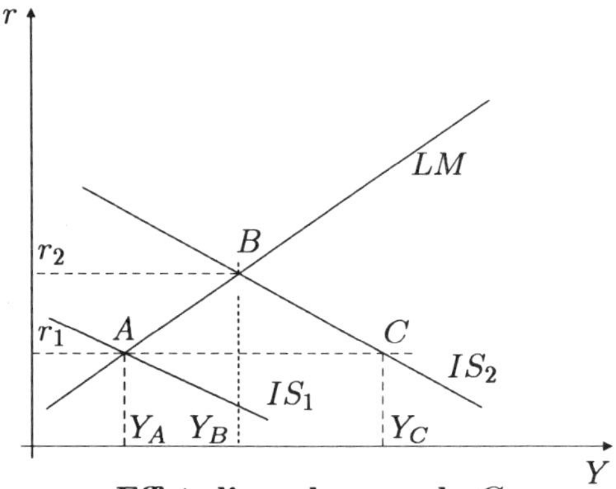


**Effet d'une hausse de $G$**

L'augmentation de la demande implique un déplacement de $IS_1$ en $IS_2$. Puisque l'intersection entre $IS$ et $LM$ donne le taux d'intérêt et le revenu d'équilibre on constate que l'action du gouvernement conduit au passage de $A$ en $B$ lorsqu'on introduit le marché financier. On peut décomposer le passage de $A$ vers $B$ en deux étapes ; d'abord de $A$ à $C$ puis de $C$ vers $B$.

- Supposons que le gouvernement conduit sa politique d'augmentation de $G$ et qu'il n'y a pas de modification au niveau de la quantité d'impôt prélevée. Cela signifie que le gouvernement doit emprunter sur le marché financier, par exemple, en émettant des obligations. Si l'action du gouvernement n'avait aucun effet sur le taux d'intérêt, l'investissement $I$ resterait fixe. On peut alors utiliser la croix keynésienne qui nous avait indiqué que pour ce type de politique l'augmentation du revenu national est de $\Delta Y = \Delta G/(1 - \text{Pmc})$. Dans le graphique cela correspond au passage de $A$ vers $C$ à $r_1$ donné.

- Le modèle $IS - LM$ permet maintenant d'aller plus loin et de voir l'effet de l'endettement accru de l'État sur les marchés financiers. Si le gouvernement décide d'augmenter $G$, c'est qu'il a dû le financer. En général, il s'agit d'un financement par des instruments financiers assimilables à des **obligations.** Si le gouvernement désire placer ces obligations sur le marché financier, il doit faire cela en restant compétitif, c'est-à-dire en les émettant à prix bas, ce qui revient à dire que la **rentabilité** des obligations augmente. En d'autres termes, si la banque centrale veut vendre des quantités importantes de dette, elle doit récompenser les investisseurs par une rentabilité supérieure et donc le niveau général des intérêts va aussi augmenter.

  La hausse des taux d'intérêt aura comme conséquence que l'investissement baissera. Dans $IS$ cela correspond à une réduction de la demande de biens et services. On appelle **effet d'éviction** le fait que si le gouvernement augmente ces dépenses, l'investissement privé diminue.

En bref, on peut dire que l'effet d'une hausse des dépenses publiques aura des effets multiples aussi bien sur le marché financier que sur le marché des biens et services.

Afin d'établir l'importance des variations du revenu et du taux nous sommes obligés de revenir à nos équations (8.1) et (8.2). Analytiquement on trouve que l'effet sur $Y$ et $r$ est donné par :

$$\Delta Y = \frac{h}{h(1-\text{Pmc})+kj}\Delta G, \tag{8.3}$$

$$\Delta r = \frac{k}{h(1-\text{Pmc})+kj}\Delta G. \tag{8.4}$$

Nous pouvons désormais comparer la variation de $Y$ obtenue ici avec celle obtenue dans la croix keynésienne. En simplifiant numérateur et dénominateur de la première équation on obtient :

$$\Delta Y = \frac{1}{1-\text{Pmc}+\dfrac{kj}{h}}\Delta G.$$

On constate que le dénominateur dépasse celui obtenu dans la croix keynésienne d'un montant positif $kj/h$ et donc l'effet global est amoindri.

### 8.1.2 Effet d'une baisse des impôts dans $IS - LM$

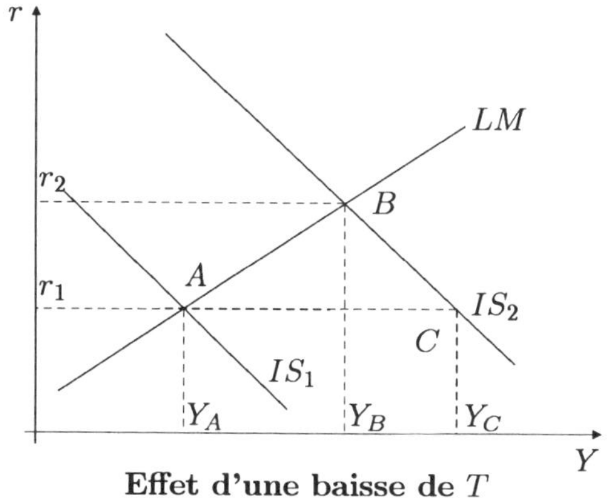


**Effet d'une baisse de $T$**

On suppose que $T$ baisse de $\Delta T$. Comme dans la section précédente on peut décomposer l'effet de la baisse des impôts en deux étapes.

- Si le taux d'intérêt n'était pas affecté, on passerait de $A$ en $C$. Cet effet a déjà été mis en évidence dans la croix keynésienne. La baisse des impôts augmente la demande de biens et services.

- Il y a un deuxième effet dans le modèle $IS - LM$. La hausse de la demande en biens et services va affecter la demande de monnaie. Puisque l'offre réelle de monnaie est maintenue constante, on aura une pression à la hausse des taux d'intérêt. L'intuition de ce phénomène est que les ménages voyant leur revenu disponible augmenté vont désirer acheter plus ce qui peut être fait s'ils disposent de monnaie. Si l'encaisse réelle est constante cette demande de monnaie conduira à une hausse des taux d'intérêts car les gens qui désirent faire des emprunts devront compenser par une rémunération plus élevée. Cette hausse des taux affecte bien entendu la demande globale par le biais d'une baisse de l'investissement. Cela conduit à une baisse de la demande de biens et services ce qui tend à réduire la demande de monnaie... Il y a donc différents effets qui jouent et qui parfois s'annulent mutuellement. C'est uniquement un cadre analytique qui permet de dire quel est l'effet qui domine en dernier lieu.

Reprenant les équations (8.1) et (8.2) on obtient analytiquement

$$\Delta Y = -\frac{h}{h(1-\text{Pmc})+kj}\text{Pmc}\,\Delta T, \qquad (8.5)$$

$$\Delta r = -\frac{k}{h(1-\text{Pmc})+kj}\text{Pmc}\,\Delta T \qquad (8.6)$$

on retrouve que l'effet de la baisse des impôts sur le revenu national est plus faible que dans la croix keynésienne.

### 8.1.3 Et si on met tout ensemble...

Le moment est venu de regarder ce qui se passe si on décide de relancer l'économie avec des dépenses gouvernementales financées par une augmentation des impôts. Puisque nous supposons un budget de l'État équilibré il faut que $\Delta G = \Delta T$. L'impact net sur le revenu national s'obtient en sommant (8.4) et (8.6). On obtient

$$\Delta Y = \frac{h(1-Pmc)}{h(1-\text{Pmc})+kj}\Delta G.$$

Dans ce cas on obtient un coefficient inférieur à 1. Non seulement il n'y a plus d'effet multiplicateur mais en plus il y a un effet global inférieur à ce que le gouvernement avait mis initialement.

Ce résultat algébrique s'accompagne bien entendu d'une intuition économique. Ce qui cause le problème ici est le taux d'intérêt. En effet si celui-ci était resté constant, alors la relance à budget équilibré aurait donné une hausse du revenu national égal à l'augmentation des dépenses de l'Etat soit $\Delta Y = \Delta G$. Ici la relance crée des forces qui font augmenter le taux et ainsi une partie de l'effet de la hausse des dépenses est effacée par l'effet d'éviction.

Tout ceci montre qu'il n'y a pas de miracle. Si on prend d'un coté pour donner d'un autre, cela n'entraîne pas forcement de la croissance. Il est vraiment important de considérer le financement des dépenses et la solution préconisée reste l'endettement.

Long silence et consternation auprès du lecteur. Puis inquiétude. Finalement une interrogation qui commence à vous ronger. La voici. Si on finance aujourd'hui, grâce à un emprunt, l'augmentation des dépenses publiques, c'est qu'un jour il faudra quand même rembourser cette dette. Lorsqu'on rembourse la dette on passera par une récession ce qui fait qu'apparemment on ne fait que repousser le problème.

Très fort ! Pour votre information le grand économiste David Ricardo avait déjà considéré ce type de question. La réponse est multiple et pas évidente. La difficulté provient du fait que le modèle keynésien n'est pas dynamique dans sa nature. Ce type de cadre ne permet pas de donner de réponse facile. Intuitivement l'économie est croissante et donc, même si la dette augmente, cela ne constitue pas un problème en soi tant que la dette n'explose pas. Par ailleurs nous ne nous sommes guère souciés, dans le cadre keynésien présenté ci-dessus, de l'impact positif que peut avoir la dépense publique aujourd'hui sur le revenu futur. Pour comprendre cela prenons encore comme cadre celui d'un individu. Si sa grand-mère lui donne quelques sous pour l'achat de bonbons on peut voir cela comme un simple transfert de richesse sans conséquence.

L'histoire est toute autre si grand-mère prête quelques sous et qu'avec ceux-ci il y a création d'une entreprise. Dans le futur, grâce à cette entreprise il sera possible de rembourser sans difficulté le prêt. On peut ainsi voir le prêt de la grand-mère comme une **externalité**. Grâce à cette externalité le niveau de production pourra s'accélérer.

### 8.1.4 Changement au niveau de la politique monétaire

Puisque nous avons supposé que le niveau des prix est une constante, $P = \overline{P}$, une hausse de la masse monétaire, $\overline{M}$, d'un montant $\Delta M$ entraîne une augmentation des encaisses réelles $\overline{M}/\overline{P}$. Une hausse de l'offre de monnaie à quantité de biens et services échangés constante, signifie que le prix de la monnaie baisse. À $Y$ constant $r$ doit donc tomber.

Dans le graphique, la hausse de la masse monétaire à revenu national constant $Y_A$ correspond à une chute du taux d'intérêt de $r_A$ à $r_C$. La baisse du taux d'intérêt tend aussi à augmenter la quantité d'investissement que les entreprises désirent faire. Cela augmente la demande de biens et services et conduit donc à une hausse de la demande de monnaie. Cette hausse de la demande de monnaie conduit maintenant à une hausse du taux d'intérêt, de $r_C$ à $r_B$ car nous pouvons supposer que l'offre de monnaie a été changée au début mais doit être considérée constante par la suite.

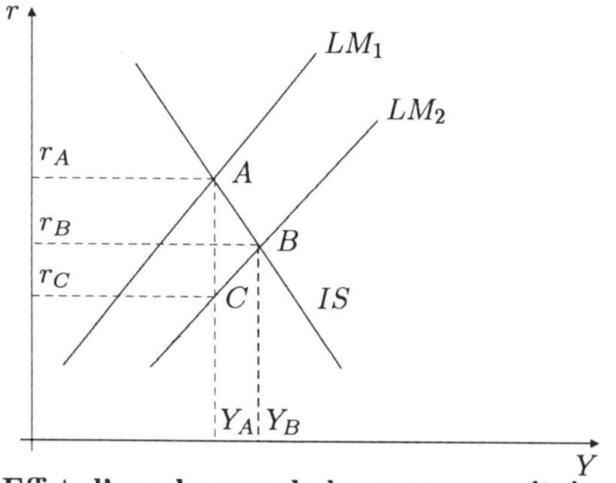


**Effet d'une hausse de la masse monétaire**

En réalité on n'aura pas vraiment passage de $r_A$ à $r_B$ via $r_C$. Le passage par une étape intermédiaire doit seulement aider à mieux comprendre que les phénomènes sous-jacents au passage d'un équilibre à un autre sont complexes.

D'un point de vue analytique on trouve

$$\begin{aligned} \Delta Y &= \frac{1}{h(1-\text{Pmc})+kj} j \frac{\Delta M}{\overline{P}} \\ \Delta r &= -\frac{1}{h(1-\text{Pmc})+kj}(1-\text{Pmc})\frac{\Delta M}{\overline{P}} \end{aligned}$$

**Anecdote :** Il est facile de trouver des exemples dans l'histoire économique où une baisse de la masse monétaire a conduit à une hausse des taux et à une baisse du revenu national. Pour des raisons que nous verrons plus loin, la banque centrale allemande a décidé de suivre une politique du taux d'intérêt élevé vers le milieu de 1993. Elle réussit à pousser ce taux à la hausse grâce à une diminution de la masse monétaire en circulation. La conséquence était la plus importante récession en Allemagne depuis la fin de la Deuxième Guerre mondiale. La France qui avait décidé de garder le Franc français lié au Mark devait aussi suivre une politique du taux d'intérêt élevé (sinon les capitaux investis en France seraient allés en Allemagne ce qui aurait entraîné une demande forte du Mark et faible du Franc avec danger de rupture du taux de change Franc-Mark.). La conséquence pour l'économie française était une récession importée.

### 8.1.5 Interaction entre politique fiscale et politique monétaire

Selon les pays, la banque centrale est plus ou moins indépendante du gouvernement. Tandis que le gouvernement contrôle $\overline{T}$ et $\overline{G}$, la banque centrale contrôle $\overline{M}$. En Allemagne, la banque centrale est très indépendante du gouvernement. Si le gouverneur de la Bundesbank pense que certaines actions du gouvernement ne sont pas bonnes, il peut dans une certaine limite, prendre des contre mesures. En France, la banque centrale a acquis son indépendance le 7 Janvier 1994. Cela augmente sa crédibilité.

**Anecdote :** Le Premier Ministre, Edouard Balladur dans son allocution concernant l'indépendance de la banque centrale a remarqué : *Dans ce monde nouveau, l'efficacité des instruments de la politique monétaire dépend de la crédibilité de l'Institut d'émission lui-même. Une banque centrale non crédible, peu crédible ou simplement moins crédible que d'autres à la suite de circonstances diverses et, en particulier,* **des vicissitudes de la politique nationale**,*...ses efforts seront largement fournis en vain.*

Une étude montre que plus la banque centrale est indépendante, plus l'inflation est faible et stable. Une autre étude montre que la stabilité économique est un facteur important de la croissance économique. On peut donc voir l'indépendance de la banque centrale comme un facteur de croissance de l'économie. Ces considérations nous amènent à considérer le rôle de la banque centrale. La banque centrale ne peut pas tout faire. Si on lui demande de garder le taux d'intérêt fixe, elle ne peut pas faire une politique de relance monétaire simultanée exigeant un taux bas. Une banque centrale qui n'est pas indépendante risque de devoir faire au moment des périodes électorales, une politique de relance.

Nous allons maintenant passer en revue un certain nombre de situations qui peuvent se présenter. Supposons que l'État décide de faire une baisse des impôts $\overline{T}$ pour relancer l'économie. L'effet net sur l'économie dépend de l'action de la banque centrale. Si la banque centrale reste passive on est dans le cadre déjà étudié précédemment :

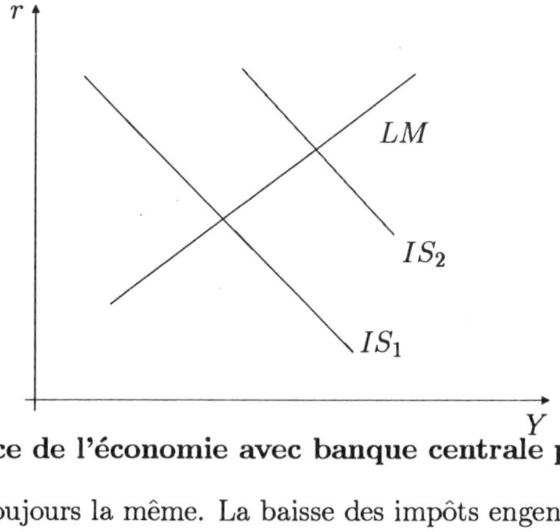


**Relance de l'économie avec banque centrale passive**

La mécanique reste toujours la même. La baisse des impôts engendre une hausse du revenu national par le biais d'une hausse de la consommation. La hausse du revenu conduit à une hausse des taux qui entraîne une certaine neutralisation du revenu par une baisse de l'investissement. L'effet global est donc une hausse du revenu national mais aussi des taux.

Si la banque centrale décide d'intervenir elle peut le faire de différentes manières.

- si la banque centrale veut garder $Y$ constant, elle diminue la masse monétaire ce qui conduit à un déplacement de $LM$ de $LM_1$ vers $LM_2$ comme dans le graphique de gauche de ci-dessous.

- si la banque centrale veut garder $r$ constant, elle augmente la masse monétaire. Comme indiqué par le graphique de droite de ci-dessous, on constate que l'effet sur le revenu est amplifié.

On constate que la banque centrale peut faire un certain nombre de choses. Ainsi elle peut neutraliser une relance ou bien la renforcer. Tout dépend des objectifs qu'on donne donc au capitaine de la banque centrale.

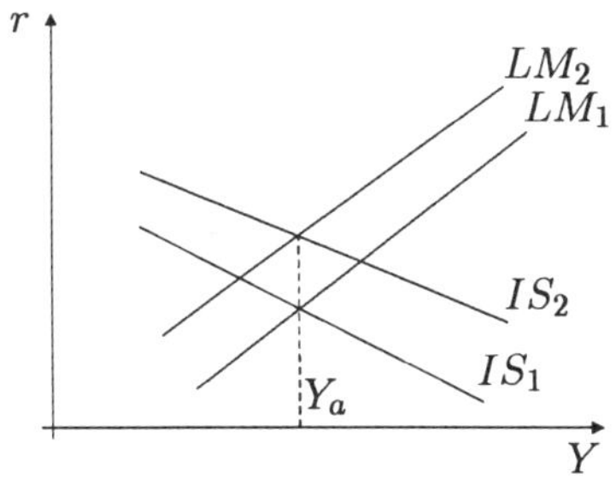


**Cas d'une banque centrale qui neutralise l'action du gouvernement**

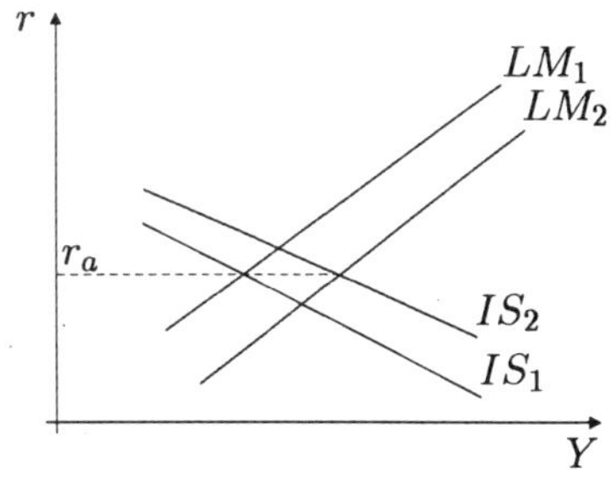


**Banque centrale amplifiant l'action du gouvernement**

Ce que l'on peut dire de suite est qu'une augmentation des dépenses publiques peut être, dans le moyen terme, génératrice d'inflation. Dans ce cas, si la politique monétaire a comme objectif la stabilité des prix, la banque centrale est obligée de neutraliser les dépenses ce qui conduit à une hausse des taux.

Par ailleurs la fixité des taux peut être également un objectif. Sans anticiper sur le chapitre qui traite de l'économie ouverte, on comprend qu'un investisseur place son argent là où le taux est le plus élevé. Si le taux allemand est par exemple plus fort que le taux français, on s'attend à un déplacement des capitaux français vers l'Allemagne. La conséquence est une vente de francs et une demande accrue de mark. Il y a ainsi une pression à la hausse du mark par rapport au franc. Si l'objectif de la banque centrale est le maintien d'un taux de change stable elle doit assurer la constance des taux et donc accompagner l'action du gouvernement.

Pour la Banque Centrale Européenne (BCE), le but est le maintien de la stabilité des prix. Pour cela on lui a donné totale indépendance des autorités politiques. Ainsi, la BCE n'a pas le droit de prêter aux gouvernements ou autres institutions publiques. Les politiques fiscales restent la responsabilité des gouvernements nationaux. Afin d'éviter par suite des tensions au sein du système monétaire européen, les gouvernements ont des obligations très restrictives. Ainsi le rapport entre l'endettement supplémentaire pendant une année (le déficit fiscal) et le PIB doit être de moins de 3%. Le rapport entre la dette nationale et le PIB doit être de moins de 60%. Pourquoi ces nombres ? C'est une question de stabilité du système. Si la dette est trop importante pour un pays, celui-ci est obligé de faire faillite. Par ailleurs, on peut continuer à s'endetter, mais dans ce cas il faut que l'endettement croisse à un taux moins que le taux d'accroissement du revenu.

### 8.1.6 $IS - LM$ comme justification de $AD$

Au lieu d'utiliser la théorie quantitative pour construire $AD$ comme cela a été fait dans un chapitre antérieur, nous allons maintenant utiliser $IS - LM$ pour dériver la courbe $AD$. On se souvient de la démonstration, à partir de la théorie quantitative, de l'existence d'une relation négative entre niveau des prix et quantité de biens et services produits. On a choisi, par analogie avec la microéconomie, de nommer cette relation une fonction de demande agrégée.

On a montré, comme indiqué dans le graphique du dessus, qu'une hausse de la masse monétaire entraîne un déplacement vers la droite de $AD$.

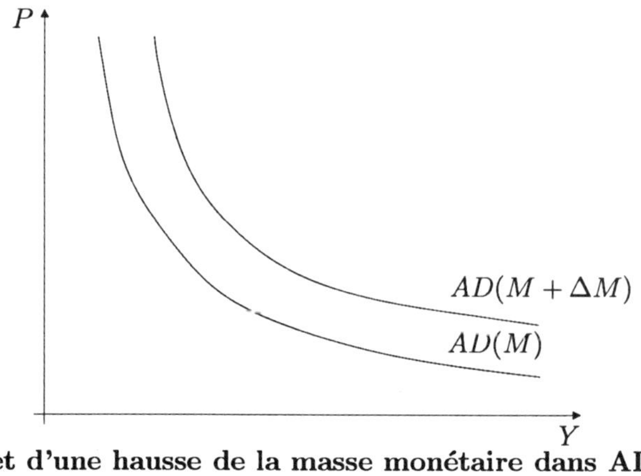


**Effet d'une hausse de la masse monétaire dans AD**

La logique suivie lors de la dérivation de $AD$ était que l'accroissement du stock monétaire permet, dans le court terme, un accès plus facile à la monnaie et donc aussi à un accroissement des dépenses. Comme, dans le court terme, les agents ne s'aperçoivent guère, que d'un point de vue réel, rien n'a changé, les prix vont rester fixe pendant un certain temps.

Le but de cette section est de montrer que l'on peut considérer $AD$ comme un cas particulier dérivant de $IS - LM$. On retrouve ainsi qu'une hausse de la masse monétaire correspond bien à un déplacement comme indiqué. L'avantage de passer par $IS - LM$ est qu'on pourra dire en plus quel sera l'effet sur $AD$ d'un changement de politique du gouvernement. On pourra aussi être plus précis dans la modélisation des différents agents économiques lorsqu'on dérive $AD$.

Nous allons reprendre l'équilibre entre $IS - LM$, garder la masse monétaire constante, $M = \overline{M}$, mais faire varier $P$. Cela permet de construire $AD$ par une manière alternative.

Ainsi on définit la courbe de demande agrégée comme étant le lieu des points $(P, Y)$ qui équilibrent le marché des biens et services et le marché financier.

Nous rappelons que l'équilibre entre $IS$ et $LM$ donne comme revenu d'équilibre l'équation suivante dans laquelle on a omis la barre sur le $P$ pour indiquer que le prix est considéré de nouveau comme une variable.

$$Y = \frac{1}{h(1 - \text{Pmc}) + kj}\Big(h(\text{Aut} - \overline{T}\text{Pmc} + I_0 + \overline{G}) + j\frac{\overline{M}}{P}\Big) \qquad (8.7)$$

Il est immédiat que (8.7) est le lieu des points d'équilibre cherché donnant $AD$. Cette équation exprime une relation négative entre le niveau des prix $P$ et le niveau du revenu.

Nous pouvons également faire une représentation graphique de la nouvelle courbe. L'idée est de ne travailler qu'avec des droites de façon à obtenir finalement une droite. Afin de construire AD il faut se donner deux prix et déterminer les niveaux de revenu associés. Ensuite AD pourra se tracer trivialement.

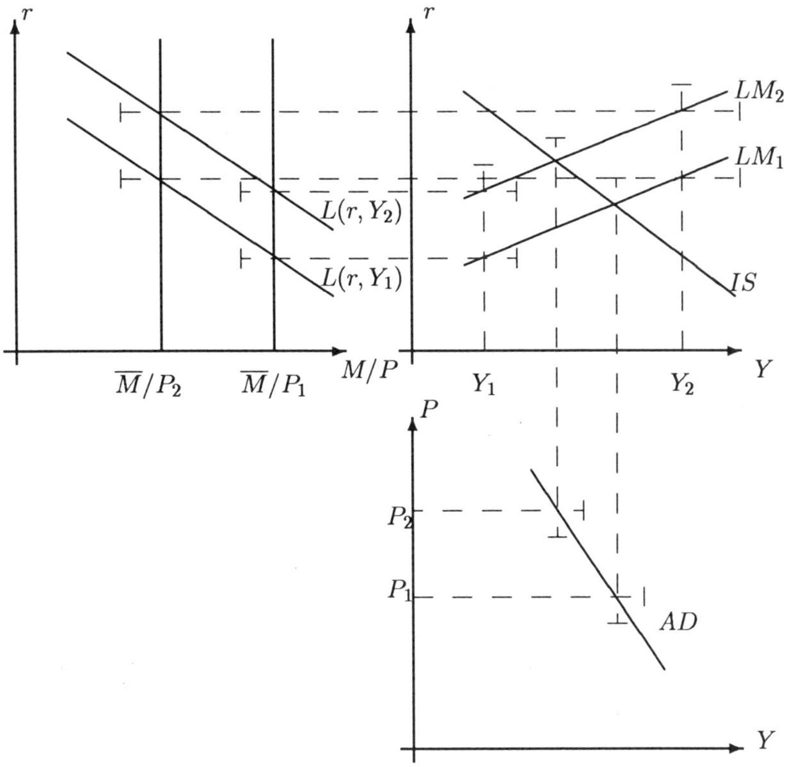


**Construction de la courbe** $AD$

Le graphique du dessus considère dans sa partie supérieure la construction de LM. Pour construire LM il faut deux revenus qu'on se fixe pour des niveaux $Y_1$ et $Y_2$ dans le diagramme en haut à droite, $(r, Y)$. Ces deux niveaux de revenu vont servir à la construction de la demande de monnaie. Il est important de noter que les revenus $Y_1$ et $Y_2$ n'ont *a priori* aucun lien avec le revenu dans AD. Il s'agit simplement de grandeurs auxiliaires utiles dans la construction des graphiques.

Puisqu'il y a deux niveaux d'encaisses réelles $\overline{M}/P_1$ et $\overline{M}/P_2$ nous aurons également deux courbes LM. Le marché des biens et services pour les deux niveaux de LM nous permet alors d'achever la construction de AD.

Cette relation montre que le passage de $P_1$ à $P_2$ le long de AD implique des modifications importantes sur les divers marchés. Ainsi si $\overline{M}, \overline{G}, \overline{T}$ sont restées à leur valeur initiale, c'est qu'il y a eu raréfaction relative de la monnaie et donc que le taux d'intérêt a dû augmenter.

### 8.1.7 Effet d'une politique monétaire expansionniste

Supposons que la banque centrale décide d'augmenter la masse monétaire d'une quantité $\Delta M$. Dans ce cas l'équation (8.7) devient

$$Y = \frac{1}{h(1 - \text{Pmc}) + kj}\Big(h(\text{Aut} - \overline{T}\text{Pmc} + I_0 + \overline{G}) + j\frac{\overline{M} + \Delta M}{P}\Big).$$

On constate que la courbe $AD$ doit s'être déplacée à droite. Pour un niveau de $P$ donné le revenu national doit augmenter.

On peut également représenter cela sous forme graphique. Au lieu de tracer toutes les courbes, même celles caractérisant l'équilibre du marché monétaire, on se simplifie la vie en traçant directement un certain nombre de courbes LM dans le diagramme $(r, Y)$.

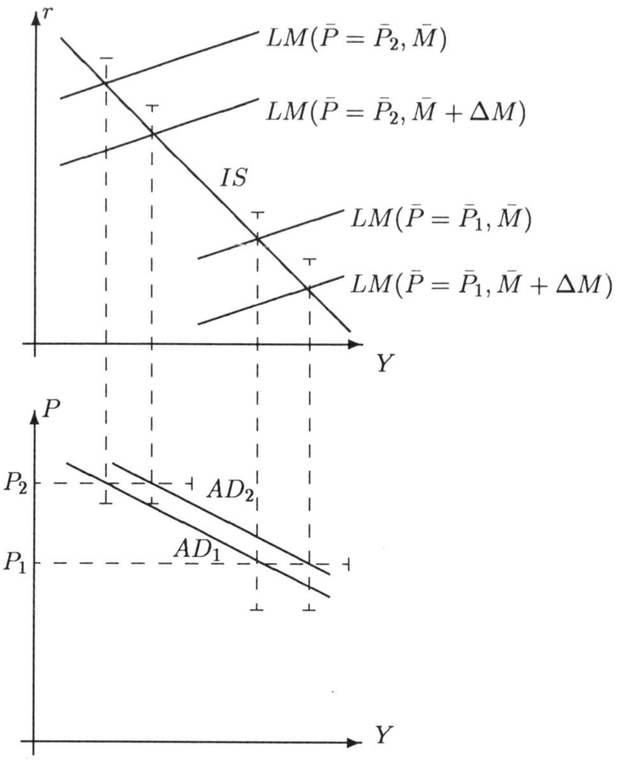


**Effet d'une hausse de $\bar{M}$**

Les deux prix $P1, P2$ du diagramme supérieur servent uniquement à construire $AD$, ils ne sortent pas encore d'un équilibre. Pour un prix donné, lorsque $M$ varie à la hausse, on savait déjà que $Y$ augmente. On retrouve le résultat qu'on avait déjà obtenu lors de la dérivation rapide de AD, qu'une augmentation de la masse monétaire déplace AD vers la droite.

Ce résultat n'est pas surprenant. Nous avons ici une fonction de demande de monnaie de la forme $L(r, Y) = ky - hr$. On retrouve bien entendu la théorie quantitative de la monnaie en supposant que $h = 0$ . On retrouve dans ce cas que $L = kY$ et l'équilibre du marché monétaire donne

$$\overline{M} = kYP.$$

Cela montre qu'on peut parfaitement interpréter $k$ comme l'inverse de la circulation de la monnaie.

Par ailleurs reprenant l'équation (8.7) on obtient que celle-ci s'écrit pour $h = 0$ comme $Y = 1/k\overline{M}/P$. Cela illustre qu'on a bien généralisé AD. On voit également que la théorie quantitative est une simplification du monde réel, utile dans le long terme.

Comme déjà promis, le cadre d'analyse développé permet d'aller un peu plus loin. Il y a tout un ensemble de nouveaux phénomènes qu'on peut étudier maintenant.

## 8.2 Effet d'une politique fiscale expansionniste

Une expansion fiscale va déplacer $IS$ à droite conduisant, pour un niveau de taux d'intérêt donné, à une hausse du revenu national.

$$Y = \frac{1}{h(1-\text{Pmc})+kj}\Big(h(\text{Aut}-\overline{T}\text{Pmc}+I_0+\overline{G}+\Delta G)+j\frac{\overline{M}}{P}\Big).$$

On peut illustrer graphiquement ce phénomène. Dans le graphique ci-dessous, on considère deux niveaux de $P$. Cela engendre par le biais du marché financier deux courbes LM. Ce qu'il y a de nouveau est l'impact sur IS du déplacement des dépenses publiques. Ce phénomène a déjà été étudié maintes fois. On sait qu'une hausse de $\overline{G}$ déplace IS vers la droite. Cela correspond au déplacement de IS de $IS_1$ à $IS_2$ dans le diagramme $(r, Y)$. On constate que pour $P$ fixe on se déplace bien dans le diagramme $(P, Y)$ de $AD_1$ à $AD_2$.

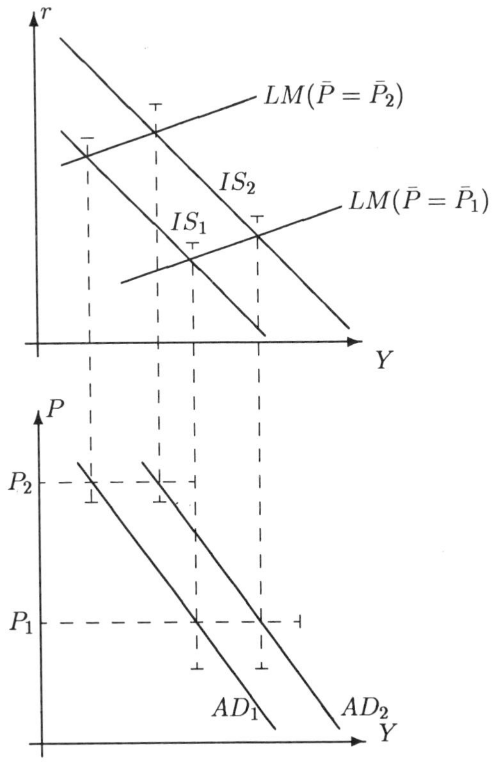


**Effet d'une hausse de $\bar{G}$**

Au lieu de refaire ce type de graphique pour tous les paramètres figurant dans notre économie nous allons juste donner un aperçu de ce que l'on obtient en utilisant notre intuition économique. On se souvient de la règle qui dit que ce qui augmente le revenu d'un individu augmente en général celui de l'économie toute entière.

Supposons que l'optimisme des managers augmente. D'un point de vue formel nous allons supposer que cela se traduit par une hausse de $I_0$. Dans ce cas on s'attend à plus de dépenses par les entreprises et donc aussi à une augmentation du revenu national. On peut vérifier que le coefficient de $I_1$ dans l'équation (8.7) est positif.

Un certain nombre de phénomènes ne peuvent pas être quantifiés sans une spécification numérique concernant les valeurs concrètes prises par les divers paramètres. Ainsi, si on a une relation faisant intervenir une variable $x$ dans un numérateur, et un dénominateur d'une fraction, alors l'effet d'une variation de $x$ dépend de la valeur du coefficient de $x$.

### 8.2.1 Le modèle $IS - LM$ dans le court et le long terme

À un moment donné nous avons fait l'hypothèse de rigidité des prix en signalant qu'il s'agissait là d'un phénomène de court terme. Cela nous a permis d'établir le modèle $IS - LM$. Ayant laissé ensuite $P$ varier, nous avons pu obtenir $AD$. On veut maintenant tout combiner pour passer du court au long terme. Dans le long terme, le niveau de production est donné de manière exogène $Y^* = F(K^*, L^*)$ et toutes les variables s'ajusteront à cela.

On rappelle que nous avons défini $Y^*$ comme le niveau d'offre de plein emploi. On définit ainsi l'équilibre du long terme par le système d'équations

$$\begin{aligned} Y &= C(Y - \overline{T}) + I(r) + \overline{G}, \\ \frac{\overline{M}}{P} &= L(r, Y), \\ Y &= Y^*. \end{aligned}$$

Il s'agit d'un système à trois inconnues $P, r, Y$ et à trois équations (en fait deux équations à deux inconnues si on remplace $Y$ par $Y^*$). Si on regroupe IS-LM et AD-$Y^*$ on peut établir les diagrammes suivants.

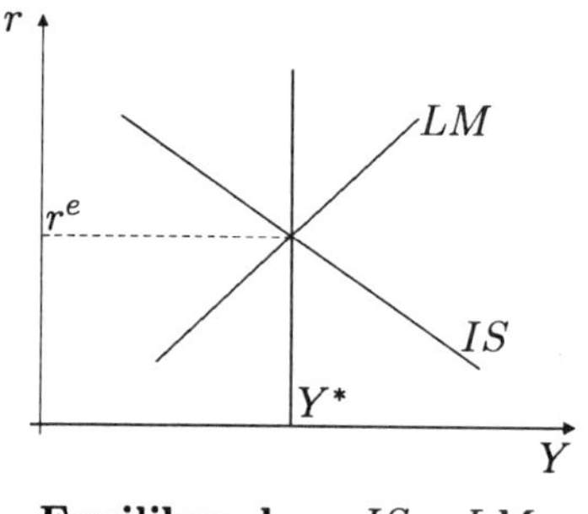


**Equilibre dans $IS - LM$**

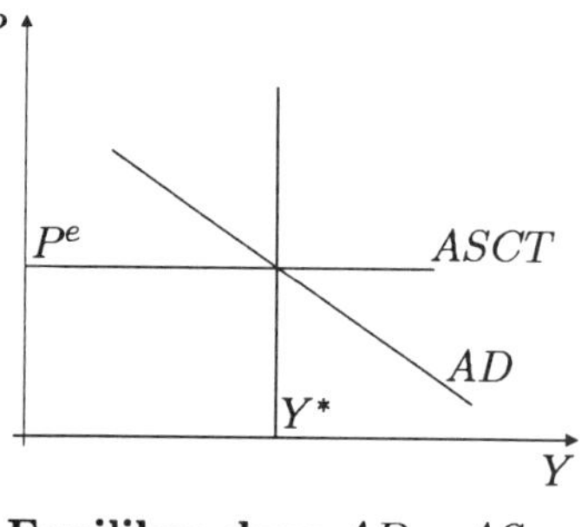


**Equilibre dans $AD - AS$**

Pour une spécification fonctionnelle donnée de l'économie, il existe

- un seuil de plein emploi $Y^*$
- un taux d'intérêt d'équilibre $r^e$
- un niveau des prix $P^e$

Ce que nous obtenons donc en plus est une compréhension du fonctionnement du marché financier et du marché des biens et services. On peut ainsi comprendre comment se fait le retour vers l'équilibre.

### 8.2.2 Retour vers le plein emploi d'une économie en récession

Supposons avoir au départ un déséquilibre en sorte que l'intersection entre $IS$ et $LM$ a lieu à gauche de $Y^*$ en $A$: la production est sous son niveau potentiel et nous sommes en récession.

Cela signifie qu'il y a de la main d'œuvre au chômage.

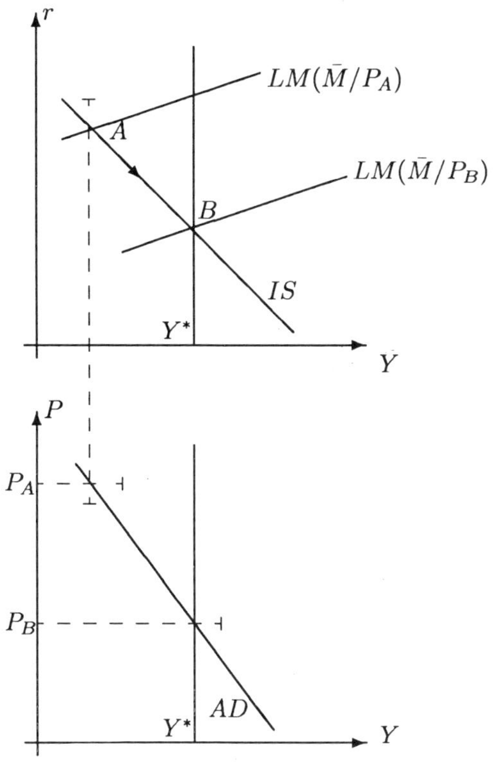


**Retour vers l'équilibre lors d'une récession**

Après une période qui peut être longue, les salaires vont baisser. Il est aussi possible que sans avoir baisse de salaires, les entreprises rationalisent leur production et inventent de nouveaux produits. Tout cela permet de baisser les prix. On va alors se déplacer le long de $AD$. Lorsque les prix baissent, les encaisses réelles augmentent. Avec plus de monnaie dans l'économie, les agents vont être incités à acheter d'avantage ce qui se traduit par un déplacement de $LM$ vers la droite et on retourne alors vers le plein emploi.

## 8.3 Chocs

Pour le moment, nous avons analysé l'effet sur l'économie d'une action volontaire exercée par le gouvernement ou la banque centrale. Il existe par ailleurs des évènements non anticipés créant des perturbations de l'économie. On appelle cela des **chocs**. Des phénomènes naturels tels que la peste bubonique constituent un exemple de choc. Dans l'histoire ce fut un facteur très important car un tiers de la population européenne fut décimée. Dans le registre phénomène naturel on peut également caser les tremblements de terre[1].

[1] Un jour lors d'un entretien d'embauche avec le Fond Monétaire International on m'a demandé quel serait l'impact sur l'économie du Togo si un tremblement de terre détruisait 90 % de l'économie du Japon. Euhhh, oui...

Ensuite il y a toute sorte de chocs créés par nous mêmes. Il peut s'agir d'une guerre. Mentionnons également la cartellisation des pays producteurs de pétrole dans les années 70 au sein de l'OPEP.

Il est aussi possible que des phénomènes psychologiques jouent un rôle. C'est ce que Keynes appelait l'esprit animalier [2]. Si la presse écrit que tout va mal, les gens vont le croire et nous avons à faire avec une **anticipation auto-réalisatrice.** On appelle cela aussi une **prophétie auto-réalisante**. Un exemple de prophéties auto-réalisantes est quand les entreprises ou ménages voient d'un air pessimiste le futur économique. Elles vont investir et consommer moins, la demande de biens et services va être réduite, et après un certain temps, l'anticipation devient une réalité. Comme prévu, tout cela conduit à une baisse de la demande !

## 8.4 La Grande Dépression

Tandis que les physiciens peuvent, avec plus ou moins de facilité, répliquer certaines expériences, ce qui leur permet de tester leurs hypothèses, il n'en est rien pour l'économiste. Le monde est continuellement en changement. La population change, les coutumes et traditions se modifient. Ce qui est vrai pour un pays ne l'est pas pour les autres simplement parce que les mœurs sont différentes. Dans certains pays on fera cinq fois la prière par jour alors que dans d'autres on travaille de l'aube au crépuscule sans prendre de pause. La productivité dans le pays où l'on fait le plus de prières sera vraisemblablement différente d'un pays ou l'on ne les fait pas. Cela ne veut pas dire que dans le pays où l'on ne fait pas de prières les gens sont plus heureux. Il s'agit d'un système de valeurs différent. Les mesures économiques qui fonctionnent dans un pays risquent d'échouer dans un autre.

Confrontés à cette difficulté de répliquer l'effet des politiques et d'étudier leurs conséquences les économistes sont amenés à prendre comme laboratoire naturel des périodes historiques particulièrement mouvementées et de voir ce qui a pu les provoquer.

| Année | Chômage | $PIB$ réel | $C$ | $I$ | $\overline{G}$ | $i$ | $\overline{M}$ | $P$ | $\pi$ | $\overline{M}/P$ |
|---|---|---|---|---|---|---|---|---|---|---|
| 1929 | 3.2 | 203.6 | 139.6 | 40.4 | 22.0 | 5.9 | 26.6 | 50.6 | | 52.6 |
| 1930 | 8.9 | 183.5 | 130.4 | 27.4 | 24.3 | 3.6 | 25.8 | 49.3 | -2.6 | 52.3 |
| 1931 | 16.3 | 169.5 | 126.1 | 16.8 | 25.4 | 2.6 | 24.1 | 44.8 | -9.1 | 54.5 |
| 1932 | 24.1 | 144.2 | 114.8 | 4.7 | 24.2 | 2.7 | 21.1 | 40.2 | -10. | 52.5 |
| 1933 | 25.2 | 141.5 | 112.8 | 5.3 | 23.3 | 1.7 | 19.9 | 39.3 | -2.2 | 50.7 |
| 1934 | 22.0 | 154.3 | 118.1 | 9.4 | 26.6 | 1.0 | 21.9 | 42.2 | 7.4 | 51.8 |
| 1935 | 20.3 | 169.5 | 125.5 | 18.0 | 27.0 | 0.8 | 25.9 | 42.6 | 0.9 | 60.8 |
| 1936 | 17.0 | 193.2 | 138.4 | 24.0 | 31.8 | 0.8 | 29.6 | 42.7 | 0.2 | 92.9 |
| 1937 | 14.3 | 203.2 | 143.1 | 29.9 | 30.8 | 0.9 | 30.9 | 44.5 | 4.2 | 69.5 |
| 1938 | 19.1 | 192.9 | 140.2 | 17.0 | 33.9 | 0.8 | 30.5 | 43.9 | -1.3 | 69.5 |
| 1939 | 17.2 | 209.4 | 148.2 | 24.7 | 35.2 | 0.6 | 34.2 | 43.2 | -1.6 | 79.1 |
| 1940 | 14.6 | 227.2 | 155.7 | 33.0 | 36.4 | 0.6 | 39.7 | 43.9 | 1.6 | 90.3 |

L'une des périodes particulièrement mouvementées est la période entre 1929 et 1933, la Grande Dépression, que nous allons étudier ici, vu sous l'angle des États-Unis. Le graphique suivant, montrant l'évolution du taux de chômage, $U$, pendant la période 1929-40 permet de se rendre compte de la gravité de la situation.

[2] En anglais on appelle cela l'*animal spirit.*

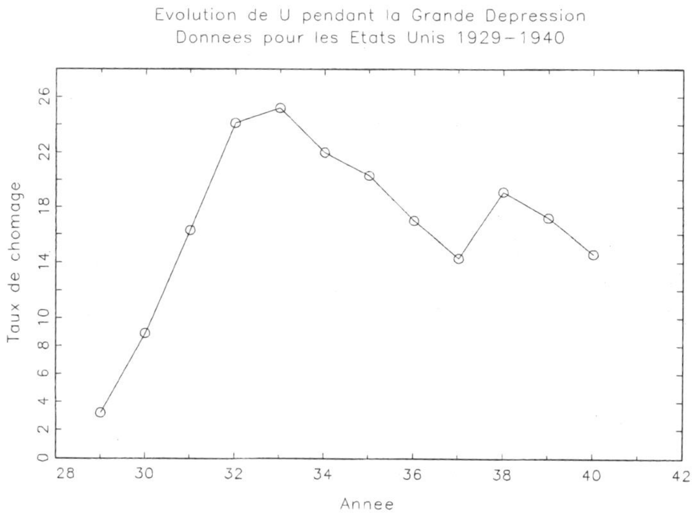


La thèse que nous allons défendre est que la Grande Dépression se compose en fait de deux périodes. La première période allant de 1929 à 1931 et la deuxième de 1931 à 1933. La cause de la Grande Dépression tient essentiellement à un phénomène qui a déplacé $IS$ vers la gauche pour différentes raisons. Pendant cette première période on aurait encore pu relancer l'économie par une politique fiscale adéquate. Par la suite, un déplacement continuel de $IS$ a aggravé cette crise. Si on cherche une période où $LM$ a pu se déplacer, c'est lors de la deuxième période. On peut trouver des phénomènes monétaires dans la première période mais ces phénomènes n'ont pas agit à travers $LM$. Cette observation nous oblige à enrichir le cadre développé jusqu'alors.

Avant de faire l'analyse proprement dite de la Grande Dépression, il convient de faire une remarque générale. Nous avons vu ci-dessus un modèle très simplifié de $IS-LM$. Il est possible d'étendre le modèle de multiples façons en y ajoutant des éléments qui visent à mieux capter le comportement des différents agents dans l'économie. Le modèle de base ne doit pas être vu comme un modèle erroné. Au contraire, c'est le cadre de référence. L'économiste doit, lorsqu'il observe des données économiques, s'interroger d'abord sur la manière suivant laquelle il peut les intégrer dans le cadre $IS-LM$ le plus simple. Lorsqu'il n'arrive pas à réconcilier le modèle avec les données, il doit introduire des éléments supplémentaires. En dernier lieu c'est uniquement un test économétrique qui peut valider ou invalider tel ou tel modèle.

- Au lieu de supposer que la consommation dépend seulement du revenu disponible on peut supposer que la consommation est influencée par le niveau de richesse personnelle $W$ (plus on a de richesse, plus on peut se permettre de dépenser car on nous donne plus facilement un crédit). Aussi, si nous avons plus d'encaisses réelles, $M/P$, nous dépenserons plus (cela s'appelle l'**Effet Pigou**). Ainsi la richesse ou la quantité de monnaie peuvent avoir directement un impact sur la consommation.

  Les anticipations économiques risquent de jouer aussi un très grand rôle. On peut aussi mettre simplement la *peur* comme une variable affectant le niveau de consommation. Si vous pensez être mis au chômage ou si vous anticipez une guerre (même lointaine) vous allez changer votre comportement et consommer moins. On pourrait ainsi modéliser la fonction de consommation en écrivant $C = C(Y-\overline{T}, r, W, M/P, \text{anticipations})$. Il est même possible de quantifier les anticipations en utilisant les données sur sondage qui consistent à demander aux ménages leur opinion concernant le futur économique.

- Le niveau de l'investissement risque de dépendre aussi des anticipations de la demande future.

- Le système fiscal peut aussi jouer un rôle (un crédit d'investissement baisse le coût de l'investissement. Une possibilité d'amortissement plus rapide permet d'avoir des bénéfices moindres et donc moins d'impôts à payer). Une façon de modéliser l'investissement consisterait à écrire $I = I(r, \text{demande future}, \text{système fiscal})$.

Nous avons présenté ci-dessus un tableau avec quelques données caractérisant la Grande Dépression.

### 8.4.1 Un déplacement de $IS$ entre 1929 et 1932

L'observation du graphique de ci-dessous suggère que $M/P$ est resté constant mais que $r$ est tombé entre 1929 et 1932. Cela suggère, à première vue, que la crise n'est pas due à un choc monétaire qui aurait détruit l'équilibre entre offre et demande de monnaie réelle. Dans le diagramme $IS - LM$, $r$ baisse avec $Y$. Cela laisse penser qu'il y a eu un choc au niveau de $IS$. Pour expliquer ce déplacement de $IS$ on peut songer à diverses explications.

Premièrement, on se rappelle qu'en 1929 il y a eu le crash boursier. Pendant les années 1927-1929 la bourse de New York a connu une hausse spectaculaire. On peut penser que cette hausse est en fait due à une **bulle spéculative**, c'est-à-dire que les actif financiers ont perdu tout lien avec une valeur fondamentale. En 1929, le gouverneur de la banque centrale a décidé de mettre un terme à cette montée de spéculation en augmentant le taux d'escompte. Cette hausse a conduit les spéculateurs à placer leur richesse dans les actifs sûrs, du type obligation de l'État, et cela a eu comme conséquence une baisse du prix des actions, c'est-à-dire des cours boursiers. On peut envisager, comme nous venons de le discuter, que la fonction de consommation dépend non seulement du revenu disponible mais aussi de la richesse globale $C = C(Y - \overline{T}, W)$ où $W$ désigne la richesse globale. Avec le crash de 1929, on peut penser que beaucoup de gens ont réduit leur consommation parce que leur richesse financière s'est évaporée. Cela pourrait expliquer le déplacement de $IS$ vers la gauche le long de $LM$.

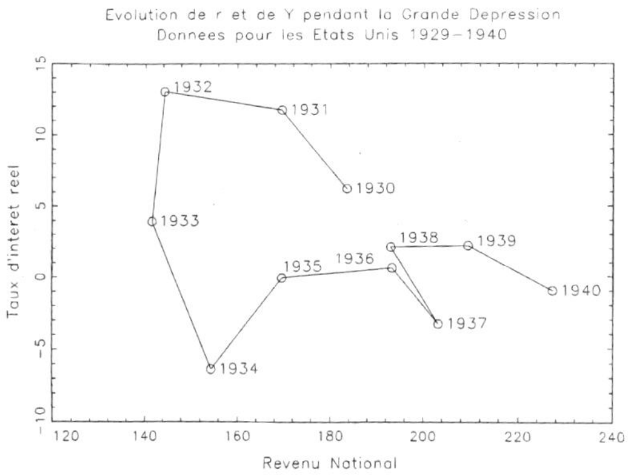


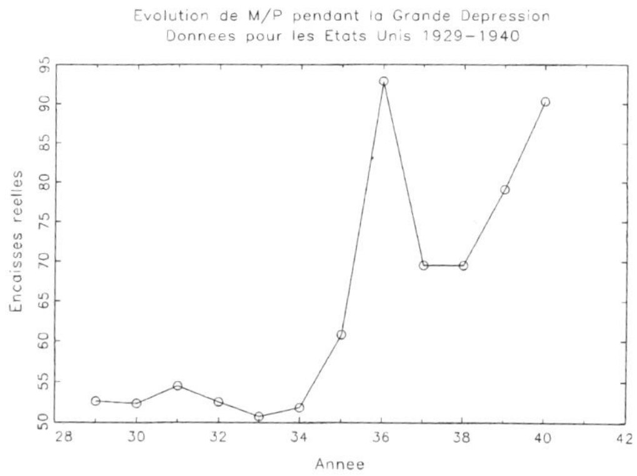


Deuxièmement, dans les années 20, il y eut un boom dans le secteur des constructions résidentielles. Vers la fin des années 20 on s'est aperçu que l'on avait trop investi. Cela a provoqué une baisse de l'investissement. Une autre explication de la chute des investissements résidentiels peut être la baisse du niveau de l'immigration vers les USA.

Une fois la récession commencée, on constate que le gouvernement n'a pas songé à relancer l'économie avec une quelconque politique de dépense. Au contraire, en 1932-33, le gouvernement était très préoccupé d'avoir un budget équilibré et ne songeait guère à une relance par $G$. En fait la plate-forme des démocrates en 1932 visait à un budget équilibré. Ils ont même proposé d'augmenter en pleine crise les impôts, $\overline{T}$, et de baisser les dépenses du gouvernement, $\overline{G}$,...

Entre 1929 et 1932 il y a eu trois paniques bancaires où les gens se sont précipités chez leur banquier pour lui retirer leur épargne. Les banques ayant perdu fortement dans le crash boursier ont fait faillite en masse. Si vous êtes épargnant, et que vous apprenez que votre banque a fait faillite et que tout votre argent s'est évaporé, on peut penser que vous modifierez fortement votre comportement de consommateur.

### 8.4.2 L'hypothèse de Milton Friedman et d'Anna Schwartz

On constate que la masse monétaire a fortement chuté entre 1929-33 et qu'il en est de même pour les prix. Friedman et Schwartz disent que le grand coupable de la Grande Dépression est la banque centrale qui n'a pas augmenté $M$ dès 1929 pour compenser la chute de la masse monétaire ce qui aurait permis d'éviter la période de déflation. Il y a quelques difficultés avec cette théorie : $M/P$ n'a pas baissé entre 1929 et 1931. Il est possible et probablement juste de dire que la banque centrale a commis des fautes en n'intervenant aucunement pendant la crise au niveau monétaire. Cependant, la politique monétaire de la banque centrale ne semble pas être la **cause** de la crise. Une autre observation qui renforce l'idée que la banque centrale n'a pas été la cause de la Grande Dépression consiste à constater que pendant cette période le taux d'intérêt $r$ n'a pas augmenté comme on s'y attendrait lors d'un déplacement de $LM$ vers la gauche.

# Chapitre 9

# Macroéconomie pour un pays ouvert

Dans ce chapitre nous allons chercher à étendre le modèle de base dans la dimension internationale. Tout d'abord nous allons chercher à clarifier certaines notions ayant rapport avec l'économie ouverte. Ensuite nous proposerons divers cadres de réflexion, grâce auxquels le lecteur peut se construire son propre référentiel qu'il pourra utiliser, par exemple, s'il travaille dans une salle de marché et qu'il doit analyser telle ou telle annonce de politique économique en temps réel. Les outils que nous proposerons ne se veulent pas exhaustifs et il est facile de compliquer les modèles ci-dessous à volonté. La complexité n'est pas le but de ce livre.

Comme le lecteur le comprendra assez rapidement, même en essayant de garder les choses simples le chapitre qui traite de la macroéconomie ouverte n'est pas des plus simples ! Il y a énormément de situations dans laquelle un pays peut se trouver. Il peut s'agir d'un grand pays, et dans ce cas, le modèle de l'économie ouverte s'applique très bien. Par exemple, quand les États-Unis font une certaine politique, le reste du monde en ressent les effets. Inversement, si dans le reste du monde un petit pays fait une certaine politique, les États-Unis n'en seront, en général, pas affectés. Par ailleurs, selon le système de change considéré, l'intervention par le gouvernement ou les autorités monétaires risque d'être neutralisée ou amplifiée.

Une autre complication vient du fait que le marché du capital n'est pas aussi flexible qu'on le voudrait. Pour vous en convaincre, essayez d'ouvrir un compte en banque en devises étrangères auprès de votre banque...

Dans ce chapitre, nous allons commencer par définir les divers systèmes de change et nous parlerons de la parité du pouvoir d'achat. Ensuite, après avoir rappelé certains éléments de comptabilité nationale, nous parlerons du modèle de Mundell-Fleming qui constitue une extension du modèle IS-LM et qui permet de faire une analyse dans le court terme des politiques économiques. Dans un tel cadre, on peut voir les effets sur le taux de change de telle ou telle politique monétaire ou fiscale.

## 9.1 Le taux de change nominal

Par définition, le **taux de change nominal** est le prix relatif entre les **monnaies** de deux pays. Afin de comprendre ce concept, prenons un exemple. Quand on dit que 3.35 francs achètent un mark, cela signifie que l'on peut échanger 3.35 francs contre un mark ou inversement un mark contre 3.35 francs. Le taux de change nominal est le concept généralement utilisé quand on parle d'un taux de change : il est rapporté par la presse écrite et radiophonique. C'est de ce taux qu'il s'agit lorsque des individus parlent du taux de change.

A ce stade il convient de signaler que selon un choix politique, un taux de change peut être **flexible** (on dit aussi **flottant**) ou **fixe** (on dit également **rigide**). Si au lieu de payer 3.35 francs pour avoir un mark, on doit payer 3.50 francs, cela signifie que la valeur du franc a baissé. Dans un système de change flexible, on parle dans ce cas d'une **dépréciation**. Dans le cas inverse, où la valeur du franc aurait augmenté, on parle d'une **appréciation**. Il est également possible dans le cas d'un change fixe que la **parité** entre deux monnaies ne reflète pas la réalité économique. Comme nous le discuterons sous peu, il peut alors être nécessaire de modifier le taux de change. Si une monnaie perd en valeur alors le vocabulaire adéquat est **dévaluation**. Si la monnaie prend de la valeur on parle de **réévaluation**.

## 9.2 Le système de change fixe et flexible

Dans l'histoire économique différents systèmes de change ont vu le jour. De même que la monnaie a évolué de métallique à fiduciaire, initialement il y a eu l'**étalon or** puis fixité vis-à-vis d'une monnaie de référence. Dans le cas de l'étalon or, chaque pays s'engageait à convertir sa monnaie contre une certaine quantité d'or. Ensuite, durant une trentaine d'années après la fin de la Deuxième Guerre mondiale, l'étalon était une monnaie, le dollar américain. Chaque pays s'engageait à garder un certain taux de conversion entre sa monnaie et le dollar. Jusqu'au début des années 70, les pays ont donc choisi comme système, le change fixe. Vers 1972 les divers pays ont choisi de laisser leur monnaie flotter librement. Depuis le 1er janvier 1999, un ensemble de pays européens a choisi de revenir à un système de change fixe avec, en plus, l'introduction d'une monnaie unique.

Nous allons maintenant étudier le fonctionnement de ces divers mécanismes avec plus de détail.

### 9.2.1 L'étalon or

Dans un système d'étalon or les différentes banques centrales se mettent d'accord sur un certain taux de change[1]. Pour prendre un exemple très concret, imaginons que la banque centrale américaine est prête à convertir 100 $ en une once d'or et que la banque centrale française se tient prête à convertir 1000 francs en une once d'or. Cela signifie, par une simple règle de trois, que 10 F valent un dollar.

Avec cette règle de jeu comment fonctionne le système de change fixe ? Nous allons de nouveau procéder par un exemple. Imaginons que la France importe beaucoup des États-Unis. Dans ce cas il y a une forte demande pour le dollar et il se peut que, dans le marché de change, il faille payer 20 F pour 1 $. Dans ce cas, il y a des forces qui se mettent en place ramenant le cours du franc à 10 F par unité de $. Ce réalignement se fait grâce aux **arbitragistes**[2]. Un arbitragiste est un individu qui cherche des situations de déséquilibre dans le marché pour en tirer un profit tout en ne prenant aucun risque. Un arbitragiste ferait le raisonnement suivant : Avec 100 $ je m'achète dans le marché de change 2000 F. Avec ces 2000 F, je m'achète auprès de la banque centrale française 2 onces d'or. Je charge cet or sur un bateau et je transporte le tout aux États-Unis. Là je convertis les 2 onces d'or auprès de la banque centrale en 200 $. Ainsi, par simple transaction financière suivie d'un transport en bateau, j'ai doublé ma mise.

Quelle est la conséquence de ce type de manœuvre ? Tout d'abord il y a les arbitragistes qui vont acheter des francs. Cela crée donc une pression à la hausse pour la valeur du franc. La valeur d'un franc ayant augmenté, il en faut moins pour acheter un dollar. Ensuite il y a augmentation du stock d'or américain et diminution du stock d'or français. Puisque la banque centrale américaine garantit convertibilité du dollar en or cela signifie qu'elle ne peut émettre qu'une quantité de dollars égale à la valeur de son stock d'or. En se souvenant alors de la théorie quantitative de la monnaie, on constate que le prix des biens aux États-Unis a dû augmenter à cause de la hausse du stock de monnaie. A cause de cette raison les Français auront beaucoup

[1] En anglais étalon or devient *gold standard*.

[2] En anglais on appelle un arbitragiste un *arbitrageur*. Why not.

moins d'incitation à acheter aux États-Unis. Ainsi par les forces du marché, on aura un retour au taux de change initial de 10 F par \$. Le taux de change ne s'établira pas en dessous de 10 F par \$ sinon on aurait arbitrage dans l'autre sens.

Ces raisonnements devraient montrer qu'un déséquilibre dans un système d'étalon or ne peut être permanent. Tant au niveau du marché financier, qu'au niveau du marché des biens et services, des forces se créent qui ramènent le tout vers l'équilibre.

Il nous reste à faire un certain nombre de remarques sur ce système. Tout d'abord, pour mettre en place l'arbitrage il faut subir des coûts de transport. On peut donc s'attendre à des faibles déviations du taux de change théorique de 10 F pour un dollar avant que les arbitragistes n'interviennent.

Ensuite, les forces qui ramènent le marché vers son équilibre sont lentes. Le déséquilibre peut donc persister pendant assez longtemps. La théorie prédit aussi, lors de la baisse du stock de monnaie d'un pays, une baisse du prix. En théorie, on peut ainsi se retrouver avec un prix nul. Alors qu'on peut imaginer qu'une déflation est supportable tout en impliquant des difficultés économiques un prix nul fait partie de l'utopie économique. En cas de déséquilibre important l'une des banques centrales sortira du système de change fixe. Cela peut signifier, soit un réalignement des taux de change, soit carrément une rupture du système de change.

### 9.2.2 Fonctionnement d'un système de change rigide

Le système d'étalon or a été abandonné depuis assez longtemps à cause du mécanisme de rééquilibrage des marchés trop lent. L'idée de garder des changes fixes entre monnaies n'a pas été abandonnée pour autant, bien au contraire, comme le montre l'émergence du Système Monétaire Européen (SME). Alors que nous discuterons dans une autre section du SME, il y a eu historiquement d'autres périodes où le change a été fixe. Cela a été le cas des accords de Bretton Woods qui ont été signés après la fin de la deuxième Guerre Mondiale[3]. Ces accords ont prévu la fixité des monnaies vis à vis du dollar. Les pays signataires de l'accord s'engageaient à garantir une certaine fixité entre leur monnaie et le dollar. En 1973 ce système a explosé car le gouvernement américain finançait la guerre du Viêt-Nam par la planche à billets, c'est-à-dire par une taxe inflationniste. Cela a créé une trop grande pression sur les autres monnaies. La raison est facilement compréhensible en se souvenant de la théorie quantitative de la monnaie. Une hausse de la masse monétaire américaine augmente les possibilités d'achat des ménages américains. Au niveau américain il y a donc hausse du prix des biens locaux et désir d'importer à bon marché ailleurs. Cela a conduit à une pression à la baisse du dollar. Pour freiner cette baisse, l'ensemble des banques centrales des pays signataires de Bretton Woods a été obligé d'acheter des dollars. Pour le dire crûment, les banques centrales non-américaines cosignataires des accords se remplissaient les caves avec des billets verts que la banque centrale américaine ne cessait d'imprimer allègrement[4]. Finalement, la mise en circulation abondante de monnaie a engendré des niveaux insupportables de prix dans les autres pays. Tout cela a conduit à la rupture des accords.

Il me reste à remarquer qu'à travers le monde il existe encore des accords explicites ou implicites de garder une monnaie alignée vis-à-vis d'une autre. Par exemple, certains pays d'Afrique ont choisi le franc français comme référence. En Amérique Latine, un certain nombre de pays ont choisi le dollar américain comme référence.

En Europe, avant l'émergence du SME, on a, pendant très longtemps, pratiqué un système de change semi-rigide, on dit aussi **quasi-fixe**. Le franc était lié à un certain nombre d'autres monnaies. Chaque monnaie était autorisée à évoluer à l'intérieur d'une certaine marge qu'on

[3] Bretton Woods est un minuscule village très joli avec un hôtel immense au pied des *White Mountains* dans le *New Hampshire* où ours et renards se disent bonne nuit.

[4] Certains pourraient voir cela comme le juste financement par le reste du monde d'une bonne cause du type freiner l'avancement du communisme à travers le monde. Personnellement, je ne peux que secouer la tête...

appelait **serpent monétaire**. Lorsqu'une monnaie arrivait à son niveau **plancher** ou **plafond**, les banques centrales étaient supposées intervenir afin de la maintenir à l'intérieur des marges autorisées. Etudions comment cela fonctionne.

Le graphique suivant représente une trajectoire fictive du mark vis-à-vis du franc.

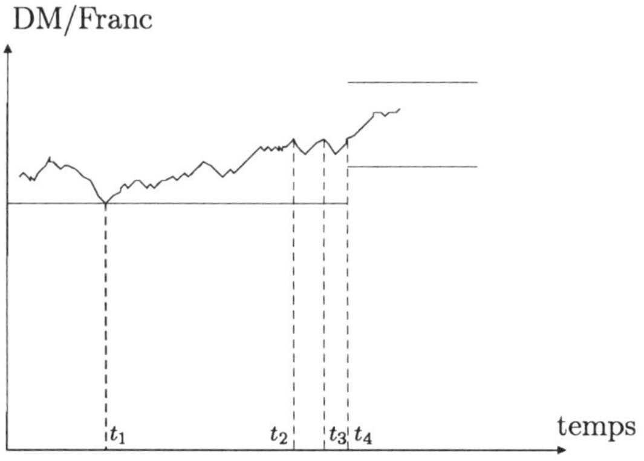


**Taux de change à travers temps**

- A la date $t_1$ il y aurait intervention de la banque centrale car le taux de change atteint la limite inférieure. Dans ce cas le franc ne vaut pas grand chose, on reçoit très peu de mark par franc. La banque centrale française doit acheter des francs afin d'en réduire l'offre et augmenter ainsi la valeur. Il est probable que la Deutsche Bundesbank va aussi acheter des francs pour le soutenir. En pratique l'achat de francs par la banque centrale française peut se faire par deux moyens : soit elle diminue ses réserves de mark en vendant des mark et en rachetant des francs (ce qui présuppose bien entendu qu'elle a de telles réserves) augmentant ainsi la masse monétaire étrangère, soit elle intervient sur le marché monétaire national pour diminuer la masse monétaire française. Cela conduit la banque centrale à augmenter les taux d'intérêt français, avec pour conséquence un flux de capital vers la France. Cette hausse de la demande du franc en augmente la valeur et rétablit le taux de change. La banque centrale peut intervenir aussi longtemps que sa politique monétaire ne crée pas de problème au niveau national[5] ou tant qu'elle dispose de réserves étrangères.

- Aux dates $t_2, t_3$ et $t_4$, le taux de change atteint le bord supérieur. On reçoit beaucoup de mark par rapport au franc, autrement dit le franc est fort. Dans ce cas, la Deutsche Bundesbank va devoir diminuer sa masse monétaire. Si l'action est concertée, la Banque de France va vendre des francs en échange de marks, ce qui conduit à augmenter ses réserves. Elle pourrait également rendre le franc moins attrayant en baissant les taux.

- A la date $t_4$, il y a ajustement des marges pour le franc français. Ce genre d'ajustement a lieu lorsque la pression sur une monnaie devient trop grande.

[5] La réduction de la masse monétaire entraîne une hausse du taux d'intérêt qui stabilise la monnaie, mais en même temps, étrangle l'investissement. Le problème serait alors une récession.

**Anecdote :** Comment les spéculateurs peuvent-ils jouer sur une anticipation d'appréciation du franc ? L'investisseur français ira en Allemagne emprunter des marks à court terme. Pour simplifier, commençons par négliger le taux d'intérêt. Supposons que le Golden Boy en question emprunte 100 mark. Il change ces 100 mark [a] pour 300 francs. Si l'appréciation du franc a bien lieu, les 300 francs valent plus que 100 mark. Supposons pour nous fixer les idées qu'ils valent 150 mark. Le spéculateur convertit alors ces 300 francs en mark. Il rembourse sa dette de 100 mark et garde les 50 mark en poche pour se payer une bonne choucroute garnie avec bière. Beaucoup de Golden Boys vont spéculer de la sorte.

[a] Pour simplifier, on suppose que le taux de change est 1/3 de mark par franc.

### 9.2.3 Système de change flexible

Le cas de ce système est rapidement réglé. Les banques centrales laissent simplement **flotter** les différentes monnaies. Dans ce cas, ce sont les marchés financiers qui établissent le taux de change. Si la monnaie d'un pays est très demandée, alors son cours s'apprécie. La conséquence est qu'il sera plus facile pour les touristes du pays en question à voyager ailleurs. Il sera également plus facile d'importer. Par ailleurs, l'exportation sera plus difficile.

Dans un système de change flexible les investisseurs financiers courent le risque de change. Même si au niveau national un investissement est rentable, si au cours de la période d'investissement, le taux de change s'est détérioré, du point de vue d'un investissement étranger, le projet peut devenir une perte. Il est possible de se prémunir contre ce type de risque en utilisant des contrats à terme. Un contrat à terme spécifie en un moment donné un taux de change fixe pour une date ultérieure et pour un montant prédéfini.

## 9.3 Le système Monétaire Européen

Comme le lecteur a pu l'entendre à la télévision, le 1er janvier 1999 à 00:00 heure, onze pays de la Communauté Européenne ont décidé de figer leur taux de change vis-à-vis d'une nouvelle monnaie unique nommée euro. Le tableau suivant rappelle les taux irrévocables.

| Monnaie | 1 euro= |
|---|---|
| Schilling autrichien | 13,7603 |
| Franc belge | 40,3399 |
| Mark allemand | 1,95583 |
| Peseta espagnole | 166,386 |
| Mark finlandais | 5,94573 |
| Franc français | 6,55957 |
| Livre irlandaise | 0,787564 |
| Lire italienne | 1936,27 |
| Franc luxembourgeois | 40,3399 |
| Florin néerlandais | 2,20371 |
| Escudo portugais | 200,482 |

Ce tableau montre que 3,35 F correspondent à environ un mark allemand.

Il va de soi que la décision de fixer les taux de change s'inscrit dans une logique qui a commencé il y a déjà bien longtemps. Le moment est venu d'évoquer comment on est arrivé là. Un bon point de départ semble être le Système Monétaire Européen (SME) qui a été mis en place en mars 1979. Dans le cadre du SME il y a d'abord eu création d'une nouvelle unité de compte l'**écu**. Il ne faut pas se leurrer, pour le commun des mortels, l'écu n'avait pas de rôle très particulier, à part peut-être de préparer psychologiquement les Européens.

Le fonctionnement mis en place était celui d'un système de change rigide. Chaque monnaie avait un taux fixe par rapport à l'écu et une marge de variabilité de $\pm 2,25\%$. (Pour certaines monnaies, on avait des marges à $\pm 6\%$.) Il est à remarquer que le système était toutefois ajustable et que si les pressions devenaient trop fortes sur les banques centrales, les parités pouvaient être modifiées.

Le SME a assez bien fonctionné, sauf en 1992, où plusieurs monnaies ont été contraintes à un libre flottement. À cette époque, d'autres pays ont pu se maintenir dans le SME grâce à un élargissement, à 15%, des marges.

Ensuite, c'est grâce à une volonté politique que l'on a vu l'émergence de l'euro. À la base de l'euro, se trouve le Traité de Maastricht dont la portée allait bien au-delà de la création d'une monnaie unique. L'idée du Traité était de faire en sorte que l'Europe se comporte, au moins du point de vue de sa politique monétaire, comme un seul pays. Cela signifie monnaie unique, banque centrale unique et globale, et coordination des politiques gouvernementales assurant la stabilité du système. Partant de cet objectif, l'implémentation en découle logiquement. Il y a eu trois phases qui ont conduit à la mise en place de l'euro.

- **Phase 1 :** elle débute le 1er juillet 1990 et coïncide avec l'achèvement de la libération des mouvements de capitaux. Sans cette condition une monnaie unique aurait été inutile car on n'aurait pas pu acheter à l'étranger.

- **Phase 2 :** elle débute le 1er janvier 1994 avec la création de l'Institut Monétaire Européen (IME) précurseur de la Banque Centrale Européenne. Dès cet instant il a été interdit aux banques centrales nationales de financer les déficits budgétaires par simple création monétaire. Cette condition était fondamentale ! En effet, dans le cas contraire les gouvernements nationaux auraient pu financer leurs déficits par la planche à billets. De plus, les autres pays, dans le but de maintenir la stabilité de leur monnaie, auraient dû, dans le cas d'un tel comportement anormal de l'un des pays, soutenir la monnaie du pays en question. Non merci ! On a compris les leçons de Bretton-Woods.

  Afin que ce système soit crédible, il a été demandé qu'on donne l'indépendance aux banques centrales nationales. Pour la Banque de France, c'est la loi du 4 août 1993 qui marque le tournant décisif. En effet, c'est à cette date que la Banque de France a obtenu son indépendance.

- **Phase 3 :** c'est le passage à l'union monétaire européenne (UME), initialement prévu pour le 1er janvier 1997, mais repoussé, car certains pays ne satisfaisaient pas tous les critères du Traité de Maastricht. Le lancement de la monnaie unique fut repoussé au 1er janvier 1999.

Nous voici donc avec l'euro qui est devenu la monnaie officielle. Les monnaies nationales ont une valeur fixe vis-à-vis de l'euro. Le 1er janvier 2002 au plus tard, les pièces et les billets en euros seront introduites dans les pays participant. Le 30 juin 2002 au plus tard, seront supprimés du statut légal les pièces et billets nationaux.

On peut bien entendu s'interroger sur les avantages et les inconvénients de la monnaie unique. De même on peut s'interroger ce que la monnaie unique va changer.

- **Diminution des coûts de transaction :** Chaque fois que vous changez de pays, lors d'un voyage, vous devez changer de monnaie si vous désirez effectuer un achat. Comme vous avez pu le constater, en changeant de l'argent on vous demande une commission. Cette commission peut être *explicite*. Dans ce cas on vous dit que pour une transaction portant sur tel ou tel montant, on vous prélève tel ou tel pourcentage. La commission peut être *implicite*. Si vous regardez attentivement les prix affichés dans les bureau de change vous verrez qu'il y a un **prix d'achat** et un **prix de vente**[6]. La raison est que l'agent de change veut acheter des devises étrangères à prix bas et vous les vendre au prix fort. L'écart entre ces deux prix s'appelle la **fourchette**[7]. Si l'agent de change demande une fourchette très large, c'est qu'il vous charge implicitement une grande commission.

- **Diminution du risque de change :** Si un entrepreneur étranger s'engage à acheter une machine domestique, dont la fabrication demande beaucoup de temps, et qu'il s'engage à payer la machine en monnaie locale, il s'expose à un risque de change. Comme, déjà mentionné, il lui est possible de se couvrir contre ce risque en utilisant un contrat à terme. Cependant, cette couverture est coûteuse. On peut la voir comme une assurance et comme on le sait, une assurance est coûteuse.

- **Baisse des taux d'intérêt :** Comme la nécessité d'utiliser une politique de taux pour stabiliser le taux de change disparaît, il n'est plus nécessaire de payer aux investisseurs une prime de risque lorsque ceux-ci achètent de la dette domestique et cela conduit logiquement à une baisse des taux.

- **Augmentation de la compétitivité au sein de l'Europe :** Il est plus facile pour les consommateurs de comparer les prix et d'effectuer leurs achats là où le prix est le plus bas.

La création de l'Union Monétaire présente également un certain nombre d'inconvénients.

- **Perte d'autonomie macroéconomique :** Comme nous l'avons indiqué, les membres de l'Union Monétaire sont soumis à des contraintes assez strictes en terme de déficit et de dette publique. En faisant le bilan, la marge de manœuvre pour mener une politique macroéconomique est très fortement réduite.

- **Perte de souveraineté :** Du fait que le fonctionnement du système monétaire exige une grande discipline fiscale, il est nécessaire d'avoir également une politique fiscale globale. Pour le moment, il n'est pas clair, en tout cas pour moi, comment cette politique sera menée.

- **Inégalités au sein de l'Europe :** Il se peut que certaines régions soient frappées d'un choc adverse. Cela signifie que le nombre de chômeurs augmente. D'un point de vue international, si le prix des biens du pays pouvait baisser, alors par le biais d'une plus forte exportation on pourrait revenir au plein emploi. En change fixe cela n'est plus possible. On peut ainsi envisager une disparité régionale en Europe en termes sociaux.

- **Couverture du risque de taux :** Nous avons vu que grâce à l'établissement de la monnaie unique, le risque de change disparaît. Il reste cependant un autre risque : **le risque de taux**. Une entreprise qui désire emprunter à une date ultérieure risque de pouvoir emprunter uniquement à un taux plus fort. Il existe, cependant, pour tout investisseur désireux de le faire, la possibilité d'entrer dans un contrat à terme et de s'assurer par ce biais un taux futur connu dés aujourd'hui. Un cours de Finance montrerait qu'une couverture en taux demande la connaissance de la structure à terme des taux, c'est-à-dire la

[6] Qu'on appelle en anglais le prix *bid* et le prix *ask*.
[7] Qu'on appelle en anglais *spread*.

connaissance du taux en fonction de la durée de l'emprunt. Cette structure est facilement connue, une fois la valeur de marché des différentes tranches de la dette nationale connue.

Le cours de Finance, indiquerait également qu'une protection par le taux peut être obtenue grâce à une stratégie judicieuse d'achat et de vente de bons du Trésor. C'est à ce niveau là que se pose le problème à un niveau Européen. Il n'est pas clair quelle dette utiliser et la qualité de celle-ci n'est pas uniforme. On peut, toutefois considérer que ce point n'est pas d'une importance cruciale pour l'existence de la monnaie unique.

## 9.4 Le taux de change réel

Nous avons déjà une première définition d'un taux de change, celui de taux nominal qui permet d'exprimer en unités monétaires étrangères la valeur d'un bien local. Un autre taux, le taux réel permet d'exprimer la valeur d'un bien local en termes de biens étrangers. Concrètement on appelle **taux de change réel** le **prix relatif des biens** entre deux pays.

L'illustration la plus simple est donnée par le prix du *Big Mac* à travers le monde. On peut considérer que dans le monde entier, ce bien est de même qualité et qu'il s'agit d'une production locale. Par ailleurs, à part certains pays où les gens ne mangent pas de viande, on peut penser que les gens retirent en moyenne une même satisfaction de la consommation de ce bien. Si après avoir fait les conversions monétaires nécessaires on peut manger plus de *Big Mac* en France qu'en Allemagne, cela signifie qu'en termes réels le franc est plus fort que le mark.

Nous pouvons maintenant formaliser ce concept.

- Soit $e$ le taux de change nominal d'une monnaie par rapport au franc, par exemple il peut s'agir du nombre de mark qu'il faut débourser pour un franc.
- Soit $\epsilon$ le taux de change réel.
- Soit $P$ le niveau des prix en France.
- Soit $P^*$ le niveau des prix dans le pays étranger.

Montrons que le taux de change réel se calcule selon la formule

$$\epsilon = e\frac{P}{P^*}.$$

En effet, par définition $\epsilon$ est la quantité de biens allemands qu'on peut acheter pour une unité du bien français. Supposons qu'on dispose d'une unité du bien français. La vente de cette unité rapporte $P$ francs. La conversion de ces $P$ francs donne $e\,P$ mark. Avec ces $e\,P$ mark, il est possible d'acheter $e\,P/P^*$ unités du bien allemand et donc $\epsilon = e\,P/P^*$. Le taux de change réel correspond donc au taux de change nominal ajusté pour le niveau relatif des prix dans les deux pays.

> **Remarque :** Si le taux de change réel augmente, on va avoir plus de biens allemands par unité de biens français et on pourra dire que le produit étranger est réellement moins cher que le produit national.

On peut récrire l'équation $\epsilon = e\,P/P^*$ sous forme de taux de croissance comme nous l'avons montré dans le chapitre concernant la théorie quantitative de la monnaie.

$$\begin{aligned} \frac{\Delta\epsilon}{\epsilon} &= \frac{\Delta e}{e} + \frac{\Delta P}{P} - \frac{\Delta P^*}{P^*} \\ \Rightarrow \frac{\Delta\epsilon}{\epsilon} &= \frac{\Delta e}{e} + \pi - \pi^* \end{aligned}$$

où $\pi$ et $\pi^*$ désignent respectivement les taux d'inflation français et étranger.

À ce stade, il convient de faire un certain nombre de remarques :

- Si le taux de change réel ne varie pas beaucoup, $\Delta\epsilon/\epsilon = 0$, cela signifie que toute variation du différentiel d'inflation, $\pi - \pi^*$ doit se répercuter sur le taux de change nominal $e$.
- Au lieu de parler du prix d'un bien particulier ce qui était utile pour des raisons pédagogiques, il convient de faire le passage macroéconomique et d'associer au prix celui d'un panier de consommation.

### 9.4.1 La parité du pouvoir d'achat

Par définition on appelle **parité du pouvoir d'achat**, notée PPA, la théorie qui suppose que $\epsilon = 1$.

Dans ce paragraphe, nous allons montrer que s'il est possible de faire de l'arbitrage, alors la parité du pouvoir d'achat devrait être vraie. Montrons cela par une construction par l'absurde. On suppose avoir une voiture française qui coûte $P = 90\,000$ francs. La même voiture est supposée coûter $P^* = 15\,000$ mark en Allemagne et le taux de change nominal vaut $e = 1/3$. On peut aisément montrer qu'en termes réels $\epsilon = 2$. Une voiture française correspond à deux voitures allemandes équivalentes.

Un jeune entrepreneur peut alors mettre en place une **stratégie d'arbitrage**. Il achète une voiture allemande pour 15 000 mark, l'exporte en France où il la vend pour 90 000 francs. Il convertit finalement cette somme en 30 000 mark. Sans beaucoup d'effort il s'est pas mal enrichi. Très vite d'autres personnes suivront cette stratégie : il y aurait un transfert très important de voitures d'un pays à l'autre ce qui conduirait à une hausse du prix des voitures allemandes et une baisse des françaises. Par ailleurs, à cause de la demande de mark le taux nominal augmenterait également. Très vite le taux de change réel s'établirait autour de 1. Une voiture allemande de même qualité qu'une voiture française coûterait la même chose.

Il reste à remarquer que des entreprises se sont effectivement créées pour profiter de différentiels au niveau du prix de vente des voitures à travers l'Europe depuis qu'il y a libre circulation des biens et services en Europe.

Cependant, dans la réalité, si on regarde l'ensemble des biens et services et non seulement les voitures, il y a des difficultés pour mettre cette stratégie d'arbitrage en place :

1) il faut transporter le bien d'un pays à l'autre et on a des coûts de transport et d'immatriculation.

2) il risque d'y avoir une différence de qualité entre les biens.

En pratique on peut donc s'attendre que la PPA ne tienne pas très bien[8]. Ces arguments montrent que la parité du pouvoir d'achat est une notion relativement théorique et qu'entre pays on risque d'avoir des différences entre le prix réel des voitures et des Big Mac.

Le tableau ci-dessous illustre ce qu'il en est réellement de la PPA, en comparant la valeur d'un Big Mac à travers le monde[9]. Le pays de référence est à chaque fois un pays à travers le monde. Pour le calcul du taux de change réel, on prend les États-Unis comme pays étranger. La première colonne du tableau donne le nom du pays. La deuxième, le prix d'un Big Mac en monnaie locale. La troisième colonne donne le taux de change, c'est-à-dire combien de monnaie

[8] En effet revenons au cas du Big Mac. Supposons qu'en termes réels, le Big Mac au Japon vaut beaucoup moins cher que celui en Angleterre. Selon la stratégie d'arbitrage il faudrait transporter beaucoup de Big Mac du Japon vers l'Angleterre. En excluant l'hypothèse d'une dégradation supplémentaire du goût alimentaire anglais, on peut envisager que l'importation du Mac Worm n'aura pas le succès escompté...

[9] Les données suivantes sont tirées d'un numéro du *The Economist* de 1993.

locale on reçoit pour un dollar américain. On en déduit le prix en dollars du Big Mac qu'on représente dans la quatrième colonne. La cinquième colonne donne le rapport entre le prix en dollars du Big Mac local par rapport au prix en dollars du Big Mac aux États-Unis. Cela correspond au taux de change réel par rapport au dollar. Sous l'hypothèse que la PPA est valable, on devrait trouver partout dans cette colonne des 1.

On constate une forte variation du taux de change réel à travers le monde. Même si le calcul du taux de change réel, en passant par le Big Mac, est très approximatif on conclut que les différences sont telles que l'on peut douter de la validité de la PPA.

| | $P$ | $e$ | $eP$ | $eP/P^*$ |
|---|---|---|---|---|
| États-Unis | 2.28 | 1.00 | 2.28 | - |
| Belgique | 109.00 | 32.45 | 3.36 | 1.91 |
| Grande-Bretagne | 1.79 | 1.56 | 2.79 | 1.00 |
| Canada | 2.76 | 1.26 | 2.19 | 0.78 |
| Chine | 8.50 | 5.68 | 1.50 | 0.68 |
| France | 18.50 | 5.34 | 3.46 | 0.81 |
| Allemagne | 4.60 | 1.58 | 2.91 | 0.84 |
| Hollande | 15.45 | 1.77 | 3.07 | 1.05 |
| Hongrie | 157.00 | 88.18 | 1.78 | 1.53 |
| Irlande | 1.48 | 1.54 | 2.29 | 1.29 |
| Italie | 4500.00 | 1523.00 | 2.95 | 1.29 |
| Japon | 391.00 | 113.00 | 3.45 | 1.17 |
| Mexique | 7.09 | 3.10 | 2.29 | 1.76 |
| Espagne | 325.00 | 114.00 | 2.85 | 0.99 |
| Suisse | 5.70 | 1.45 | 3.94 | 1.15 |

## 9.5 Quelques précisions sur la comptabilité nationale

Dans ce paragraphe, nous allons disséquer les différents flux existant entre un pays et le reste du monde.

On rappelle que d'un point de vue de comptabilité nationale, l'interface entre un pays et le reste du monde est donnée par le marché des changes. Le marché des changes est lié au marché des biens et services par les exportations et par les importations, et lié au marché financier par l'épargne des non-résidents. Commençons par les exportations nettes. Celles-ci se composent des transactions de biens et de services. On distingue la **balance commerciale** de la **balance des invisibles**. La première correspond aux biens et la seconde aux services.

| | |
|---|---|
| Exportation de biens | Exportations de services |
| - Importations de biens | - Importations de services |
| | + Revenus d'investissements nets |
| Balance commerciale | Balance des invisibles |

La somme de ces flux constitue le **compte courant** qu'on appelle en macroéconomie **exportation nette** et qu'on note $NX$.

$$NX = \text{Compte courant} = \text{Balance commerciale} + \text{Balance des invisibles}.$$

Lorsqu'un pays exporte plus qu'il n'importe, le compte courant est **excédentaire** ; il est **déficitaire** dans le cas contraire.

On rappelle que l'excédent des exportations par rapport aux importations doit être soldé par un flux de capital. Celui-ci se compose des flux privés et des flux financiers officiels. Les flux privés se composent des flux de court et de long terme.

| |
|---|
| Flux de capitaux à long terme |
| Investissements directs |
| Investissements de portefeuille |
| Flux de capitaux à court terme |
| Compte de capital |

Si un flux financier sort d'un pays, il est comptabilisé positivement. On peut alors écrire que l'épargne des non-résidents $SR$ se compose de :

$$-SR = \text{Compte de capital} + \text{Flux financiers officiels}$$

Pour comprendre le bien fondé des signes, prenons l'exemple de l'Allemagne depuis la réunification. Son compte courant est généralement déficitaire car elle importe plus qu'elle n'exporte ($-SR = NX < 0$). Cela signifie qu'elle a des flux de capitaux entrant depuis le reste du monde. En d'autres termes, l'Allemagne s'endette auprès des autres pays du monde pour financer sa réunification. Cet endettement se compose alors des flux des privés qui investissent, soit pour le court, soit pour le long terme.

Les données qui correspondent au compte courant sont fournies par les douanes. Les flux financiers officiels émanant de la banque centrale sont connus par elle. Les flux entre privés sont mesurés par les banques. Théoriquement, tout flux entre deux agents peut être comptabilisé, en pratique certains flux échappent, par conséquent la relation $SR + NX = 0$ n'est exacte qu'à des arrondis près.

Nous allons maintenant nous intéresser à la **balance des paiements**. Il s'agit de comptabiliser les flux privés.

$$\begin{aligned}\text{Balance des paiements} &= \text{Compte courant} + \text{Compte capital}\\ &= -\text{Flux financiers officiels}\end{aligned}$$

La balance des paiements donne ainsi une mesure du rôle de la banque centrale.

## 9.6 Le modèle de Mundell-Fleming

On peut voir le modèle de Mundell-Fleming, qui date des années 60, comme une extension à l'économie ouverte du modèle $IS - LM$. Je tiens tout de suite à prévenir le lecteur que ce chapitre n'est pas des plus faciles. Non seulement, il y a le niveau local des prix mais aussi celui des autres pays. Ensuite vient se rajouter le taux de change. Si on comptabilise le nombre de variables on constate que, sans des hypothèses simplificatrices, il ne sera pas possible d'aller très loin. Sur cette observation vient se greffer le fait qu'un pays peut être tellement grand que le reste du monde ne joue pas de rôle. Dans ce cas l'économie internationale n'aura pas d'effet. En revanche, lorsque le pays est petit, tous ses efforts en matière de politique économique seront neutralisés.

Ce que nous allons montrer dans ce chapitre est que du point de vue du revenu national les effets que nous avons rencontrés dans l'économie fermée valent toujours dans une large mesure. Au pire un effet sera annulé. Ce que ce chapitre permet de comprendre en plus est l'évolution du taux de change et la variation du compte courant lorsque le gouvernement ou la banque centrale effectue une certaine politique. Tout d'abord nous précisons le cadre formel en introduisant des hypothèses simplificatrices.

### 9.6.1 Le cadre formel

Le modèle de Mundell-Fleming est un modèle du court terme. Nous allons supposer que les prix, tant au niveau national qu'étranger, sont rigides et nous les traiterons comme des variables exogènes. Par définition même du taux de change réel, nous obtenons que toute variation du taux de change nominal entraîne une égale variation du taux de change réel. Pour simplifier les notations, nous supposons dorénavant que le taux de change nominal est égal au taux de change réel[10].

Le modèle de Mundell-Fleming part des équations suivantes :

$$
\begin{aligned}
Y &= C(Y-T) + I(r) + G + NX \\
M/P &= L(r, Y) \\
NX &= NX(e, Y) = X(e) - Im(e, Y) \\
T &= \overline{T} \\
G &= \overline{G} \\
M &= \overline{M} \\
P &= \overline{P}
\end{aligned}
$$

La première relation correspond à l'équation $IS$ que nous trouvons ici complétée par les exportations nettes, $NX$. La deuxième équation correspond à l'équilibre dans le marché financier, c'est-à-dire la courbe $LM$. La troisième équation rappelle que les exportations nettes sont par définition égales à la différence entre les exportations et les importations. Lorsque le taux de change $e$ augmente, le produit national devient plus cher, ce qui tend à réduire les exportations et à augmenter les importations. On peut aussi penser que les importations dépendent de la production nationale. En effet, plus nous produisons, plus nous allons avoir besoin de produits semi-finis que nous allons acheter à l'étranger. Les autres équations précisent que $\overline{T}, \overline{G}, \overline{M}$ sont des variables exogènes et que le prix, $\overline{P}$, est fixe puisque nous sommes dans le court terme.

En effectuant des substitutions on peut écrire ces équations sous la forme symbolique

$$
\begin{aligned}
IS(Y, r, e, \overline{T}, \overline{G}) &= 0, \\
LM(Y, r, \overline{M}, \overline{P}) &= 0.
\end{aligned}
$$

Ces notations définissent implicitement les lieux d'équilibre $(Y, r, e)$. Nous avons donc un système de deux équations à trois inconnues. Pour fermer ce modèle il nous faut soit une troisième équation soit une hypothèse sur l'une des trois variables.

Faisons l'hypothèse que notre économie soit petite et qu'on ait parfaite mobilité du capital. Supposer que l'économie est petite est équivalent à dire que les actions de ce pays ne vont pas affecter le taux d'intérêt des autres pays. Puisque tous les pays interagissent par ailleurs, il se formera un taux d'équilibre. On introduit alors le **taux d'intérêt mondial** qu'on peut voir comme une sorte de moyenne des taux étrangers. Supposer que les capitaux peuvent circuler librement implique que des forces conduisant à une modification potentielle des taux conduiraient également à des flux de capitaux.

L'hypothèse que le pays en question est petit permet ainsi de fermer le modèle en posant que son taux d'intérêt, $r$, est égal à celui du reste du monde. On notera ce taux mondial par $r^M$.

[10] Cela revient à supposer que $P/P^* = 1$.

### 9.6.2 Représentation graphique de l'équilibre

Le graphique suivant trace la courbe $LM$ et la courbe $IS$ pour différents niveaux du taux de change $(e_0, e_1, e_2)$. Par soucis de simplification des notations pour les courbes $IS$ correspondantes à $e_1$ et à $e_2$, seul le $e$ a été gardé.

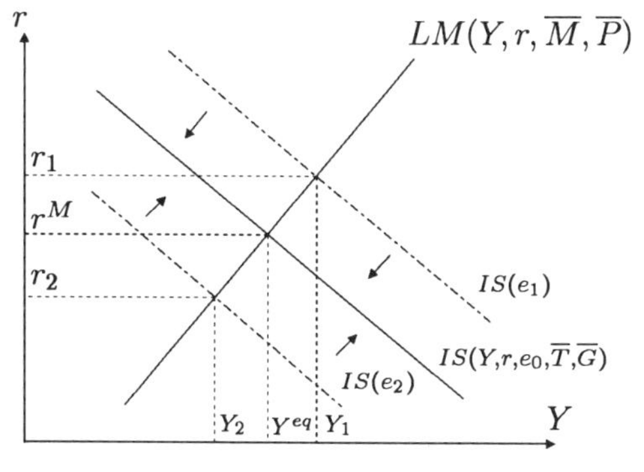


**Equilibre dans IS-LM**

Montrons que le taux de change doit s'ajuster en sorte que $IS$ et $LM$ se coupent pour un taux d'intérêt réel mondial donné. Si $IS$ et $LM$ se coupent en $r_1$, donc pour un taux de change $e_1$, cela signifie que le taux d'intérêt du pays est plus élevé que le taux d'intérêt mondial. Les investisseurs internationaux vont se précipiter pour investir dans ce pays. On aura une demande accrue de la monnaie nationale, avec, comme effet, une hausse du taux de change. La hausse du taux de change implique une hausse des importations car le bien étranger coûte relativement moins cher. Symétriquement, le bien local devient plus coûteux pour l'étranger et les exportations vont baisser. Ces deux effets ont pour conséquence de diminuer les exportations nettes et donc de déplacer $IS(e_1)$ dans la direction de $IS(e_0)$. Il y a ainsi des forces qui font que, si le taux d'intérêt du pays est trop élevé, alors $IS$ revient à une position d'équilibre par une hausse du taux de change.

Si $IS$ et $LM$ se coupent en $r_2$, le taux d'intérêt domestique est trop bas. La fuite des capitaux tendra à affaiblir la monnaie domestique ce qui conduira à une baisse des importations et donc à une augmentation des exportations nettes suivie d'un déplacement de $IS(e_2)$ dans la direction de $IS(e_0)$.

Ainsi du moment que nous avons libre circulation des capitaux dans un petit pays en économie ouverte, $IS$ et $LM$ se coupent toujours en $r^M$ ! Puisque le taux d'intérêt est une variable exogène, on peut aussi bien représenter $IS - LM$ dans un diagramme $(e, Y)$.

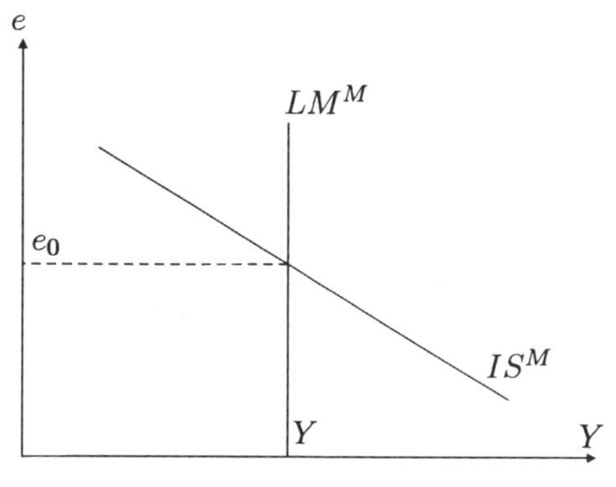


**Equilibre entre IS et LM**

Les équations s'obtiennent formellement par :

$$Y = C(Y - \overline{T}) + I(r^M) + \overline{G} + NX(e) \Rightarrow IS^M(Y, e, \overline{T}, \overline{G}) = IS(Y, r^M, e, \overline{T}, \overline{G}),$$
$$\overline{M}/\overline{P} = L(r^M, Y) \Rightarrow LM^M(Y, \overline{M}, \overline{P}) = LM(Y, r^M, \overline{M}, \overline{P}).$$

Ce système d'équations montre la provenance des courbes $IS^M$ et $LM^M$. Puisque de toute manière le taux d'intérêt $r^M$ est donné nous allons pour le moment continuer notre étude en mettant l'accent sur les diagrammes $(e, Y)$. L'avantage de ce type de diagramme $(e, Y)$ est que l'on n'a plus besoin de se préoccuper de $r^M$.

**Remarque :** Une constatation empirique est que lorsque un pays change son taux d'intérêt, il y a un flux immédiat de capitaux. Le marché financier s'ajuste donc très rapidement ! Lorsque des changements au niveau des marchés financiers ont lieu, les commandes en biens et services vont être modifiées peu à peu car les entreprises prennent des commandes dont la livraison interviendra seulement après quelques mois. Ainsi, si le taux de change se détériore pour un pays, les commandes déjà passées ne seront pas annulées mais c'est seulement dans le futur que l'on tiendra compte des conditions d'achat défavorables. Les effets réels d'un changement du taux de change se font sentir beaucoup plus lentement que les effets monétaires.

Nous allons maintenant chercher à comprendre l'impact sur notre petite économie ouverte lorsque les variables exogènes $\overline{M}, \overline{T}, \overline{G}$ sont modifiées. Comme nous allons le montrer, le fait que le taux d'intérêt est fixé par le niveau mondial ne permet pas d'obtenir de modification du revenu national.

### 9.6.3 Augmentation des dépenses publiques en change flottant

Supposons que le gouvernement augmente les dépenses publiques de $\Delta G$. On peut alors introduire pour simplifier les notations : $IS_1^M(e) = IS(Y, r^M, e, \overline{T}, \overline{G})$ et $IS_2^M(e) = IS(Y, r^M, e, \overline{T}, \overline{G} + \Delta G)$.

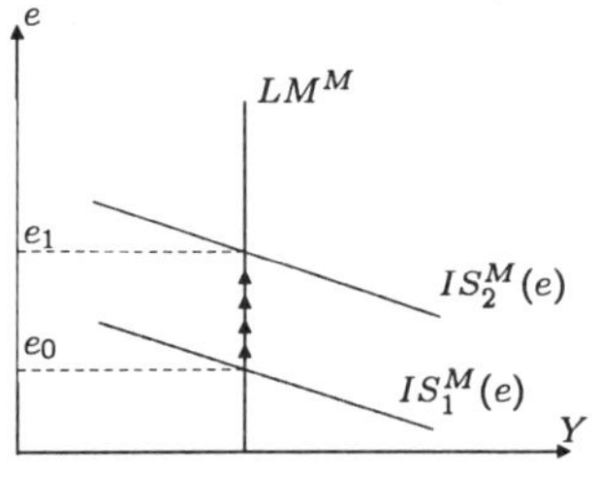


**Effet dans e-Y**

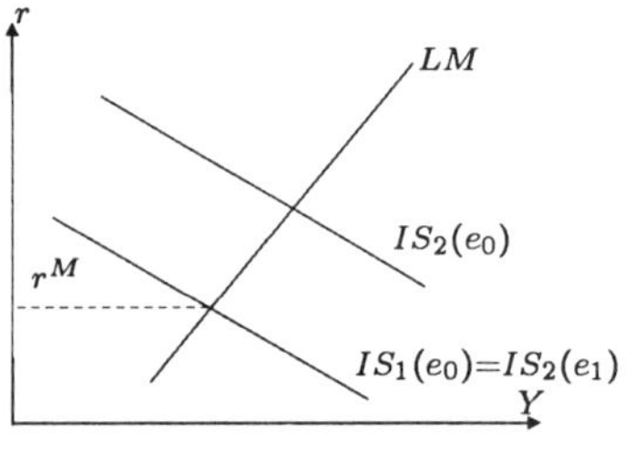


**Effet dans r-Y**

Nous traçons dans les deux diagrammes directement le déplacement de $IS$ sans avoir cherché à donner une représentation paramétrique explicite de nos fonctions. L'augmentation des dépenses publiques conduirait à un déplacement de $IS$ vers la droite s'il n'y avait que $IS$.

Étant donné la spécification de $LM$, puisque le taux d'intérêt nominal est fixé à $r = r^M$, nous obtenons que le revenu national est également fixé. $LM$ est donc une droite verticale.

Le diagramme de gauche montre que dans le court terme l'effet d'une hausse des dépenses publiques conduit à une augmentation du taux de change mais absolument pas à une augmentation du revenu national. Comment est-ce possible ? Le gouvernement doit financer son emprunt par un emprunt obligataire puisque $\overline{T}$ est supposé être constant. Pour attirer des fonds, le gouvernement flotte la dette pour un taux d'intérêt légèrement supérieur au taux mondial. Le marché international des capitaux étant parfaitement mobile, il y a immédiatement une très forte demande de monnaie domestique par les non-résidents qui désirent acheter la dette en question. Cette demande conduit à une hausse du taux de change. Il nous reste à justifier pourquoi le revenu national ne bouge pas. La raison est que la masse monétaire est constante dans l'économie ainsi que les prix. Ainsi l'offre d'encaisses réelles n'a pas variée. Le taux d'intérêt étant donné par le niveau mondial, il faut que la quantité de biens et services reste identique.

Le diagramme de droite contient les courbes sans l'exposant $M$, car le taux figure dans $IS$ et $LM$. Il montre que l'augmentation des dépenses publiques tend à déplacer la courbe $IS$. Selon la logique IS-LM la hausse des dépenses publiques conduirait à une hausse du taux d'intérêt. Cette hausse conduirait à des flux de capitaux. Ces flux pousseraient le taux de change à la hausse. Or la hausse du taux de change signifie que les biens étrangers coûtent relativement moins cher et donc qu'on importera plus. En fait, les dépenses du gouvernement seront utilisées pour les importations.

Il est à noter que ce genre d'analyse contraste avec ce que nous avons pu voir en économie fermée ! Dans l'économie fermée une hausse des dépenses du gouvernement, financée par emprunt, avait comme conséquence une hausse plus ou moins importante du revenu [11]. **Pour la petite économie ouverte en revanche toute politique de relance par les dépenses publiques est inefficace !** Cependant, que le lecteur ne se décourage pas. Nous verrons, plus loin, que si les capitaux ne sont pas totalement mobiles, les effets seront peut être amoindris mais qu'ils existeront quand même.

### 9.6.4 Politique monétaire pour le petit pays en change flottant

Nous allons supposer que la banque centrale du petit pays augmente sa masse monétaire d'un montant $\Delta M$.

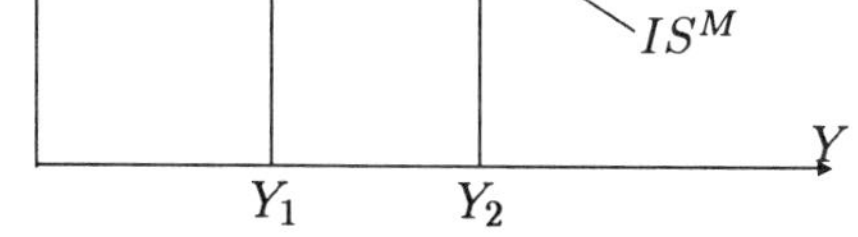


**Effet d'une hausse de $\overline{M}$**

Pour simplifier les notations du graphique, on introduit :

$$\begin{aligned} LM_1^M &= LM^M(Y, \overline{M}, \overline{G}) \\ LM_2^M &= LM^M(Y, \overline{M} + \Delta M, \overline{G}) \\ IS^M &= IS^M(Y, e, \overline{T}, \overline{G}). \end{aligned}$$

[11] L'importance de la hausse dépendait de la pente relative des courbes.

Ce graphique montre qu'une augmentation de la masse monétaire conduit à une baisse du taux de change et à une augmentation du revenu national. Comment cela fonctionne-t-il ? L'augmentation de la masse monétaire vient du fait que la banque centrale intervient sur le marché financier, par exemple en rachetant des obligations ou des bons du trésor en échange de monnaie. Le rachat des obligations tend à augmenter le prix de celles-ci, et à diminuer leur rentabilité. Des investisseurs étrangers vont alors se retirer du marché français, d'où un désir de vente de devises domestiques et donc une baisse du taux de change. Lorsque le taux de change baisse, les produits étrangers deviennent plus chers, et donc globalement les importations vont diminuer. Inversement pour les exportations. Globalement cela implique que le revenu national doit augmenter.

Si nous comparons ce résultat avec celui de l'économie fermée, nous constatons que, dans les deux cas, une augmentation de la masse monétaire augmente le revenu national. Le mécanisme avec lequel fonctionne une telle politique est cependant très différent. En économie ouverte on se place à $r^M$ constant et l'effet sur l'économie passe par une réduction des importations. Pour rappel, en économie fermée une hausse de la masse monétaire conduit à une baisse du taux d'intérêt ce qui encourage l'investissement, permettant une augmentation du revenu national...

### 9.6.5 Politique restrictive pour le petit pays en change flottant

Supposons que le gouvernement réduise les importations, soit par un **quota**, c'est-à-dire en limitant la quantité que l'on peut importer, soit par une **taxe à l'importation.** Comme le montre le graphique, on aura augmentation des exportations nettes $NX$ car à exportation égale on diminue les importations.

Le mécanisme est identique à celui que nous avons rencontré lors de la relance par les dépenses publiques. Par conséquent nous n'insisterons pas sur ce cas. Il reste à remarquer que tout effet qui modifie $IS$, que cela soit au niveau des variables exogènes ou au niveau comportemental, ne change pas $Y$. Le taux de change varie selon les modifications de $IS$.

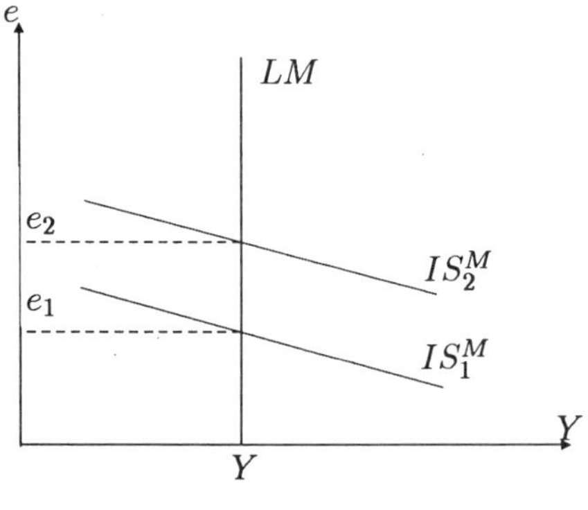


**Effet d'une taxe à l'importation**

### 9.6.6 Relance par une dévaluation

Nous allons maintenant passer à l'étude des politiques fiscales et monétaires lorsque le système de change est fixe. Dans le cas d'un taux de change fixe, la banque centrale doit dédier sa politique monétaire au maintien de ce taux de change et elle n'a plus la possibilité de faire autre chose, comme par exemple, une politique de relance par une expansion monétaire.

Si elle veut vraiment faire une politique monétaire, celle-ci s'accompagne nécessairement d'un changement du taux de change.

Supposons qu'à partir d'une situation d'équilibre, $A$, la banque centrale décide de faire une politique de relance, même si cela entraîne une modification du taux de change. Le gouverneur de la banque centrale peut se dire qu'un affaiblissement de la monnaie locale va conduire à une hausse des exportations et à une baisse des importations et donc effectivement à une relance. Pour rendre la monnaie locale moins forte, la banque centrale doit augmenter la masse monétaire nationale. Elle peut faire cela en baissant le taux d'intérêt légèrement sous le niveau international. Les capitaux étrangers placés en France vont partir, cela conduira à une offre accrue de monnaie nationale et donc à une baisse du taux de change. On converge alors vers un nouvel équilibre $B$.

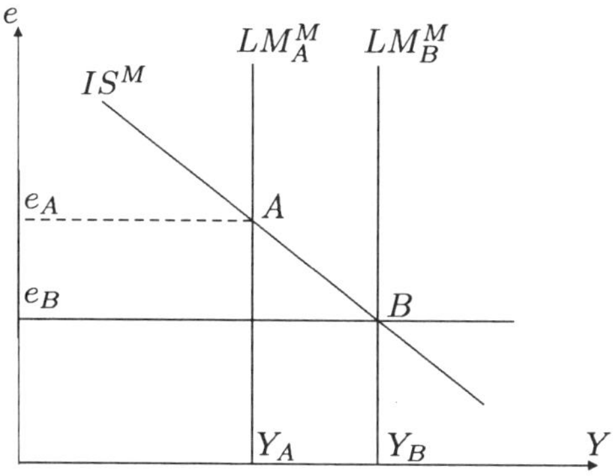


**Equilibre en change fixe**

Ce graphique résume ce qui se passe dans le cas d'une dévaluation. Il reste à remarquer que nous venons de donner dans cette description un sens causal du type : *on veut une relance donc il faudra dévaluer.* Ce qui s'est passé historiquement, lorsque le banque centrale n'était pas aussi indépendante que de nos jours, c'est que le gouvernement a utilisé la taxe inflationniste pour relancer l'économie. Cela a conduit à des pressions sur le taux de change en sorte qu'il devenait nécessaire de dévaluer.

### 9.6.7 Effet d'une politique fiscale dans la petite économie ouverte

Supposons que le gouvernement local augmente $\overline{G}$ ou baisse $\overline{T}$. Cela va déplacer $IS^M$ vers la droite et mettre sous pression le taux de change qui tend à augmenter. Intuitivement, la hausse de $\overline{G}$ ou la baisse de $\overline{T}$ doit être financée d'une façon ou d'une autre. On peut songer à des emprunts, qui pour se faire doivent assurer une rentabilité plus élevée que le taux mondial. Cela va provoquer un déplacement de capitaux sollicitant la monnaie locale. La Banque Centrale, de par son statut, est obligée d'augmenter aussi la masse monétaire.

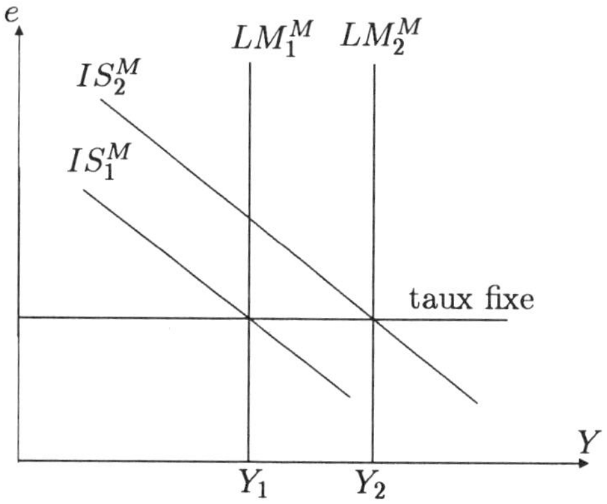


**Effet d'une politique fiscale en économie ouverte**

Ainsi, contrairement à une situation de changes flottants, une expansion fiscale en système de change fixe aura un très grand effet. Nous avons déjà vu ce genre de phénomène dans un chapitre antérieur lorsque nous avons examiné l'effet d'une politique fiscale si l'action de la banque centrale consiste à garder le taux d'intérêt fixe.

### 9.6.8 Effet d'une politique commerciale

Si le gouvernement décide de réduire les importations, alors les exportations nettes augmentent et $IS^M$ se déplace vers la droite.

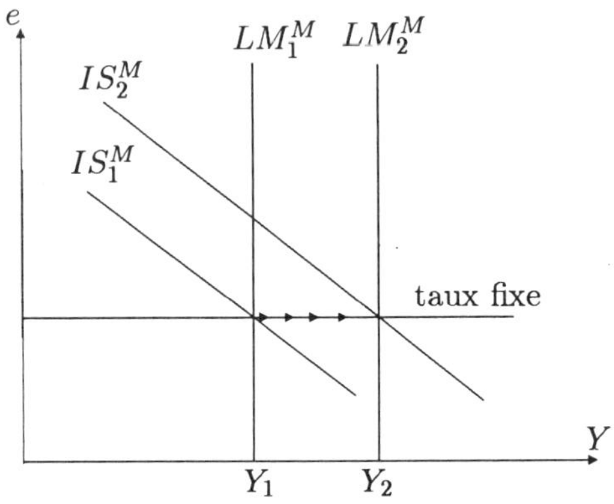


**Effet d'une politique commerciale**

Ce graphique montre que la politique restrictive doit être accompagnée par une hausse de la masse monétaire. Le résultat global est une hausse du revenu national et une réduction du déficit.

### 9.6.9 Résumé

Le tableau suivant résume l'effet de telle ou telle politique sur les diverses grandeurs économiques

| Politique | Economie fermée | Taux de change flottant | | | Taux de change fixe | | |
|---|---|---|---|---|---|---|---|
| | $Y$ | $Y$ | $e$ | $NX$ | $Y$ | $e$ | $NX$ |
| Expansion fiscale | ↑ | 0 | ↑ | ↓ | ↑ | 0 | 0 |
| Expansion monétaire | ↑ | ↑ | ↓ | ↑ | 0 | 0 | 0 |
| Restriction des importations | | 0 | ↑ | 0 | ↑ | 0 | ↑ |

### 9.6.10 Quel système faut-il choisir ?

Les économistes débattent depuis longtemps de ce sujet. La flexibilité du taux de change laisse à la banque centrale la liberté de suivre d'autres actions que de garder le taux de change fixe. Par ailleurs, la fixité du taux de change assure une certaine stabilité. Avec les instruments financiers modernes tels que les contrats à terme, il n'y a plus vraiment besoin d'avoir un taux de change fixe car en achetant un tel contrat, on peut dès aujourd'hui se protéger contre les risques de change. La seule difficulté provient du fait que rares sont les entreprises au courant de l'existence de ce genre de contrats. Une autre raison pour avoir de la stabilité est de ne plus avoir des pertes en termes de coûts de conversion d'une monnaie en une autre.

En pratique, on constate que le contraste entre les deux régimes est beaucoup moins poussé. Inversement, nombreux sont les pays qui n'adhèrent pas à un système de change fixe (comme par ex. la Suisse) mais qui gardent quand même leur monnaie alignée sur une autre monnaie.

## 9.7 Un modèle du court terme dans la grande économie ouverte

De manière analogue à la première section de ce chapitre, nous allons envisager maintenant la possibilité que le pays en question soit si grand que s'il y a un changement de politique monétaire, les marchés internationaux seront affectés. Ce modèle permet aussi de traiter le cas où le capital circule difficilement entre les divers pays.

Le modèle en question se compose des mêmes équations que le modèle de Mundell-Fleming de base :

$$\begin{aligned} Y &= C(Y-T)+I(r)+G+NX \\ M/P &= L(r,Y) \\ NX &= NX(e) \\ T &= \overline{T} \\ G &= \overline{G} \\ M &= \overline{M} \\ P &= \overline{P} \end{aligned}$$

Introduisons maintenant la fonction $CF(r)$ qui mesure le flux de capital vers le pays au sein duquel se pratique le taux $r$. Il peut éventuellement s'agir d'un flux négatif. Si $r$ augmente, on s'attend à ce qu'un flux de capital plus fort s'instaure vers le pays. Puisque, en équilibre, la valeur des exportations nettes doit être égale à la valeur des flux financiers, on doit avoir formellement que

$$NX(e)+CF(r)=0.$$

Pour comprendre cette relation, imaginons qu'un pays exporte beaucoup (en tout cas plus qu'il n'importe). Dans ce cas $NX>0$. Ce pays recevra en contrepartie des capitaux. Avec nos conventions de signe, cela implique un flux de capital de $-CF$.

Il est à noter que, dans cette section, on suppose que le niveau de revenu national ne joue pas de rôle sur les importations. Il s'agit d'une hypothèse simplificatrice qu'on peut facilement relâcher. La raison est, qu'en pratique, l'effet d'un changement du taux de change sur les exportations nettes est plus important que l'effet d'un changement du revenu. Ce que nous allons donc faire est de négliger en général l'effet indirect du revenu national. Dans la section sur la relance par une politique fiscale nous discuterons des modifications à apporter en l'absence de cette hypothèse simplificatrice.

Avec ces hypothèses, le modèle peut être récrit :

$$Y = C(Y-T)+I(r)+G-CF(r) \tag{9.1}$$

$$M/P = L(r,Y). \tag{9.2}$$

Pour analyser ce modèle, nous allons utiliser les graphiques présentés ci-dessous. Dans le graphique en haut à gauche les courbes $IS$ et $LM$ déterminent le taux d'intérêt et le revenu d'équilibre. Ayant le taux d'intérêt, le diagramme en haut à droite mesure le montant des capitaux en circulation. Il est à noter que sur l'axe des abscisses (correspondant à $CF$) on n'indique pas où est le zéro. Ainsi pour un taux d'équilibre donné on ne sait pas s'il s'agit d'un apport ou d'un retrait de capitaux. Dans le diagramme en bas à droite on trace également la courbe des exportations nettes. La pente de $NX$ est négative car si $e$ est bas on exporte beaucoup et on importe peu et inversement si $e$ est élevé. Le taux de change d'équilibre est donné par l'intersection de $NX$ et $CF$.

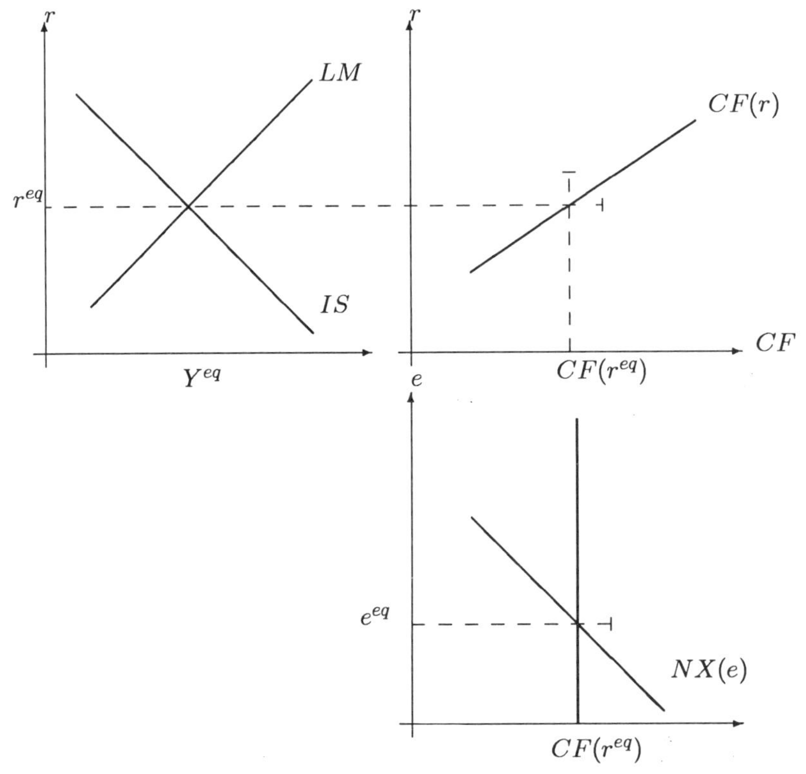


**Construction de l'équilibre pour une grande économie**

Ayant compris cette construction, il est aisé d'étudier l'effet sur le taux d'intérêt et sur le taux de change d'une politique fiscale ou monétaire. Avant d'effectuer cette analyse, montrons, comment on peut résoudre le système du dessus si on se donne une spécification paramétrique des fonctions.

Nous allons supposer avoir les mêmes spécifications pour la consommation, $C$, l'investissment, $I$, et la demande de monnaie $L(r, Y)$ que dans les chapitres antérieurs. Afin de complèter le modèle nous allons suppser que

$$CF(r) = a + br$$

où les paramètres $a$ et $b$ sont positifs. Cette équation tranduit le fait que si le taux augmente, il y a apport de capitaux.

On peut alors facilement montrer que le système (9.1)-(9.2) donne :

$$\begin{aligned} Y &= \frac{1}{h(1-Pmc)+k(j+b)}\Big(h(Aut - \overline{T}Pmc + I_0 - a + \overline{G}) + (j+b)\frac{\overline{M}}{\overline{P}}\Big) \\ r &= \frac{1}{h(1-Pmc)+k(j+b)}\Big(k(Aut - \overline{T}Pmc + I_0 - a + \overline{G}) - (1-Pmc)\frac{\overline{M}}{\overline{P}}\Big) \end{aligned}$$

Un économètre peut facilement estimer ces équations puis prévoir l'effet d'une modification de l'un des paramètres..

### 9.7.1 Effet d'une politique fiscale

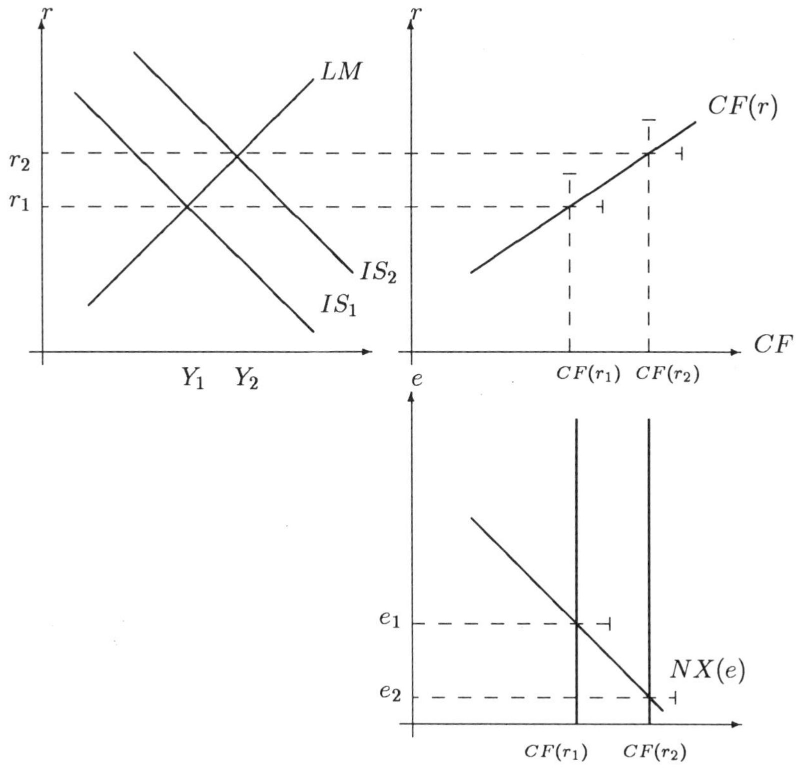


**Politique fiscale**

Dans le diagramme en haut à gauche nous avons tracé $IS$ avant et après une politique de relance. Une fois de plus, rappelons qu'il peut s'agir d'une hausse des dépenses publiques, $\overline{G}$, d'une baisse des impôts, $\overline{T}$, ou d'une modification de l'un des paramètres structurels définissant les fonctions. Comme dans une économie fermée, puisqu'il faut financer cette politique, nous allons avoir augmentation des taux. Cette augmentation des taux conduit à un apport de capitaux étrangers. Cela se voit également dans le graphique en haut à droite. Si la monnaie locale est demandée cela implique que sa valeur augmente. Par conséquent le taux de change doit augmenter. On retrouve ce résultat dans le graphique du bas.

On peut maintenant compléter cette situation en imaginant que les importations sont fonction de $Y$. Si cela est le cas, à cause de la hausse de $Y$ les importations vont également augmenter et les exportations nettes diminuer. Cela signifie que dans le diagramme du bas $NX$ se déplace un peu vers la gauche. Alors que théoriquement, dans le cas d'un très fort déplacement de $NX$ on pourrait aboutir à une baisse des taux, en pratique l'effet net reste positif.

### 9.7.2 Effet d'une politique monétaire

Notre dernier exemple étudie l'effet d'une augmentation de la masse monétaire. Au stade où nous sommes, il serait possible de procéder par un raisonnement purement économique. Effectuons cependant une représentation graphique.

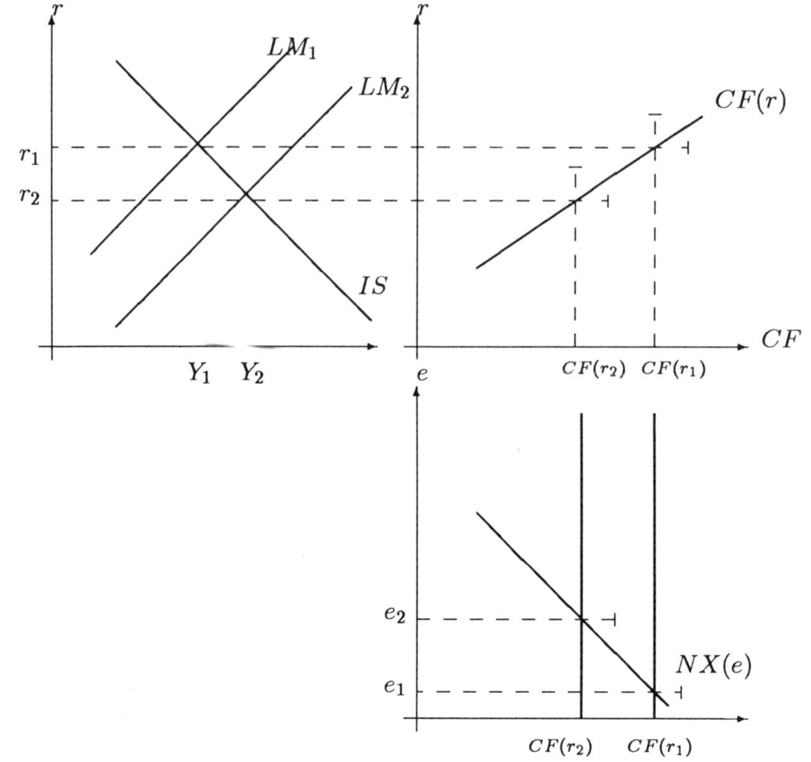


**Politique monétaire**

Le graphique en haut à gauche montre que l'augmentation de la masse monétaire conduit à une baisse des taux. À cause de cette baisse des taux, on aura une augmentation de la demande par le biais des investissements. Par ailleurs, comme le montre le graphique en haut à droite, la baisse des taux conduit à une baisse des flux de capitaux vers le pays. Or, si notre monnaie est moins demandée, il y aura baisse des taux de change. Le graphique du bas permet de vérifier cette situation.

## 9.8 Et si les prix étaient flexibles...

Le lecteur peut s'interroger au stade actuel sur ce qui se passe si les prix étaient flexibles. La réponse est bien entendu compliquée. Il faudrait compléter le modèle considéré dans cette section par une description du processus de prix dans les divers pays. Il faudrait également introduire le revenu de plein emploi pour les divers pays en considération. Dans une simulation dynamique on construirait les trajectoires des diverses variables. Nous laisserons cet exercice pour un autre cours spécialisé de la macroéconomie internationale.

# Chapitre 10

# La fonction d'offre agrégée

Dans un chapitre précédent, nous avons supposé que la fonction d'offre du court terme pouvait être représentée par une droite horizontale. La justification que nous avons donnée est que dans le court terme, pour des raisons qui ont leur fondement dans l'économie industrielle, les prix proposés par les vendeurs de biens et services sont constants.

Par exemple, dans les restaurants, les menus sont en général imprimés une fois par an et les prix ne changent pas [1].

Un autre exemple illustrant que certains prix ne changent pas beaucoup à travers le temps est donné par les journaux. Une explication pourrait être que les éditeurs désirent fidéliser leur clientèle. Si dans le courant de l'année l'un des journaux augmente ses prix, le prix relatif des journaux change et les gens vont acheter le moins cher. Les individus qui ont fait des abonnements pour le journal dont le prix a baissé vont se sentir lésés et l'année suivante ils vont changer d'abonnement. Pour un ensemble de raisons, qu'on peut motiver par l'économie industrielle, on peut penser que dans le court terme un certain nombre de prix de vente seront rigides. Nous avons utilisé cette observation comme une première approximation pour construire une fonction d'offre de court terme $ASCT$ horizontale.

Dans son ensemble, l'économie est composée de biens où le prix est très rigide et de biens dont le prix s'ajuste très rapidement comme le pétrole. En moyenne, on peut donc s'attendre à une certaine flexibilité des prix au niveau agrégé. Nous chercherons dans ce chapitre à établir une relation macroéconomique qui lie le niveau de production national avec le niveau de prix agrégé : Nous appellerons cela la **fonction d'offre agrégée**. Pour arriver à cela, nous allons regarder l'aspect microéconomique de la production en étudiant les problèmes liés au marché de travail.

J'aimerais dès le départ de ce chapitre insister sur le fait que le message essentiel que je tire de ce chapitre est la fonction d'offre agrégée. Il y a de nombreux modèles qui impliquent l'existence de l'offre agrégée. Pour dériver cette relation nous allons devoir parler de chômage. À ce sujet, il me reste à remarquer que je ne détiens pas la vérité sur ce thème. Je pense que l'étude du chômage, la réduction du temps de travail, le revenu d'insertion, et ainsi de suite demanderait un livre en soit. Que le lecteur, lors de la lecture de ce chapitre, essaye de tirer ce qui lui semble le plus applicable au problème du chômage.

Dans ce chapitre nous allons d'abord donner quelques notions de base concernant le chômage. Nous développons ensuite quatre modèles successifs du marché du travail qui vont tous servir à établir une relation entre le revenu national réalisé avec celui de plein emploi. C'est cette relation qui nous permet, dès la section suivante, de donner une description dynamique de notre

[1] Si on réfléchit un peu sur cette histoire de menu, on constate qu'avec l'informatique il n'y a aucune raison de ne pas réimprimer les menus tous les jours avec des prix divers. Probablement, il existe des raisons du type marketing pour expliquer que les prix ne varient pas.

économie. En toute honnêteté intellectuelle, je trouve les divers modèles guère adaptés à la réalité européenne. Comme l'économie est cependant variable à travers temps, rien n'exclut qu'un jour nous ne soyons pas confrontés à un comportement qui correspond à celui décrit dans ces modèles. Nous concluons ce chapitre par un certain nombre d'autres théories du marché du travail, certaines frôlant à mon avis le surréalisme. Un physicien qui lit ces pages serait probablement surpris. Ce chapitre semble en effet suggérer qu'il existe un ensemble de théories non-emboitées, c'est-à-dire qu'on ne peut pas les mettre dans un même modèle puis tester quel est en dernier lieu le bon. Je crois qu'il faut voir cela plutôt comme l'indication que les économistes ont beaucoup de mal à expliquer le chômage et que le marché du travail reste très mal compris.

## 10.1 Le marché du travail

Si on désigne par $N$ la population active et par $L$ le nombre de personnes au travail alors $U = N - L$ est le nombre de *chômeurs*. Le rapport $U/N$ mesure le taux de chômage. Si $U$ est supérieur à un certain seuil on dit qu'une économie est en **récession**.

Historiquement il y a eu des périodes où la production était très forte et où on a même demandé aux gens retraités de se remettre au travail. Lorsque $U$ est inférieur à un certain seuil on parle de **surchauffe**.

Pour comprendre où se trouve la cause du chômage actuel, il faut comprendre les facteurs qui influencent $N$ et $U$.

### 10.1.1 Facteurs influençant la taille de la population active

La population active se modifie lorsque le nombre d'arrivés ou le nombre de départs de l'ensemble des travailleurs change. Discutons donc de ces nombres.

- Le nombre d'arrivés dans la population active peut augmenter pour des raisons démographiques. Lorsqu'une génération a été très prolifique comme par exemple la génération des *baby boomers*, son arrivée sur le marché peut être plus importante que les retraites, ce qui tend, dans ce cas, à augmenter la population active.
- Le nombre d'arrivés peut être modifié parce qu'il y a eu une forte immigration.
- La participation féminine plus forte, à cause d'une amélioration de l'aide sociale (crèche) et le changement de perception sociale, peut être un facteur important.
- L'âge de la retraite.
- La durée de la scolarité obligatoire.
- La durée de la semaine de travail.
- Les possibilités de travailler à la maison.

### 10.1.2 Facteurs influençant le nombre de chômeurs

Il est tout à fait normal que des personnes quittent un travail de manière volontaire pour en chercher un autre. Pendant un certain temps, ils vont toucher une allocation chômage pendant qu'ils cherchent un autre travail. Ce genre de chômage est généralement de courte durée (jusqu'à 3 ou 4 mois) et s'appelle **chômage frictionnel** ou **chômage naturel** (Un taux situé quelque part entre 4% et 6% est considéré comme normal.).

Lorsque les structures mêmes de l'économie sont ébranlées parce que certains secteurs entiers disparaissent, il y a des spécialistes qui se retrouvent au chômage. Puisqu'un spécialiste a beaucoup de difficultés à trouver un autre travail, il risque de se retrouver au chômage pendant très longtemps et éventuellement de devoir apprendre un nouveau métier. Dans ce cas on parle de **chômage structurel.**

Nous pouvons écrire $U$ = chômage total = chômage frictionnel + chômage structurel = $U_f + U_s$. Le chômage frictionnel peut être vu comme normal mais pas le chômage structurel.

## 10.2 Le lien entre la production et le chômage

Le problème du chômage n'est pas un problème simple. Il suffit pour se convaincre de cela, de contempler l'évolution du taux de chômage pour un certain nombre de pays.

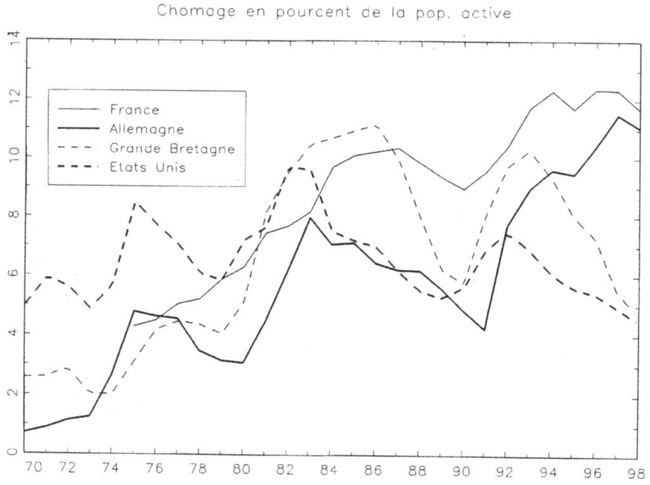


Dans cette section nous allons d'abord établir la loi d'Okun liant le nombre de chômeurs avec la production nationale. Ayant une telle loi, nous allons considérer un simple modèle dérivant de la microéconomie où nous allons chercher à maximiser le profit d'une entreprise. Nous verrons que les implications théoriques de ce simple modèle ne sont pas satisfaites et qu'il faudra des modèles plus compliqués si on veut tenir compte du marché du travail de manière plus satisfaisante. Dans les sections ultérieures de ce chapitre nous présenterons plusieurs modèles ayant des conclusions similaires. Nous allons alors chercher à créer un modèle dynamique de l'économie qui captera le sens de cette conclusion.

### 10.2.1 La loi d'Okun

Le macroéconomiste postule souvent l'existence d'une relation entre production nationale $Y$ et le nombre d'employés $L$. L'intuition économique dicte que plus le niveau de l'emploi est élevé et plus il en va pour la production nationale. En supposant que la force de travail est constante, ce qui dans le moyen terme semble en tout cas une hypothèse raisonnable, cela implique une relation inverse entre chômeurs $U$ et revenu national. Une façon de tester empiriquement s'il existe une telle relation consiste à comparer le taux de chômage avec le taux de croissance du revenu national. Une simple comparaison entre le taux de chômage et le *niveau* du revenu national ne suffirait pas car on observe empiriquement que le revenu national réel ne fait qu'augmenter à travers le temps à cause du progrès technique. Ainsi une question plus pertinente est de demander si le taux de croissance du revenu national réel est plus fort qu'en moyenne, si le taux de chômage est bas, et inversement.

Qu'en est il concrètement ? Dans le graphique de ci-dessous nous représentons le taux de chômage et le taux de croissance du PIB pour le France entre 1970 et 1999.

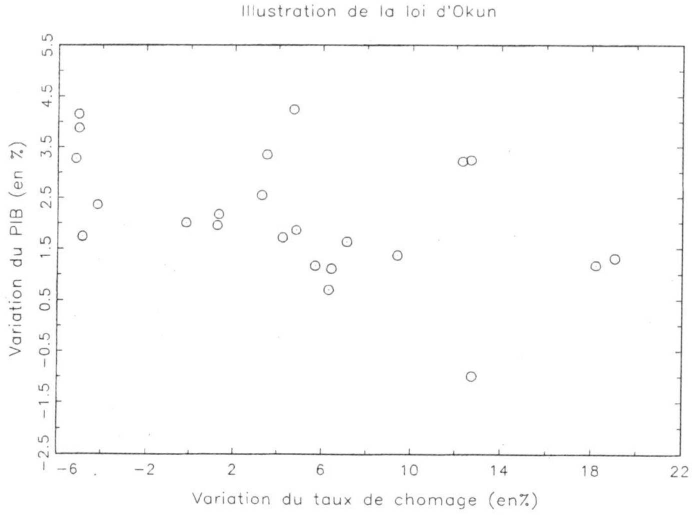


Nous observons une relation négative entre les deux variables indiquant que le chômage est moindre lorsque la croissance du PIB est plus forte. Une droite ajustée dans le nuage de points par la méthode des moindres carrés ordinaires permet d'être plus quantitatif[2].

$$\text{taux de chômage} = \underset{(7.40)}{9.221} - \underset{(-2.06)}{0.829} \cdot \text{taux de croissance du PIB réel}$$

où les nombres entre parenthèses représentent les statistiques du t de Student.

En d'autres termes si le taux de croissance du PIB augmente de 1% alors le taux de chômage diminue de 0,83%. Sachant qu'actuellement le taux de chômage est de 12% si on le désire réduire de 6% il faudrait avoir un taux de croissance du PIB d'environ 7,2%. Etant donné que le taux de croissance du PIB est rarement supérieur à 2% nous comprenons que des mesures drastiques sont nécessaires pour relancer l'économie.

Ce paragraphe nous permet d'écrire, qu'il existe une relation entre le revenu national $Y$ et le niveau de l'emploi $L$ soit $Y = F(L)$. Une telle relation s'appelle aussi fonction de production. Concernant $F$ nous allons d'abord supposer que cette fonction est croissante en $L$, $(F'(L) > 0)$,

[2] À une date $t$ donnée, on suppose que $y_t = \alpha_0 + \alpha_1 x_t + \epsilon_t$ ou $\epsilon_t$ est la distance verticale entre un point et la droite $y = \alpha_0 + \alpha_1 x$ qu'on appelle aussi **droite de régression.** La droite des MCO s'obtient en cherchant $\alpha_0$ et $\alpha_1$ qui minimisent la somme des carrés des écarts : min $\sum_{t=1}^T \epsilon_t^2$. Les conditions du premier ordre sont :

$$\begin{aligned} 0 &= -2\sum_{t=1}^T (y_t - \alpha_0 - \alpha_1 x_t) = -2(\sum_{t=1}^T y_t - T\alpha_0 - \alpha_1 \sum_{t=1}^T x_t) \Rightarrow \alpha_0 + \alpha_1 \bar{x} = \bar{y} \\ 0 &= -2\sum_{t=1}^T x_t(y_t - \alpha_0 - \alpha_1 x_t) = -2(\sum_{t=1}^T x_t y_t - \alpha_0 \sum x_t - \alpha_1 \sum_{t=1}^T x_t^2) \\ &\Rightarrow \alpha_0 \bar{x} + \alpha_1 \frac{1}{T}\sum_{t=1}^T x_t^2 = \frac{1}{T}\sum_{t=1}^T x_t y_t \end{aligned}$$

où $\bar{x} = \frac{1}{T}\sum_{t=1}^T x_t$ et de même pour $y$. On obtient en fin de compte deux équations en deux inconnues que l'on peut facilement résoudre.

traduisant l'idée que si on a plus de main d'œuvre on peut également produire davantage. Par ailleurs nous supposons la concavité de $F$, ($F''(L) < 0$). Cette hypothèse signifie que l'on a des **rendements d'échelle décroissants**. Chaque unité supplémentaire de main d'œuvre augmente la production mais moins que la précédente. À partir de cette relation nous allons nous interroger si nous pouvons obtenir facilement d'autres relations testables.

### 10.2.2 La demande de travail par l'approche microéconomique

Dans cette section nous allons développer une fonction de demande de travail simple dans un pur esprit néo-classique en supposant que les prix ajustent l'offre et la demande de travail. Nous montrerons ensuite que cette construction simple ne suffit pas pour décrire la réalité économique.

Prenons un chef d'entreprise qui est supposé, à un instant donné, connaître le niveau du prix $P$ auquel il pourra vendre sa marchandise et soit $w$ le niveau des salaires qu'il doit payer aux ouvriers. Il cherche à maximiser son profit qui est donné par

$$\text{Profit} = P\,F(L) - wL.$$

La condition d'optimalité est

$$P\,F'(L) = w.$$

Les hypothèses que nous faisons sur la fonction de production nous garantissent que celle-ci admet une dérivée $F'$ inversible. On peut alors écrire que de la part du chef de l'entreprise émane une demande de travail de

$$L = (F')^{-1}(w/P).$$

Cette écriture implique une relation entre le salaire réel $w/P$ et la demande de travail. Pour étudier mathématiquement l'impact d'une variation du salaire réel sur la demande écrivons que $L$ est une fonction du salaire réel $L = L(w/P)$ ce qui permet de récrire la condition d'optimalité comme

$$F'(L(w/P)) = w/P.$$

Une simple dérivation par rapport à $w/P$ donne

$$F''(L(w/P))\frac{dL(w/P)}{w/P} = 1.$$

On peut replacer les infiniment petits par des accroissements discrets et récrire

$$F''(L(w/P))\Delta L(w/P) = \Delta w/P.$$

Puisque $F'' < 0$ on constate qu'une augmentation du salaire réel doit s'accompagner d'une baisse de la demande de travail. L'intuition économique semble évidente. Si le salaire réel augmente, le manager embauchera moins de main d'œuvre.

Si ce modèle élémentaire était une bonne description de la réalité, les salaires réels devraient évoluer de manière inverse du cycle des affaires. Empiriquement, pour la France, on observe que, pendant des années, le taux de croissance des salaires a été très fort mais qu'un effort volontaire a été fait depuis 83 pour baisser les salaires réels. On constate aussi que la relation entre salaires réels et niveau d'emploi est seulement légèrement négative.

Aux USA la relation est positive et donc franchement en contradiction avec le modèle ci-dessus.

À ce stade, nous comprenons que des *raffinements* doivent être apportés au modèle micro-économique traditionnel, si l'on veut avoir une description plus satisfaisante de la demande de travail et donc aussi de l'offre agrégée des entreprises.

Les économistes ont beaucoup de mal à se mettre d'accord sur le fonctionnement du marché du travail. Ils ont développé un certain nombre de modèles que nous allons passer en revue. Ces modèles impliquent tous une certaine relation entre production et prix anticipés. Au niveau de la relation salaire réel-niveau d'emploi, ils sont souvent lacunaires lorsqu'on cherche à les tester dans le plus long terme. Selon le pays et la période, tel type de modèle peut être plus adéquat qu'un autre.

## 10.3 Modélisation de la courbe d'offre agrégée

Le but de cette section est d'établir une fonction d'offre agrégée, donc de chercher une relation entre la quantité offerte par les entreprises et le niveau des prix de l'économie. Les économistes se sont aperçus, grâce aux travaux empiriques de l'Anglais Phillips que les anticipations jouent un rôle très important dans la dynamique de formation de prix. Soit ainsi $Y$ et $Y^*$, le niveau du revenu national actuel et celui que l'on pourrait obtenir si on avait le plein emploi de sorte que $Y^* = F(N)$. Soit aussi $P$ et $P^a$ le niveau des prix actuels et celui qui a été anticipé pour la période actuelle. Les économistes n'ont pas encore totalement compris le fonctionnement du marché de l'emploi, mais il existe plusieurs modèles qui impliquent tous une relation du type

$$Y = Y^* + \alpha(P - P^a). \tag{10.1}$$

Cette relation indique que si $P = P^a$ alors l'économie atteint son niveau de plein emploi. Si $P > P^a$ alors il y a un excédent d'offre par rapport au plein emploi et inversement si $P < P^a$.

### 10.3.1 Le modèle de Stanley Fisher des salaires rigides

La base de ce modèle est que, pour des raisons institutionnelles, beaucoup de travailleurs adhèrent à des syndicats et que ceux-ci sont la force qui détermine périodiquement l'évolution des salaires. Lorsque le patronat et les syndicats négocient le niveau des salaires, aucun des deux ne sait quel sera, dans le futur, le niveau des prix. Une fois les salaires fixés, ce modèle suppose que les prix se réalisent et que les entrepreneurs prennent une décision d'embauche.

On peut résumer le timing de chaque cycle lors duquel sera déterminé le salaire et le niveau d'embauche comme suit :

1 Négociation patronat syndicat avec fixation des salaires. Continuation de la production avec le nouveau salaire.

2 Réalisation des prix avec nouvelle décision de la quantité de travail que les employeurs désirent détenir.

3 Production avec le nouveau niveau de travail au nouveau salaire.

Dans ce modèle, le manager est supposé chercher à maximiser son profit anticipé, soit

$$P^a F(L) - wL.$$

La condition du premier ordre donne

$$F'(L) = w/P^a.$$

En supposant que le patronat et les syndicats possèdent la même information, on peut s'attendre à ce que les deux aient les mêmes anticipations d'inflation. Un chef de syndicat qui vise à obtenir le plein emploi demandera un niveau de salaire $w$ tel que

$$w = P^a F'(N),$$

mais un chef de syndicat fort risque de demander à un patronat faible, des salaires excessivement élevés.

À la date 2, le niveau des prix, $P$, est connu et le manager d'une entreprise prend sa décision d'embauche. Nous obtenons alors qu'à un niveau agrégé, les entreprises chercheront à employer $L$ tel que :

$$F'(L) = w/P.$$

Si $P = P^a$ l'anticipation des prix correspond à celle qui s'est vraiment réalisée. Dans ce cas, $L = N$ et nous avons le plein emploi. Si $P > P^a$ alors nous avons $w/P^a > w/P$ et les salaires qui se réalisent effectivement sont plus bas que ce qu'il faudrait pour le plein emploi, le patronat cherchera à employer le plus de monde possible. Il s'agit alors d'une période de surchauffe. Inversement si $P < P^a$ on aura chômage.

Sachant que $Y = F(L)$ et que $Y^* = F(N)$, nous pouvons effectivement résumer les implications du modèle en écrivant que

$$Y = Y^* + \alpha(P - P^a).$$

En introduisant les anticipations du futur ce modèle permet de casser le lien entre niveau de salaire réel et niveau de l'emploi.

Ce modèle n'est pas totalement satisfaisant, car il dépend de l'hypothèse que les salaires sont négociés périodiquement. Si les employés avaient des **anticipations rationnelles** ils devraient comprendre que leurs salaires sont déterminés de telle sorte que le plein emploi est presque impossible à réaliser. Dans ce cas, on pourrait s'attendre à ce qu'ils refusent d'être syndiqués et on aurait une évolution vers un monde où les salaires se négocieraient directement entre employés et patrons. Ce n'est pas le cas, on peut donc penser que le modèle de Stanley Fischer n'est qu'une approximation de la réalité.

### 10.3.2 Le modèle de Milton Friedman de myopie des travailleurs

Par opposition au modèle précédent, on suppose que les salaires sont constamment négociés. La différence réside dans l'hypothèse que le patronat est mieux informé que les employés. Cela peut s'expliquer par l'observation que les patrons sont aussi ceux qui négocient constamment le prix de vente des biens produits. Les employés ont un désavantage informatif dans ce modèle.

Puisque les employeurs sont parfaitement informés, ils maximisent le profit

$$PF(L) - wL$$

ce qui donne une demande de travail

$$L^d = (F')^{-1}(w/P) = G^d(w/P)$$

où $L^d$ note dans ce chapitre la fonction de demande de travail[3].

Les ménages offrent au contraire une quantité de travail qui dépend du salaire réel anticipé

$$L^o = L^o(w/P^a).$$

Plus le salaire réel anticipé est élevé et plus ils offrent de travail.

---

[3] Nous utiliserons cette notation de $L$ pour travail dans ce chapitre. Il est aisé de ne pas confondre la demande de monnaie avec la demande de travail car les contextes où l'une ou l'autre sont utilisés sont disjoints.

L'équilibre du marché du travail est réalisé lorsque l'offre de travail est égale à la demande de travail

$$L^d = L^o,$$

soit quand

$$L^d(w/P) = L^o(\frac{w}{P} \cdot \frac{P}{P^a}).$$

Ainsi si $P = P^a$, offre et demande de travail sont égales et il n'y a pas de chômage, le niveau de production $Y$ est celui du plein emploi $Y^*$. Si $P > P^a$ l'offre de travail tend à être inférieure à la demande et on aura chômage.

On peut résumer les implications de ce modèle en écrivant :

$$Y = Y^* + \alpha(P - P^a).$$

Le modèle repose sur l'hypothèse cruciale que les travailleurs sont moins bien informés que les patrons. Il s'agit bien entendu d'une hypothèse très arbitraire. Ce modèle implique que lorsque les salaires réels sont élevés, la demande de travail est grande et le niveau de production élevé. Implication contraire à la réalité, qui nous incite à chercher encore d'autres modèles.

### 10.3.3 Le modèle de Robert Lucas d'information imparfaite

Dans ce modèle on ne suppose pas que les ouvriers sont moins bien informés que les patrons. En fait, on ne distingue même pas l'employeur du travailleur. On suppose que chaque individu participe dans la production d'un seul bien mais consomme beaucoup de biens différents. C'est une théorie du prix relatif.

Considérons par exemple le cas d'un producteur. En tant que producteur, on peut supposer qu'il connaît le prix de vente de son produit. Si le producteur observe maintenant une hausse du prix de vente du produit il s'interrogera pour savoir si cette hausse du prix est globale ou seulement limitée à sa marchandise. S'il pense que tous les prix ont changé de la même façon, cela signifie que ses dépenses vont aussi augmenter de la même manière et qu'il ne va pas changer de production. Si tous les prix ont effectivement changé, il y aura ajustement des salaires par le biais de pression de la part des syndicats. Par ailleurs, comme le producteur cherche à maximiser son profit

$$PF(L) - wL,$$

si $P$ et $w$ augmentent de même façon son profit ne sera pas affecté ! C'est seulement si les prix relatifs changent qu'il va réagir.

Dans l'économie, de manière générale les prix augmentent et pour les producteurs il s'agit de décomposer ce qui provient de la hausse générale et ce qui provient de la hausse du prix du bien. Interviennent alors les anticipations d'inflation. Si l'augmentation du prix du bien est supérieure à celle anticipé vous allez penser que :

- soit votre bien est plus demandé,
- soit le niveau global a augmenté plus que prévu.

En cas de doute, en tant que producteur vous allez penser que les deux causes sont plausibles. Dans ce cas vous allez faire un choix intermédiaire en supposant que votre bien est un *peu* plus demandé et vous allez produire un peu plus. Cela va vous conduire à embaucher des gens. Par ailleurs vous n'êtes pas seul dans l'économie. Si le prix a changé, c'est que tout le monde sera affecté. Tout le monde fera comme vous et produira un peu plus.

La morale de l'histoire est une fois de plus que

$$Y = Y^* + \alpha(P - P^a).$$

L'avantage de cette modélisation est qu'elle permet de trouver directement une justification pour la relation macroéconomique sans passer par le marché du travail.

### 10.3.4 Le modèle de Julio Rotemberg des prix rigides

Nous allons commencer par analyser au niveau microéconomique l'importance du niveau des prix et de la demande nationale. Ensuite on distinguera entre deux entreprises, celle qui peut instantanément ajuster son prix aux conditions du marché et celle qui a un prix plus rigide et on étudiera les implications macro-économiques.

On suppose que l'on ait affaire à une entreprise ayant un certain pouvoir monopolistique. Sous cette hypothèse nous allons retrouver le modèle déjà étudié lors de l'analyse du coût d'impression des menus. Ce qui change ici est la spécification paramétrique et l'interprétation économique résultante. La fonction de demande pour un produit en position monopolistique est

$$D(q, Y) = p = P_0 + bY - aq$$

où $q$ est la quantité demandée, $p$ le prix du produit effectivement payé et $Y$ le revenu global dans l'économie. La justification d'une telle fonction de demande est que si la quantité vendue augmente, c'est que les prix ont dû être plus bas. Si le revenu global augmente, c'est que la demande pour le bien augmente aussi.

On suppose que les syndicats et patrons négocient quand ils le veulent et que le niveau des salaires reflète le niveau global des prix $P$. On suppose aussi des coûts marginaux croissants et dépendant du niveau global des prix, ce que l'on peut modéliser en écrivant $C(P, q) = Pq^2$.

Plus loin nous allons distinguer les entreprises qui peuvent ajuster les prix facilement de ceux qui ne le peuvent pas. Commençons par la situation où le prix puisse être facilement ajusté. Le programme du manager est de maximiser son profit qui peut s'écrire en utilisant la spécification paramétrique du dessus :

$$\begin{aligned}
&\max\,(P_0 + bY - aq)q - Pq^2 \\
&\Rightarrow P_0 + bY - 2aq - 2Pq = 0 \\
&\Rightarrow q = \frac{P_0 + bY}{2(a + P)}
\end{aligned}$$

Pour une telle quantité produite on trouve un niveau du prix

$$p = P_0 + bY - a\frac{P_0 + bY}{2(a + P)}.$$

Si le niveau global des prix augmente, par exemple en passant de $P$ à $P'$ les salaires seront augmentés et la courbe des coûts se déplace vers la gauche ce qui a comme conséquence, comme le montre le graphique de gauche suivant, d'augmenter les prix.

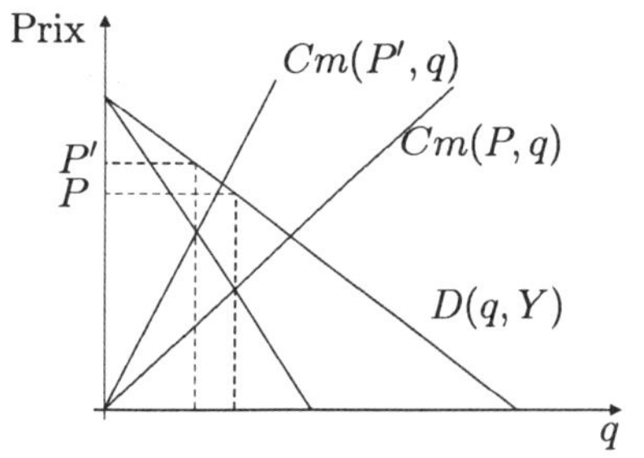


**Hausse du prix**

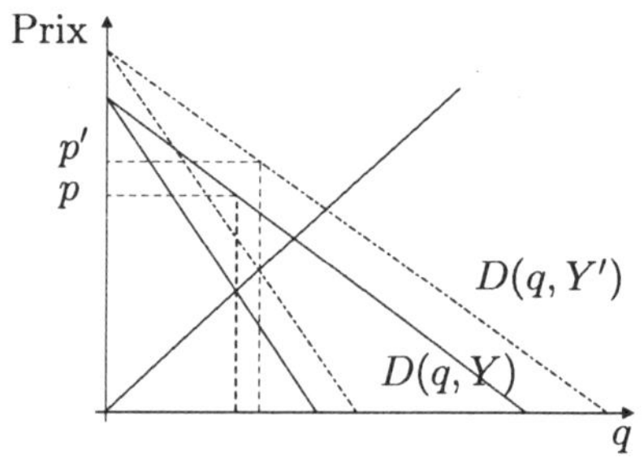


**Hausse du revenu national**

Il n'est pas étonnant que les entreprises cherchent aussi à augmenter leur prix de vente (transmission au prix de vente d'une augmentation du coût des facteurs). Si le niveau du revenu $Y$ augmente, par exemple en prenant la valeur $Y'$, la demande va augmenter comme indiqué dans le graphique de droite ci-dessus.

Maintenant, au lieu de travailler au niveau macroéconomique avec une équation du type (10.2) nous allons considérer une version simplifiée qui en garde le sens.

Au niveau de l'entreprise, on peut modéliser l'effet de $Y$ et de $P$ sur $p$ en écrivant

$$p = P + a(Y - Y^*).$$

Le prix désiré est égal au niveau du prix global plus une fonction qui dépend proportionnellement du niveau de la demande globale.

On suppose encore qu'il y a deux sortes d'entreprises dans l'économie.

- Une fraction $s$ des entreprises ont des prix qui sont fixés d'avance. On peut s'imaginer que ces entreprises doivent imprimer leurs listes de prix bien en avance et donc fixer un niveau des prix se basant sur leur niveau d'anticipation. On suppose que ces entreprises anticipent que le revenu global est égal à celui du plein emploi en sorte que $Y^a = Y^*$. Pour ces entreprises le prix de vente est $p = P^a$.

- Une fraction $1 - s$ des entreprises ont des prix qui peuvent être immédiatement ajustés aux conditions du marché. Pour eux $p = P + (Y - Y^*)$.

On peut alors chercher à passer de la microéconomie à la macroéconomie, ce qui revient à prendre le niveau global des prix comme une combinaison convexe des prix des deux entreprises.

$$P \quad = \quad sP^a + (1-s)(P + a(Y - Y^*)).$$

On peut alors regrouper les termes en $P$ ce qui donne

$$sP \quad = \quad sP^a + (1-s)a(Y - Y^*).$$

Et en inversant cette dernière relation on obtient

$$Y \quad = \quad Y^* + \alpha(P - P^a)$$

où $\alpha = s/a(1-s)$. Ce résultat nous dit que s'il n'y a pas d'entreprise qui doit fixer son prix d'avance ($s = 0$), alors on a toujours un niveau de production $Y$ qui correspond à celui du plein emploi $Y^*$. En effet, dans ce cas, on a ajustement parfait des prix et dans une bonne optique classique ajustement des marchés et donc plein emploi.

Ce modèle met l'accent sur le marché des biens et services mais on peut le voir quand même comme un modèle du chômage. Considérons l'impact d'une baisse de la demande sur une entreprise qui a des prix de vente rigides. L'entreprise, afin de maintenir son bénéfice, doit baisser les coûts, cela signifie qu'elle va réduire sa production et licencier des gens. Dans ce modèle, c'est toute la fonction de demande du travail qui se déplace tandis que, dans les modèles précédents, on se déplaçait le long d'une fonction de demande de travail.

Les implications de ce modèle sont donc

- $Y = Y^* + \alpha(P - P^a)$.
- Une récession entraîne une baisse de la force de travail en sorte que la loi d'Okun est vérifiée.
- Il n'est pas nécessaire que lors d'une récession les salaires réels aillent à la baisse.

## 10.4 Résumé

On peut résumer ces quatre modèles en disant qu'il existe une relation liant niveau de production et inflation anticipée :

$$Y = Y^* + \alpha(P - P^a). \tag{10.2}$$

Cette relation sera utilisée dans le chapitre suivant pour montrer comment les économies évoluent de manière dynamique.

## 10.5 Autres théories du chômage

La reconnaissance d'un chômage persistant dans les pays européens suggère qu'il y ait des forces qui s'exercent dans ce marché qui font que la théorie classique d'un rééquilibrage automatique échoue. De nombreuses autres théories ont été données qui visent à expliquer pourquoi les salaires réels ne s'ajustent pas à la baisse en présence de chômage.

On peut classer ces théories en diverses catégories. Dans une première catégorie il y a les modèles qui supposent que les salaires payés sont des **salaires d'efficience** c'est-à-dire des salaires plus large que la productivité moyenne pour encourager les travailleurs à fournir un effort maximal. Les modèles d'une deuxième catégorie partent de l'observation que la force de travail participe de manière inégale dans le processus de négociation et qu'il y a donc existence de **contrats implicites.** Ainsi, un chômeur aura des difficultés à convaincre ses copains, qui sont employés, à accepter une baisse de salaire et un relâchement des conditions de licenciement, ce qui permettrait peut-être de réduire le chômage. Une dernière catégorie de modèles part de l'observation que tous les ouvriers n'ont pas la même formation. Très fort les économistes pour s'être aperçu de cela, n'est-ce pas ? Ainsi, il y a les entreprises qui cherchent la perle rare, et de même de la main d'œuvre qualifiée qui cherche l'entreprise ayant besoin de sa qualification. C'est parce que l'adéquation entre offre et demande est complexe qu'on se retrouve avec un chômage important. Etudions maintenant ces diverses théories avec un plus de détail.

### 10.5.1 Le salaire d'efficience

Ce que les chapitres précédents ont montré c'est qu'il y a chômage car les salaires qui se pratiquent dans le marché du travail sont trop élevés en sorte que les entreprises ne peuvent pas se permettre d'employer un nombre optimal de personnes. Les modèles du salaire d'efficience cherchent à donner une première explication du fait que les salaires sont si élevés. L'idée de base est qu'entre employé et employeur existe une relation de **principal et agent** ; jargon emprunté à l'économie industrielle, signifiant que l'employé ne fait pas nécessairement son boulot avec toute l'énergie dont il dispose. Il est par ailleurs difficile pour l'employeur de vérifier la qualité d'effort fournie par l'employé. Ce que peut faire l'employeur dans ce cas, c'est donner un salaire très élevé à l'employé. Une épée de Damoclès pend alors au-dessus de la tête de l'employé. Son salaire est exceptionnel ! Si jamais il se fait attraper en train de tricher en fournissant un effort sous-optimal, son licenciement serait immédiat et dans ce cas, puisque son bulletin sera médiocre, plus jamais il ne retrouvera un pareil salaire ! La qualité du travail fournie sera avec un tel salaire très bonne, en général, mais l'entreprise doit se restreindre dans la quantité de personnes employées car sinon elle se ruinerait.

Ce modèle fonctionne évidemment uniquement si la menace du licenciement est crédible. Si vous êtes donc avec un contrat où vous êtes virtuellement invirable il ne faut pas s'étonner si on vous paye relativement peu.

Une autre idée, toujours tirée de l'économie industrielle est la suivante. Imaginons qu'une entreprise cherche à recruter de la main d'œuvre de très bonne qualité. Elle doit faire face à une main d'œuvre de basse qualité et une de très bonne qualité. Malheureusement, cette qualité est difficilement observable. L'entreprise peut se dire qu'en offrant un salaire très élevé elle attirera les bons car les mauvais, en voyant un tel salaire, l'interprètent comme un signal les avertissant que le travail à effectuer est très difficile et qu'ils ne seraient pas à la hauteur. Bien entendu, certaines personnes risquent de se surestimer et vont quand même postuler pour un poste si bien payé.

Une telle idée pourrait marcher s'il n'est pas possible de juger de la qualité d'une personne et s'il est difficile de licencier. À vous de juger si vous pensez qu'une telle histoire est plausible.

Une dernière raison, surtout plausible dans les pays actuellement émergeants, du fait que les salaires pourraient être efficients, est un simple argument de nutrition. Dans un pays où le salaire moyen permet à peine de survivre, il ne faut pas s'attendre à une productivité très grande. Ainsi, le versement d'un salaire supérieur à la moyenne permet d'avoir une main d'œuvre plus productive. Même si l'argument de la nutrition s'applique difficilement aux pays d'Europe, cette théorie permet d'expliquer pourquoi, dans certains pays, la main d'œuvre est logée et nourrie.

### 10.5.2 Les contrats implicites

Comme dans la section précédente nous retrouvons ici une ensemble d'idées. Une première idée est de se dire qu'il y a une sorte de fidélité tacite entre l'employé et l'employeur et vice-versa. Ainsi, dans les périodes favorables, quand l'entreprise a besoin de produire beaucoup, les employés acceptent de fournir un effort marginal supérieur à leur salaire. En échange de cela, les entreprises ne licencient pas la main d'œuvre dans les périodes difficiles mais acceptent de payer un salaire supérieur à la productivité marginale. On peut renforcer la mémoire des employeurs en les forçant à payer une certaine indemnité au cas où ils licencieraient quelqu'un. Ainsi l'entrepreneur réfléchira deux fois avant de mettre quelqu'un de fidèle à la porte.

On peut se demander pourquoi quelqu'un ne chercherait pas à changer d'emploi du moment qu'il trouve un travail mieux payé. Des explications foisonnent. Il peut s'agir des coûts de déménagement (vente et rachat d'appartement, recherche d'une nouvelle école pour les enfants, séparation de sa tendre moitié laquelle n'a pas envie de changer de boulot, etc.) mais aussi des conditions de travail et d'ambiance collégiale.

Une critique qu'on peut formuler à l'égard de cette idée est qu'elle justifie effectivement, en cas de crise économique, pourquoi le salaire reste trop élevé, mais elle a du mal à justifier pourquoi, si l'économie va bien, la force de travail ne pousse pas le salaire plus massivement à la hausse.

Cette remarque nous conduit aux modèles du type titulaire-sans emploi[4]. L'idée est qu'il y a deux types de main d'œuvre, celle avec boulot et l'autre au chômage. Exactement comme le dit le proverbe *les absents ont tord*, dans un contexte d'entreprise cela signifie que ceux qui ont du boulot ont la possibilité de discuter de leur contrat mais pas ceux qui sont sans emploi ! Imaginons donc des années fastes comme dans les années 60. En tant qu'employé spécialisé vous négociez un salaire élevé et un contrat qui rend tout licenciement très coûteux. Arrive alors un choc pétrolier comme celui de 73. Une bonne partie de la main d'œuvre se voit licenciée. Ceux qui gardent leur boulot sont souvent fortement syndiqués et négocient une augmentation supplémentaire des salaires. Dès lors il devient très dur pour un chômeur pour se faire réembaucher...

### 10.5.3 Hétérogénéité de la main d'œuvre

Dans la plupart des sections de ce livre nous avons parlé d'un agent représentatif. Nous allons maintenant partir de l'observation que nous ne sommes pas tous égaux d'un point de vue spécialisation ! Sans vouloir entrer dans une discussion qui pourrait durer longtemps sur les causes de cette inégalité, il est de fait que certains sont très spécialisés dans un domaine, d'autres n'ont pas vraiment de spécialisation. Maintenant, si une main d'œuvre très spécialisée se retrouve sans emploi elle devra se mettre à chercher un autre travail. Par définition, très spécialisé, signifie ne pas savoir faire autre chose (surtout que *spécialisation* vient souvent avec la connotation involontaire *être cher*) et donc il peut être difficile pour un spécialiste de retrouver du travail.

Mon avis sur cette idée est que l'hétérogénéité de la main d'œuvre permet d'expliquer en partie le chômage frictionnel mais n'explique guère le niveau élevé et persistant du chômage.

Voilà donc un certain nombre de modèles qui permettent d'expliquer le chômage. Je ne prétends pas détenir la vérité sur ce sujet ! Le but de ce chapitre est de vous montrer que les économistes se penchent sur le problème. Par ailleurs tous les modèles impliquent qu'il existe une relation traduite par l'équation (10.2) liant inflation anticipée, inflation actuelle et chômage. C'est cette relation qui nous permet de rendre le modèle keynésien de base dynamique.

[4] En anglais cela donnerait *insider-outsider*.

# Chapitre 11

# Inflation, chômage et la courbe de Phillips

Avant de passer aux applications pratiques de la fonction agrégée développée dans le chapitre précédent il convient de parler de la courbe de Phillips qui était à la base de la relation $Y = Y^* + \alpha(P - P^a)$ développée à partir d'arguments microéconomiques ci-dessus.

En 1958, l'économiste Anglais A. W. Phillips a observé une relation négative entre le taux de chômage et le taux de croissance des salaires. En d'autres termes, lors des périodes où le taux de croissance des salaires est élevé le taux de chômage est bas. Une autre constatation est que les salaires nominaux sont liés aux prix, donc si les salaires connaissent une accélération de leur augmentation c'est qu'il en est de même pour les prix.

Á partir de ces deux observations, par transitivité, certains économistes ont donné une structure causale à l'observation de Phillips et ils se sont dit qu'un niveau élevé de l'inflation devait entraîner un taux de chômage bas. Malgré le fait que la relation de Phillips n'exprime guère une telle relation causale, dans les années 50 des économistes de renommée ont pensé que l'on pourrait utiliser cette observation pour diminuer le chômage de façon permanente en utilisant une politique monétaire.

En réalité les choses ne sont pas si simples que cela. Nous allons montrer que l'on ne peut pas tromper les marchés de manière permanente et que, à court terme, une hausse des prix peut conduire à une baisse du chômage mais que cela ne peut pas être fait de façon durable.

Nous avons établi dans le chapitre antérieur une certaine relation que nous utilisons ici dans un cadre intertemporel. On obtient que

$$P_t = P_t^a + \frac{1}{\alpha}(Y_t - Y_t^*).$$

En soustrayant des deux côtés $P_{t-1}$ nous obtenons

$$P_t - P_{t-1} = P_t^a - P_{t-1} + \frac{1}{\alpha}(Y_t - Y_t^*).$$

Substituant $P_t$ par $\ln(P_t)$, ce que l'on peut faire en macroéconomie où l'accent est mis sur le sens des relations plutôt que sur le développement algébrique rigoureux, il suit

$$\begin{aligned}
\ln(P_t) - \ln(P_{t-1}) &= \ln(P_t^a) - \ln(P_{t-1}) + \frac{1}{\alpha}(Y_t - Y_t^*) \\
\Rightarrow \ln(P_t/P_{t-1}) &= \ln(P_t^a/P_{t-1}) + \frac{1}{\alpha}(Y_t - Y_t^*) \\
\Rightarrow \pi_t &= \pi_t^a + \frac{1}{\alpha}(Y_t - Y_t^*)
\end{aligned}$$

Cette dernière équation établit une relation entre l'inflation, l'inflation anticipée, et l'excédent de production par rapport à l'offre de plein emploi.

La loi d'Okun nous dit que production et chômage sont liés négativement. On remplace donc $(Y_t - Y_t^*)/\alpha$ par $-\beta U_t$. Cela peut être justifié en disant que si le revenu national $Y_t$ est inférieur à l'offre potentielle $Y_t^*$ c'est qu'il y a du chômage. Le paramètre $\beta$ est positif. On obtient alors

$$\pi_t = \pi_t^a - \beta U_t.$$

En supposant que $\pi_t^a$ est constante on trouve ainsi la relation observée par Phillips. La relation ci-dessus montre en autre que les anticipations d'inflation jouent un rôle et que la courbe de Phillips risque de fonctionner uniquement sur des périodes où l'inflation anticipée est constante. Le terme $\pi^a$ est la contribution de Milton Friedman et d'Edmond Phelps et constitue une extension importante de la courbe de Phillips. Friedman et Phelps, dans leur modèle du marché du travail ont eu l'idée que, dans le court terme, les ouvriers sont myopes et accepteront des baisses de salaire réel ce qui peut conduire à une hausse de la demande de travail ; dans le long terme en revanche, les travailleurs ne se laissent plus tromper et anticiperont la hausse du niveau global des prix afin d'y ajuster leur salaire.

Dans les années 60, à cause de la guerre du Viêt-Nam, les Américains ont financé leurs dépenses militaires par la taxe inflationniste. D'un point de vue macroéconomique, c'était équivalent à une relance par une politique monétaire. Initialement le chômage a fortement baissé, mais cela n'a pas duré. Les travailleurs ont rapidement compris que leur salaire réel baissait et ils ont insisté pour avoir des hausses du salaire réel. Cela a conduit à une nouvelle baisse du niveau de production. Il est à noter que Friedman avait prédit ce phénomène longtemps avant qu'il ne se soit produit ! C'est l'une des raisons pour lesquelles il a eu le prix Nobel d'économie.

## 11.1 La stagflation des années 70

En 1973 et 1979 il y eut deux chocs pétroliers lorsque les membres de l'OPEP (Organisation des Pays Producteurs de Pétrole) réussirent à se mettre d'accord sur une limitation de la quantité de pétrole à exporter. Dans les années 1983 à 1986 le prix du pétrole a baissé très fortement. Au niveau de l'offre des entreprises cela a provoqué un choc négatif, en 1973 et 1979, et positif entre 1983 et 1986.

Parce que dans les années 70 il y eut un fort taux d'inflation et un niveau du chômage continuellement à la hausse, il a été une fois de plus nécessaire de compléter la courbe de Phillips. On complète aujourd'hui la courbe de Phillips par $\epsilon_t$ un choc d'offre. Ainsi une version moderne de cette équation s'écrit

$$\pi_t = \pi_t^a + \frac{1}{\alpha}(Y_t - Y_t^*) + \epsilon_t.$$

Cette équation nous indique qu'il est possible d'avoir une augmentation de l'inflation, à inflation anticipée et production donnée, simplement parce que l'économie a connu un choc positif.

Nous pouvons maintenant regrouper ces différentes équations d'aspect dynamique et simuler le comportement d'une économie imaginaire.

## 11.2 Dynamique de notre économie

Dans cette section nous proposons de combiner les divers éléments que nous avons introduit dans les chapitres antérieurs pour créer un petit modèle dynamique. Ce modèle est simple dans le sens où il vise à décrire les comportements d'un seul secteur. Ainsi, par exemple, on ne tient compte ici que d'un bien de consommation agrégé. On pourrait facilement étendre ce modèle pour distinguer consommation d'un bien durable et d'un bien non durable. Au lecteur de songer comment étendre ce modèle dans diverses autres directions.

Le modèle dynamique auquel nous avons affaire peut se résumer par les équations suivantes :

$$\frac{\overline{M}_t}{P_t} = kY_t - h(r_t + \pi_t^a) \tag{11.1}$$

$$Y_t = \text{Aut} - \text{Pmc}\,\overline{T} + \text{Pmc}\,Y_t + I_0 - jr_t + \overline{G} \tag{11.2}$$

$$\pi_t = \pi_t^a + \alpha(Y_{t-1} - Y^*) \tag{11.3}$$

$$\pi_t^a = \pi_{t-1}^a + \beta(\pi_{t-1} - \pi_{t-1}^a) \tag{11.4}$$

Ces équations s'obtiennent en reprenant les équations développées dans les chapitres antérieurs et en y ajoutant la dimension temporelle sous forme d'un indice.

La première équation exprime l'équilibre entre offre et demande de monnaie. Il est à noter que, dans cette équation, nous avons utilisé le taux nominal et non pas le taux réel car l'inflation peut maintenant jouer un rôle. La deuxième équation indique que le marché des biens et services doit être en équilibre. La troisième équation est l'équation de Phillips. Ici nous avons négligé la possibilité d'avoir des chocs sur l'offre mais on aurait très facilement pu étendre le modèle pour englober cette situation. La dernière équation représente de manière simpliste comment les agents forment leurs anticipations. Une telle spécification s'appelle **anticipation adaptative.** Si $\beta = 0$ les agents prennent comme anticipation de l'inflation d'aujourd'hui l'anticipation de l'inflation qu'ils ont fait pour la période précédente. Dans ce cas aucun apprentissage a eu lieu. Si $\beta = 1$ alors l'inflation anticipée pour cette année est l'inflation qu'il y a réellement eu l'année passée. Dans ce cas, on pourrait dire que les agents apprennent très vite.

Une autre façon de modéliser l'inflation anticipée est de supposer que l'inflation anticipée est une combinaison de plusieurs taux d'inflation qui se sont réalisés dans le passé. Une fois de plus il s'agit d'une généralisation que le lecteur intéressé peut modéliser en utilisant un tableur.

Pour revenir à la dernière équation du dessus, dans le cas où $\beta$ est compris entre 0 et 1, nous aurons un apprentissage qui se compose d'anticipations passées et où on corrige partiellement l'erreur passée. Plus l'erreur d'anticipation était forte dans le passé et plus on va corriger ses anticipations de cette année. Le fait qu'on adapte ses anticipations aux erreurs passées justifie le nom d'anticipation adaptative qu'on donne à une telle modélisation des anticipations d'inflation.

Nous remarquons que

$$\pi_t = \frac{P_t - P_{t-1}}{P_{t-1}} \Rightarrow P_t = P_{t-1}(1 + \pi_t) \tag{11.5}$$

et finalement

$$P_t = P_{t-1}(1 + \pi_t^a + \alpha(Y_{t-1} - Y^*)). \tag{11.6}$$

Cette observation permet de créer une expression permettant de résoudre la première équation, du moment qu'on a spécifié un niveau de prix initial. Typiquement, on calibre toutes les grandeurs en sorte qu'au temps 0 on ait $P_0 = 1$.

Nous avons maintenant une description complète d'une petite économie avec dimension dynamique. Pour *voir* comment se comporte un tel modèle, il faut le résoudre. Pour cela on cherche tout d'abord la **solution stationnaire**, c'est-à-dire l'état vers lequel le modèle converge si on le laisse évoluer seul. Ensuite, on se donne des valeurs initiales et on regarde les trajectoires du modèle. Cela permet de voir l'apparition de cycles ou de comportements chaotiques dans certains modèles tordus. Ici, tout est simple et les trajectoires sont gentilles. Le grand avantage du modèle est qu'il permet de voir avec quelle vitesse on évolue d'un état vers un autre. Il reste à remarquer qu'il n'y a pas besoin d'un logiciel particulier pour obtenir la dynamique. Une simple feuille de calcul sur un ordinateur suffit.[1]

### 11.2.1 Solution du système dynamique

Commençons donc par résoudre le système pour le revenu national, $Y_t$, le taux d'intérêt réel, $r_t$ et le niveau des prix, $P_t$. Ensuite nous allons chercher la solution stationnaire $(Y^*, r^*)$ en laissant tomber les indices. C'est vers cette valeur que le système devra toujours converger s'il est stable.

Partant du système

$$\begin{pmatrix} k & -h \\ (1-\text{Pmc}) & j \end{pmatrix} \begin{pmatrix} Y_t \\ r_t \end{pmatrix} = \begin{pmatrix} \dfrac{\overline{M}_t}{P_t} + h\pi_t^a \\ \text{Aut} - \text{Pmc}\,\overline{T} + I_0 + \overline{G} \end{pmatrix}$$

une inversion de matrice donne

$$\begin{pmatrix} Y_t \\ r_t \end{pmatrix} = \frac{1}{kj + h(1-\text{Pmc})} \begin{pmatrix} j & h \\ -(1-\text{Pmc}) & k \end{pmatrix} \begin{pmatrix} \dfrac{\overline{M}_t}{P_t} + h\pi_t^a \\ \text{Aut} - \text{Pmc}\,\overline{T} + I_0 + \overline{G} \end{pmatrix}.$$

En sorte que

$$\begin{aligned} Y_t &= \frac{j(\dfrac{\overline{M}_t}{P_t} + h\pi_t^a) + h(\text{Aut} - \text{Pmc}\,\overline{T} + I_0 + \overline{G})}{kj + h(1-\text{Pmc})}, \\ r_t &= \frac{-(1-\text{Pmc})(\dfrac{\overline{M}_t}{P_t} + h\pi_t^a) + k(\text{Aut} - \text{Pmc}\,\overline{T} + I_0 + \overline{G})}{kj + h(1-\text{Pmc})}. \end{aligned}$$

Pour obtenir la solution stationnaire du système nous allons laisser tomber les indices de temps et imposer que tous les taux de croissance sont nuls. On obtient

$$\begin{aligned} Y^* &= \frac{j(\dfrac{\overline{M}}{P}) + h(\text{Aut} - \text{Pmc}\,\overline{T} + I_0 + \overline{G})}{kj + h(1-\text{Pmc})}, \\ r^* &= \frac{-(1-\text{Pmc})\dfrac{\overline{M}}{P} + k(\text{Aut} - \text{Pmc}\,\overline{T} + I_0 + \overline{G})}{kj + h(1-\text{Pmc})}, \\ P^* &= P_0, \\ \pi^* &= (\pi^a)^* = 0. \end{aligned}$$

L'avant dernière équation résulte de (11.6) avec l'hypothèse que dans le long terme le système converge vers le plein emploi $Y^*$ et que l'inflation anticipée est nulle.

### 11.2.2 Calibration et simulation

Ayant maintenant un système d'équations dynamiques et l'expression analytique de la solution stationnaire on peut choisir des valeurs des paramètres qui font que le modèle donne des solutions $(Y^*,\ r^*)$ qui ressemblent à celles du monde réel. On appelle cela un **calibrage de modèle**. Sans pousser les choses jusqu'à ce point nous prendrons ici des valeurs quelconques pour les paramètres et nous simulons le système en considérant des changements au niveau des variables

[1] Nous avons fait la simulation sous GAUSS car c'est sous ce logiciel que tous les graphiques ont été développés.

exogènes. Il va de soi que dans la réalité économique on cherchera à effectuer une modélisation des équations plus proche de la réalité et on estimera ces équations en utilisant des techniques économétriques adéquates. Le principe reste cependant le même.

Nous avons choisi les paramètres suivants pour le modèle : $k = 0.7$, $h = 1500$, $j = 2000$, $Pmc = 0.645$, $P_0 = 1$, $\alpha = 0.002$, $Aut = 10$, $M = 4000$, $T = 200$, $I_0 = 2000$. Ensuite nous supposons que le gouvernement décide d'augmenter les dépenses publiques de $\overline{G} = 300$ à $\overline{G} = 400$. Nous obtenons pour $\overline{G} = 300$ une paire revenu-taux d'intérêt d'équilibre de (5910.22, 0.0914).

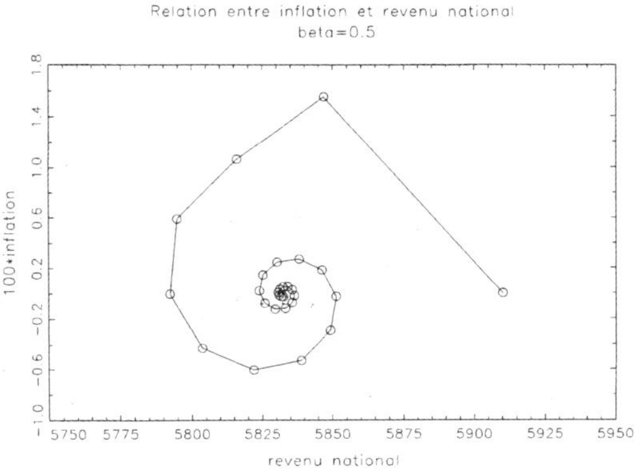


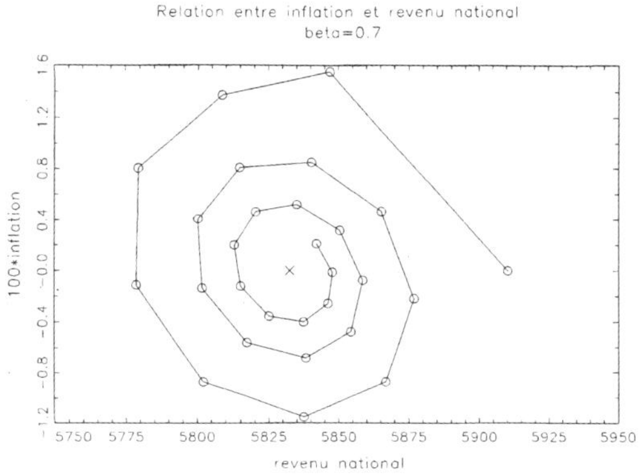


Ci-dessus on représente les trajectoires selon que $\beta = 0.5$ ou 0.7. Dans le dernier cas l'apprentissage se fait plus rapidement que dans le premier cas. On constate que pour les deux trajectoires on converge vers le même équilibre, seul la vitesse de convergence varie.

## 11.3 Comportement chaotique d'une économie

Dans le modèle considéré ci-dessus l'évolution vers l'équilibre se déroule sans histoires. La raison en est la simplicité du modèle. D'une part nous avons supposé des relations simples et linéaires, d'autre part la dynamique même est simple. Seule la variable retardée d'ordre un intervient. Il est très aisé de rendre le modèle plus compliqué. En particulier, on peut introduire des non-linéarités. Nous aimerions montrer dans un cadre mathématique et non pas économique que l'on peut très facilement obtenir des équations dynamiques dont le comportement est *bizarre*. Que le lecteur garde souvenir de cette section lorsqu'il s'attaque un jour lui même à la modélisation de phénomènes complexes de l'économie et qu'il finit, comme nous l'avons aussi fait dans ce cours, par tout linéariser afin d'obtenir une solution simple !

Considérons le système dynamique suivant

$$y_{t+1} = \begin{cases} 2y_t & 0 \le y_t \le 1/2, \\ 2 - 2y_t & 1/2 < y_t \le 1 \end{cases}$$

pour deux valeur initiales ne différant que par la 7ème décimale

$$y_{0,1} = 0.8799999999,$$
$$y_{0,2} = 0.8799997999.$$

Les deux graphiques donnés ci-dessous tracent l'évolution des trajectoires de $y_t$.

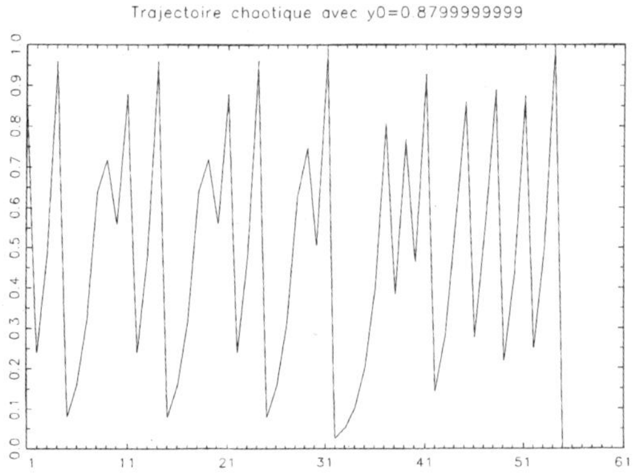


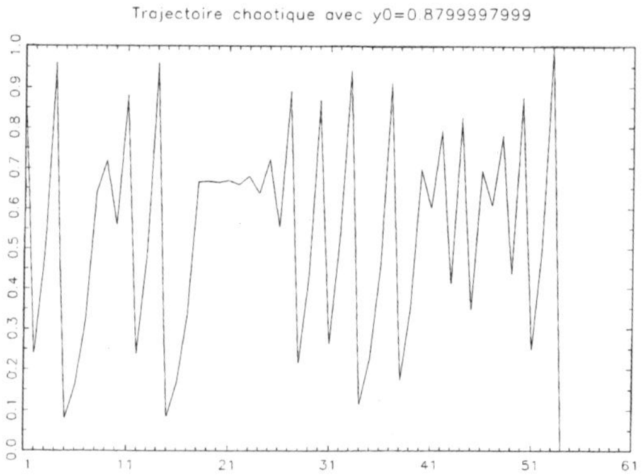


Comme le lecteur le constate, à un moment donné les deux trajectoires diffèrent de manière significative.

# Chapitre 12

# Théorie de la croissance

## 12.1 Introduction

Dans les chapitres précédents nous avons adopté une vue statique à l'exception du tout dernier chapitre où nous avons considéré l'évolution d'un équilibre de long terme à un autre. Ainsi, nous avons supposé avoir un prix, un stock de capital, un revenu de plein emploi et on a regardé l'impact d'une perturbation sur ces grandeurs. Dans un certain sens il s'agit d'une approche très étrange car si on regarde n'importe quel recueil de données statistiques on constate que la population, la production en termes réels, ainsi que de nombreuses autres grandeurs n'ont pas cessé d'augmenter. Un premier but de ce chapitre est de justifier la simplification effectuée dans les chapitres antérieurs. Un autre but est d'introduire un certain nombre de notions qui sont désormais très en vogue comme domaine de recherche en macroéconomie.

Ce chapitre s'intéresse à la croissance des pays. Il s'agit là d'une notion du long terme. Pour cette raison on peut déjà omettre le secteur monétaire qui influence l'économie uniquement dans le court terme. Par conséquent, pour étudier le long terme, il suffit de s'intéresser à des modèles réels. Dans cet esprit nous allons introduire d'abord le modèle de Solow. Ce modèle a été développé dans les années 60 et son inventeur a été récompensé par le prix Nobel. Il est important de connaître ce modèle car les modèles modernes ont été développés pour remédier à un certain nombre de ses lacunes.

Comme nous le verrons, ce modèle implique pour toute économie le passage par une période de rattrapage, c'est-à-dire une période de croissance rapide, vers une étape, qui peut durer éternellement, où la croissance est due seulement à des raisons démographiques ou au progrès technique. C'est une vue très fataliste mais qui a conduit les économistes à effectuer une sorte de dichotomie. Dans le court terme, on fait de l'analyse keynésienne en essayant de réduire le chômage et de développer une politique gouvernementale et monétaire qui n'introduise pas trop de distorsions. Dans le long terme, de toute façon on avait pensé ne pas pouvoir faire grand chose. Comme le montrera ce chapitre, la vue de Solow a été un pas nécessaire dans la compréhension du mécanisme de croissance ; toutefois il n'est pas nécessaire d'avoir une vue aussi fataliste du monde !

## 12.2 Fonction de production

On considère une entreprise qui produit des quantités de biens $Y$ à partir du capital $K$ et du travail $L$. Ces grandeurs, $K$ et $L$, sont les **facteurs de production.** On introduit une **fonction de production** $F$ et on écrit

$$Y = F(K, L)$$

pour traduire le fait qu'avec une quantité de facteurs $K$ et $L$ on peut produire une quantité $Y$. En macroéconomie on utilise souvent la fonction de production **Cobb-Douglas** qui s'écrit sous la forme

$$F(K, L) = AK^{\alpha}L^{\beta}.$$

Il est à remarquer qu'on peut facilement généraliser les fonctions de production à d'autres facteurs de production. Dans la théorie de la croissance, on pense que les autres facteurs tels que les ressources naturelles et la surface agricole ne sont pas importantes. En effet, de nos jours les produits deviennent de plus en plus sophistiqués et petits, demandant peu de matières premières ; par ailleurs la production agricole est tellement excédentaire que nous devons détruire une fraction de ce que nous produisons.

Un producteur qui cherche à maximiser son profit résoud le programme suivant, où $P$ est le prix de vente du bien, $w$ est le salaire nominal à payer et $R$ est le coût du capital :

$$\max_{K,L} \phi(K, L) = PF(K, L) - wL - RK$$

ce qui donne les conditions du premier ordre [1] :

$$\phi_K = PF_K(K, L) - R = 0 \quad \Rightarrow \quad \alpha PY/K = R \Rightarrow \frac{Y}{K} = \frac{R}{P}\frac{1}{\alpha}, \qquad (12.1)$$

$$\phi_L = PF_L(K, L) - w = 0 \quad \Rightarrow \quad \beta PY/L = w \Rightarrow \frac{Y}{L} = \frac{w}{P}\frac{1}{\beta}. \qquad (12.2)$$

on appelle $F_K(K, L) = \alpha AK^{\alpha-1}L^{\beta}$ la **productivité marginale du capital**. L'équation (12.1) nous montre que l'entrepreneur cherchera à obtenir un niveau de capital tel que la productivité marginale du capital soit égale à $R/P$, le coût réel du capital. De même on appelle $F_L(K, L) = \beta AK^{\alpha}L^{\beta-1}$ la **productivité marginale du travail.** L'équation (12.2) nous montre que l'entrepreneur cherchera à obtenir un niveau de main d'œuvre tel que la productivité marginale du travail soit égale à $w/P$ le coût réel du travail.

> **Remarque :** La productivité marginale du travail représente la variation de production obtenue si on embauchait une personne supplémentaire. La condition du premier ordre par rapport au travail dit que l'on doit embaucher des gens tant que ceux-ci permettent d'augmenter le profit de l'entreprise, c'est-à-dire tant que leur productivité est supérieure à leur coût. Cela présuppose que la production marginale est décroissante, ce qui est raisonnable si on suppose que plus il y a d'ouvriers plus ceux-ci vont se gêner au sein d'une entreprise.

[1] On doit maximiser le profit $\phi$ qui est une fonction de deux variables $K$ et $L$. Pour trouver un maximum, il est nécessaire que les **dérivées partielles** de $\phi$ soient nulles. Une dérivé partielle n'est rien qu'une dérivée par rapport à une variable, obtenue en gardant l'autre variable constante. On indique qu'on calcule une dérivée partielle en mettant en indice la variable par rapport à laquelle on dérive, par exemple $\phi_K$ pour noter la dérivée partielle par rapport à $K$. Il y a aussi la notation équivalente en termes de *d rond* qu'on écrit $\partial$. On a donc

$$\phi_K = \frac{\partial \phi}{\partial K}$$

et de même pour $L$.

**Anecdote :** En 1927, Paul Douglas, un économiste qui par la suite est devenu sénateur de l'Illinois, a constaté que la **part** de la rémunération du capital et du travail dans le revenu national était relativement constante à travers le temps. En d'autres termes il a constaté que

$$\frac{PY}{RK} \quad \text{et} \quad \frac{PY}{wL}$$

sont relativement constants à travers le temps. Il est à noter que (12.1) et (12.2) donnent précisément

$$\frac{PY}{RK} = \frac{1}{\alpha} \quad \text{et} \quad \frac{PY}{wL} = \frac{1}{\beta}.$$

Paul Douglas a alors consulté le mathématicien Charles Cobb pour lui demander quel genre de fonction de production satisfait la condition que les parts de rémunération du travail et du capital soient une fraction constante du revenu. Cobb lui a suggéré la fonction

$$F(K, L) = AK^{\alpha}L^{\beta}$$

comme candidate.

Regardons quelles sont les propriétés de cette fonction. Si $K$ et $L$ sont multipliés par un certain facteur, disons $a$, quel est l'effet sur $F$ ?

$$F(aK, aL) = a^{\alpha+\beta}F(K, L)$$

Et ainsi $F$ est multipliée par $a^{\alpha+\beta}$. Dans le cas particulier où $\alpha+\beta = 1$ on constate que la quantité produite est exactement multipliée par $a$. Dans ce cas on dit qu'il y production à **rendements d'échelle constants**. On dit aussi **linéaire homogène** ou **homogène de degré un**. Si $\alpha + \beta < 1$ ($> 1$) on dit que la fonction de production est à rendements d'échelle décroissants (croissants). Au niveau microéconomique, une fonction de production, ne faisant intervenir que le capital et le travail, est en général considérée être à rendements d'échelle décroissantes. Pour voir cela, on peut faire l'expérience de construire à côté d'une entreprise déjà existante une autre identique. Avec la nouvelle entreprise la production risque de doubler. Si on fait trois ou quatre fois de telles constructions ou même plus, les choses vont commencer à se gâter et la production ne sera ni triplée, ni quadruplée. Cela car on peut par exemple penser que les routes d'accès aux entreprises bouchonnent.

Au niveau national on constate cependant, en observant des **séries chronologiques**[2] que l'économie toute entière peut être assez bien décrite par une Cobb-Douglas à rendements d'échelle constantes[3]. L'ordre de grandeur des paramètres est donné par l'observation que le revenu du capital dans le revenu national est d'environ un tiers (donc $\alpha = 1/3$). En d'autres termes, les deux tiers de ce qu'une entreprise produit part en rémunérations du travail et un tiers en rémunération du capital.

Supposons que la population croisse avec un taux $n$ et que la force de travail soit une fraction constante de la population, de sorte que la force de travail croisse aussi à un taux $n$. Puisque

[2] Qu'on appelle aussi des **séries temporelles**.

[3] On pense souvent que dans la production d'un bien, au début de son cycle de vie, le rendement d'échelle est croissant. En revanche, vers la fin de sa vie le rendement d'échelle est décroissant. L'hypothèse de constance d'échelle signifie que tous les moyens de rationalisation des produits ont été exhaussés.

la théorie de la croissance est une théorie en rapport avec le comportement dynamique des économies, introduisons un indice de temps $t$ pour désigner le moment où l'on étudie l'économie.

En 1958, **Robert Solow**, professeur au MIT a cherché à mieux comprendre la cause de la croissance économique. La première question qu'il s'est posé concernait la mesure de la croissance par personne. Il avait observé que le niveau de vie de chaque personne augmentait avec le temps et aussi que la productivité du travail progressait. Pour une unité de capital donné, les ouvriers sont capables de réaliser plus par unité de temps. Cette observation l'a conduit à considérer

$$Y_t = F(K_t, B_t L_t)$$

où $B_t$ représente le *progrès technique*[4]. On peut voir ce $B_t$ comme du savoir technologique ou comme la qualité de la production. Il est nécessaire d'introduire ce progrès technique sinon nous aboutirions à un résultat ne correspondant pas à la réalité économique. Supposons en effet avoir une fonction de production du type $Y = F(K, L)$. Avec l'hypothèse de rendements d'échelle constants on obtiendrait que $Y/K = F(1, L/K)$. Comme on a observé empiriquement que $L/K$ est une grandeur qui devient de plus en plus petite on observerait que $Y/K$ aussi deviendrait de plus en plus petite, or, dans la réalité, le rapport $Y/K$ est à peu près constant à travers le temps !

Avec une Cobb Douglas à rendements d'échelle constants nous obtenons

$$\frac{Y_t}{B_t L_t} = A_t \Big( \frac{K_t}{B_t L_t} \Big)^{\alpha}$$

d'où en prenant des logarithmes :

$$\ln(Y_t/L_t) = \alpha \ln(K_t/L_t) + \ln(A_t) + (1-\alpha)\ln(B_t)$$

Cette équation peut être estimée économétriquement si on connaît $Y_t, L_t, K_t$. On suppose que $\ln(A_t)$ est une perturbation aléatoire qu'on pourrait voir comme l'éloignement de l'économie de sa tendance à long terme. En regardant les résidus d'une simple régression linéaire de $\ln(Y_t/L_t)$ sur une constante et $\ln(K_t/L_t)$, on constate que ceux ci peuvent être assez bien décrits par une droite. Solow a alors choisi de modéliser le progrès technique capté par le résidu avec

$$\ln(B_t) = \alpha_0 + gt.$$

En estimant la régression linéaire

$$\ln(Y_t/L_t) = (1-\alpha)\alpha_0 + \alpha \ln(K_t/L_t) + (1-\alpha)gt + \epsilon_t$$

on trouve que les paramètres $\alpha$ et $g$ sont significatifs. De plus on observe que $g$ est petit. On peut donc écrire que

$$B_t = B_0 e^{gt}$$

[4] Ici, le progrès technique a été choisi comme *augmentant le travail*, mais on aurait pu le modéliser comme augmentant le niveau global de production: $Y_t = B_t F(K_t, L_t)$. Dans le cas d'une Cobb-Douglas les deux représentations sont équivalentes car

$$\begin{aligned} Y_t &= AK_t^{\alpha}(B_t L_t)^{\beta} \\ &= AB_t^{\beta} K_t^{\alpha} L_t^{\beta} \end{aligned}$$

et donc, en redéfinissant le progrès technique comme $B_t^{\beta}$ on a bien montré le résultat.

$$\Rightarrow \frac{B_t}{B_{t-1}} = e^g \sim 1 + g$$
$$\Rightarrow B_t = (1+g)B_{t-1}.$$

Dans la deuxième équation nous avons utilisé le fait que $g$ est petit. Pour obtenir la dernière égalité, nous avons macroéconomiquement oublié qu'il s'agit d'une approximation.

Le paramètre $g$ est interprété comme le taux de croissance du progrès technique. Lors de son analyse de la croissance Solow a pris cette grandeur comme une donnée[5]. En passant en termes d'**unités efficientes**[6], c'est-à-dire en calibrant chaque variable par rapport à la force de travail et au progrès technique, on peut écrire :

$$\frac{Y_t}{L_t B_t} = A_t \left(\frac{K_t}{B_t L_t}\right)^{\alpha}$$

Il est à noter, à ce stade, que la production nationale (par unité de travail efficient) est une fonction à rendements d'échelle décroissants par rapport au capital (par unité de travail efficient). Le terme $A_t$ traduit le fait qu'il peut y avoir des fluctuations autour du terme de productivité. **En fait, la macroéconomie traditionnelle analyse simplement comment modifier $A_t$.** Afin de négliger les effets du court terme auquel s'intéresse la macroéconomie, et pour mettre l'accent sur le phénomène de croissance, nous allons supposer simplement que $A_t$ vaut un.

## 12.3 Le modèle de Solow

Ce modèle est décrit par les équations suivantes :

$$Y_t = K_t^{\alpha}(B_t L_t)^{1-\alpha} \quad (12.3)$$
$$S_t = sY_t \quad (12.4)$$
$$Y_t = C_t + S_t \quad (12.5)$$
$$K_{t+1} = (1-\delta)K_t + I_t \quad (12.6)$$
$$I_t = S_t \quad (12.7)$$
$$B_{t+1} = (1+g)B_t \quad (12.8)$$
$$L_{t+1} = (1+n)L_t. \quad (12.9)$$

L'équation (12.3) donne la fonction de production. Il s'agit d'une fonction de production à la Cobb-Douglas à rendements d'échelle constants. Dans (12.4) on postule que l'épargne est une fonction constante de la production. Pour le moment on ne dit rien sur la provenance de $s$. Plus tard nous verrons quels facteurs peuvent influencer $s$. L'équation (12.5) dit que le revenu est soit consommé, soit épargné. Cela signifie que dans ce modèle nous n'avons pas de gouvernement ni de contacts avec les autres pays. (12.6) donne une règle d'accumulation du capital disant que le stock de capital de demain $K_{t+1}$ est égal à celui d'aujourd'hui $K_t$, diminué d'une certaine quantité de capital **déprécié** $\delta K_t$ et augmenté du nouvel investissement $I_t$. Puisque nous sommes dans une économie fermée (12.7) indique que ce qui est épargné est aussi investi. L'équation (12.8) indique que le progrès technique est croissant au taux $g$ et (12.9) indique que le taux de croissance de la population $n$ est aussi constant. Les deux taux de croissance sont des paramètres qui ne sont pas affectés par les autres variables.

---

[5] Il existe actuellement toute une littérature sur la **croissance endogène** qui cherche à expliquer ce qui peut influencer $g$.

[6] En anglais on dit *efficiency units*.

Une simple substitution de (12.4) dans (12.6) en utilisant (12.7) donne

$$K_{t+1} = (1-\delta)K_t + sK_t^{\alpha}(B_tL_t)^{1-\alpha}. \qquad (12.10)$$

La substitution de (12.4) dans (12.5) permet d'établir un lien entre consommation et revenu national

$$(1-s)Y_t = C_t.$$

Le passage en unités efficientes permet d'écrire

$$(1-s)\frac{Y_t}{B_tL_t} = \frac{C_t}{B_tL_t}.$$

En introduisant des lettres minuscules pour les variables en unités efficientes

$$y_t = \frac{Y_t}{B_tL_t}, \qquad c_t = \frac{C_t}{B_tL_t}, \qquad k_t = \frac{K_t}{B_tL_t}$$

on peut écrire d'une part que

$$(1-s)y_t = c_t$$

et d'autre part, en reprenant la nouvelle règle d'accumulation de capital (12.10), que

$$\frac{K_{t+1}}{B_{t+1}L_{t+1}} = \frac{(1-\delta)K_t + sK_t^{\alpha}(B_tL_t)^{1-\alpha}}{(1+g)(1+n)B_tL_t}.$$

En notant que si $x$ et $y$ sont des grandeurs très petites alors $1/(1+x) \sim 1-x$ et $(1+x)(1+y) \sim 1+x+y$ on peut approximer la précédente relation par

$$k_{t+1} = (1-\delta-g-n)k_t + s(1-g-n)k_t^{\alpha}.$$

Introduisant $\Gamma = \delta + g + n$ et remarquant que le produit $s(g+n)$ est négligeable par rapport à $s$ on peut approximer la règle d'accumulation du capital en termes d'unités efficientes avec

$$k_{t+1} = (1-\Gamma)k_t + sk_t^{\alpha}. \qquad (12.11)$$

Ceci constitue une équation dynamique non-linéaire à une seule variable $k_t$. L'intuition économique de cette équation est que si le taux de croissance de la population ($n$) ou le taux de dépréciation ($\delta$) est plus fort, le stock de capital par individu augmente moins vite. Si le taux de croissance du progrès technique ($g$) est plus grand, cela signifie que la productivité du travail augmente très rapidement et que, par conséquent, le stock de capital par unité de travail efficient va augmenter relativement moins rapidement. Par la suite, on réinterprète $\Gamma$ comme de la dépréciation pour se simplifier la vie, mais il faut se souvenir qu'il y a un certain nombre de composants.

### 12.3.1 État stationnaire

> **Remarque :** L'état stationnaire est l'état où l'économie ne change plus, mis à part le taux de croissance de la population et le progrès technique.

Afin d'étudier l'évolution du système donné par (12.11) on commence par étudier la solution stationnaire obtenue en laissant de côté l'indice temps. Ensuite on cherche à comprendre comment on converge vers l'état stationnaire.

La recherche de la solution stationnaire revient ainsi à chercher le point fixe de l'équation (12.11). Le problème est d'obtenir le $k^*$ qui satisfait l'équation :

$$k = (1 - \Gamma)k + sk^{\alpha}.$$

Cette équation possède *a priori* plusieurs racines. Par exemple, 0 est une racine. Cependant, $k = 0$ n'est pas une solution stable dans le sens où, du moment que l'on a une quantité de capital même très petite, l'économie commence à diverger de cet état.

En prenant la solution stable on obtient

$$k^* = \left(\frac{s}{\Gamma}\right)^{\frac{1}{1-\alpha}}. \tag{12.12}$$

Cette relation nous dit que si, dans l'économie, le taux d'épargne $s$ est plus fort, le stock de capital dans l'état stationnaire sera plus grand. Plus le $\Gamma$ est grand plus l'état stationnaire sera petit. C'est à dire que plus la dépréciation, le taux de croissance du progrès technique, ou celui de la population sont grands et plus le stock de capital par tête et par unité de progrès technique sera petit.

### 12.3.2 Évolution dynamique

On suppose que l'économie démarre avec un certain stock de capital initial $k_0$ et on regarde comment le stock de capital évolue à travers le temps.

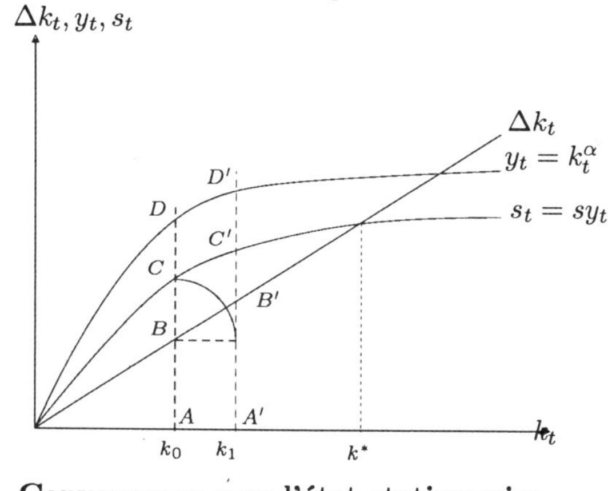


**Convergence vers l'état stationnaire**

Dans ce graphique est représenté la fonction de production $y_t = k_t^{\alpha}$, l'épargne $sk_t^{\alpha}$ ainsi que la droite $\Gamma k_t$. Lorsque l'épargne $s_t$ est égale à la quantité qui s'est dépréciée $\Gamma k_t$, dans ce cas $k_{t+1} = k_t$ et par définition on a atteint l'état stationnaire $k^*$. Ce que la construction graphique montre est en plus comment on évolue vers l'état stationnaire. Commençant avec le stock de capital $k_0$ on produit $AD = k_0^{\alpha}$ et on épargne $AC = sk_0^{\alpha}$. La différence entre ces deux segments, c'est-à-dire le segment $CD$, correspond à la quantité du bien consommée. Le segment $AB = \Gamma k_t$ correspond, par définition, à la quantité de capital qui s'est dépréciée. L'excédent de l'épargne, AC, par rapport à la quantité dépréciée, AB, et donc de ce qui a été investi sur la quantité dépréciée, BC, constitue l'augmentation nette de capital entre les dates 0 et 1. L'équation (12.11) donne $k_1 = (1 - \Gamma)k_0 + sk_0^{\alpha}$ et donc $k_1 - k_0 = sk_0^{\alpha} - \Gamma k_0$. On reporte le segment vertical $BC$ sur l'horizontale et on obtient ainsi le nouveau stock de capital $k_1$. À partir de $k_1$ on peut recommencer avec les variables avec le prime. Cette construction graphique permet de construire tout le cheminement vers l'état stationnaire.

### 12.3.3 Évolution à travers le temps

Les graphiques ci-dessous montrent comment la consommation, le stock de capital et l'investissement qui est ici égal à l'épargne, évoluent vers l'état stationnaire.

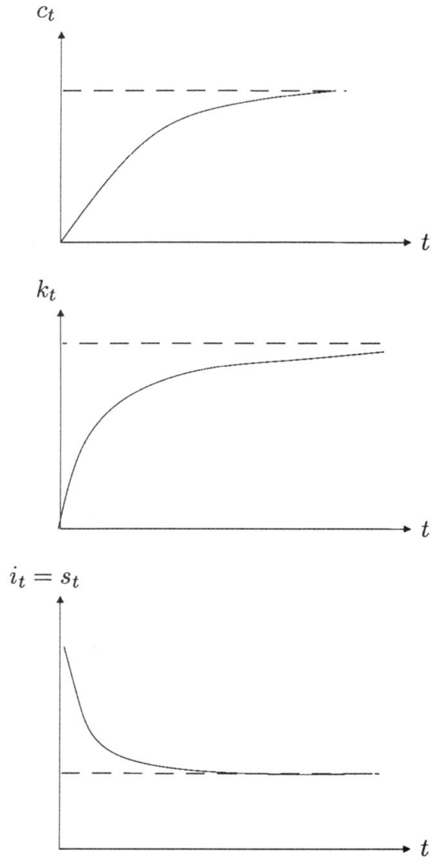


**Évolution des variables à travers le temps**

Le modèle de Solow nous dit que toute société, quel que soit son stock de capital initial $k_0$ converge avec une sorte de fatalité vers un équilibre d'état stationnaire. Dans cet état stationnaire il y a possibilité de croissance, mais uniquement à cause du progrès technique et d'augmentation démographique. Le modèle de Solow suggère donc que dans la vie de toute économie on peut distinguer deux régimes. Tout d'abord une période de rattrapage avec, initialement, une période de forte croissance. On converge alors vers une économie qui est entraînée par le progrès technique et par la croissance démographique. La seule façon d'améliorer le bien être des gens consiste à investir dans le progrès technique.

### 12.3.4 Influence du taux d'épargne sur la croissance

Le modèle de Solow est important en soi mais Solow ne s'est pas arrêté là dans son analyse. Il s'est demandé quelle est la croissance optimale. Pour en arriver là, commençons par une étude de statique comparative.

Il est possible de faire des statistiques comparatives, tout d'abord en regardant l'effet d'un changement du taux d'épargne. Nous représentons dans le graphique suivant deux fonctions d'épargne avec des taux respectifs de $s^A$ et $s^B$ avec $s^A < s^B$. Nous représentons aussi un stock de capital initial $k_0$ fixé que l'on peut voir comme le point de départ de l'économie.

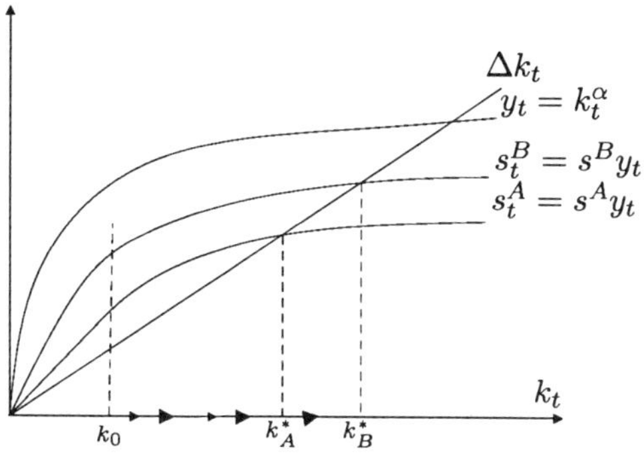


**État stationnaire et taux d'épargne**

Ce graphique montre que plus le taux d'épargne est grand, et plus on converge vers un stock de capital grand. En nous souvenant que $K_t = B_t L_t k_t$ nous pouvons étudier l'évolution dynamique du stock de capital en termes absolus, c'est-à-dire de $K_t = B_t L_t k_t$, à partir du stock de capital initial $K_0 = B_0 L_0 k_0$. La représentation graphique est faite dans le graphique ci-dessous.

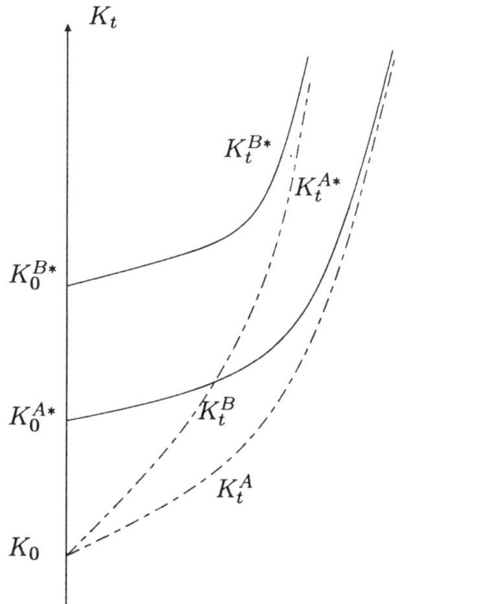


**Rattrapage du stock de capital**

Tout d'abord on représente dans le graphique l'évolution d'économies qui se trouvaient déjà initialement dans l'état stationnaire, soit en $K_0^{A*} = B_0 L_0 k_A^*$ avec un taux d'épargne $s_A$, soit en

$K_0B* = B_0L_0k_B^*$ avec un taux d'épargne $s_B$. Cela donne les courbes $K_t^{*A}$ et $K_t^{*B}$. Nous voyons qu'en partant de $K_0$ il y a d'abord rattrapage, puis convergence vers les trajectoires d'équilibre des états stationnaires.

Nous comprenons donc que le changement du taux d'épargne modifie la rapidité avec laquelle on arrive à un niveau du stock de capital donné, mais ne modifie absolument pas la vitesse de croissance dans l'état stationnaire.

### 12.3.5 Choix d'un $s$ optimal

L'implication du modèle de Solow est que toutes les économies convergent vers un état stationnaire pour lequel les variables sont constantes en terme d'unités efficientes. Nous pouvons chercher s'il existe un *s optimal* qui maximise la consommation des individus. Dans l'état stationnaire (en termes d'unités d'efficience) nous pouvons écrire que

$$y^* = c^* + i^*.$$

L'état stationnaire dans (12.11) donne

$$\begin{aligned} k^* &= (1-\Gamma)k^* + s(k^*)^\alpha = (1-\Gamma)k^* + i^*, \\ \Rightarrow i^* &= \Gamma k^* \end{aligned}$$

d'où finalement

$$c^* = (k^*)^\alpha - \Gamma k^*.$$

La maximisation de la consommation d'état stationnaire donne alors

$$k^{**} = \left(\frac{\Gamma}{\alpha}\right)^{\frac{1}{\alpha - 1}}. \tag{12.13}$$

Dans le graphique suivant sont représentées la courbe $k^\alpha$ correspondant à la production, et la courbe $\Gamma k$ correspondant à la quantité qui se déprécie à chaque période. Les conditions du premier ordre ci-dessus indiquent que la maximisation a lieu là où la tangente à la courbe $k^\alpha$, c'est-à-dire $\alpha k^{\alpha-1}$, est parallèle à celle de $\Gamma k$, c'est-à-dire $\Gamma$.

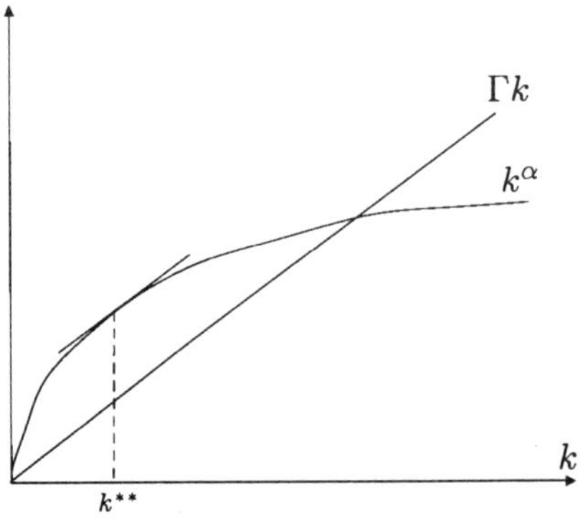


**Niveau du capital maximisant la consommation**

Le rôle du gouvernement devrait donc être d'encourager ou de décourager l'épargne, de sorte que le taux d'épargne $s$ corresponde au stock de capital optimal. Comme dans la formule (12.12) nous avons établi le stock de capital de l'état stationnaire, pour un $s$ donné, et nous obtenons le $s$

qui maximise la consommation en comparant (12.12) avec (12.13). Nous trouvons que l'épargne optimale $s^{o^*}$ doit satisfaire

$$s^o = \alpha.$$

Supposons que nous soyons dans un état stationnaire et que le gouvernement décide d'augmenter le niveau d'épargne[7]. Comment peut-il faire ? Toute politique qui va conduire à une épargne supérieure sera la bienvenue : livrets d'épargne pour jeunes, réforme du système de sécurité sociale, augmentation de TVA.

L'évolution dynamique de certaines variables, d'un état stationnaire vers un autre, est représentée dans le diagramme suivant :

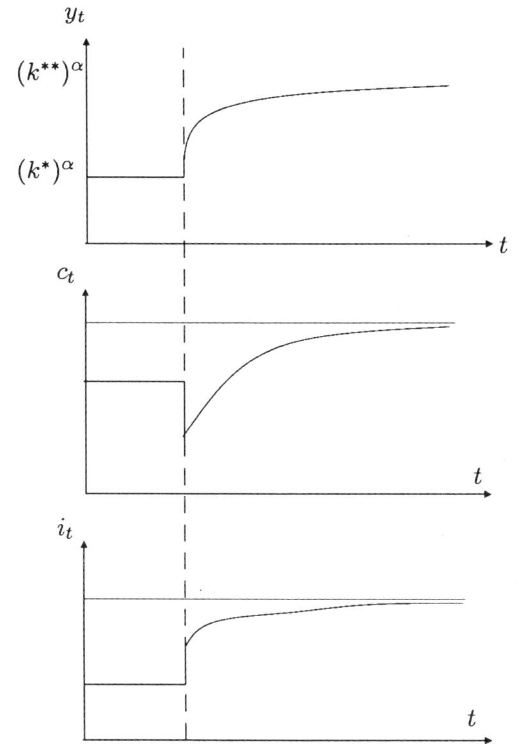


**Effet d'un changement dans l'objectif politique**

Ce graphique montre que si on désire passer de $k^*$ à un niveau de capital plus grand $k^{**}$, il faut faire des sacrifices à un moment donné. Il est important de noter que ce n'est pas nécessairement la génération actuelle qui va bénéficier des sacrifices faits ! Le choix de la politique à suivre dépend donc de l'attitude du gouvernement. Celui-ci risque de ne pas mettre en œuvre une politique qui viserait à atteindre l'état stationnaire optimal pour des raisons politiques. Si le gouvernement a une attitude altruiste, il devrait essayer de faire de son mieux pour que les

[7] Si le gouvernement désire influencer le niveau de capital par personne il peut aussi modifier le taux de croissance de la population ou bien encourager une diminution des dépréciations par une qualité de production supérieure.

générations futures aillent le mieux possible. Dans ce cas, on dit que le gouvernement suit la **règle d'or** de l'accumulation du capital, d'après le proverbe biblique *fais pas à autrui ce que tu ne voudrais pas que l'on te fasse à toi même.*

## 12.4 Les limites du modèle de Solow

La première limite est, à mon avis, cette notion de fatalité qui émerge du modèle de Solow. Quoi qu'on fasse on ne peut pas changer la vitesse de croisière de l'état stationnaire de l'économie. Il me semble qu'avec de l'éducation ou une politique de Recherche et Développement adéquate on peut influencer le rythme de croissance d'une économie.

Le deuxième problème avec ce modèle est que la force qui génère en dernier lieu la croissance est le progrès technique. Or, ici cette grandeur n'est pas modélisée mais donnée de façon exogène. La croissance apparaît ainsi de manière artificielle.

Ensuite ce modèle a des difficultés à expliquer un certain nombre d'observations empiriques[8]. Ainsi, si on imagine que les marchés sont à peu près compétitifs, la productivité marginale du capital devrait être égale à la rentabilité réelle. Dans notre modèle nous avons comme productivité marginale du capital $\alpha(k^*)^{\alpha-1} = \alpha(y^*)^{(\alpha-1)/\alpha}$. On peut maintenant se demander si les variations des taux réels à travers les pays peuvent être expliqués par les variations du revenu. Cela implique que nous devons calculer l'élasticité des taux par rapport au revenu. Posant $R = \alpha(y^*)^{\alpha-1}/\alpha$ nous obtenons

$$\frac{\frac{\Delta R}{R}}{\frac{\Delta y}{y}} = \frac{\alpha - 1}{\alpha}.$$

Pour $\alpha = 1/3$ nous obtenons une élasticité de 2. On constate que certains des pays pauvres ont un revenu par personne entre 10 et 100 fois moindre que dans les pays riches. Ainsi la rentabilité dans ces pays devrait être de 20 à 200 fois plus grande par rapport aux pays riches, ce qui n'est pas le cas. Si par ailleurs la productivité marginale dans ces pays était plus grande que dans nos pays, on devrait observer un flux massif de capital vers les pays pauvres. Une fois de plus, ce n'est pas le cas.

Dans le but de remédier aux lacunes du modèle de Solow un certain nombre de modèles alternatifs ont été introduits ou rappelés dans la suite des travaux de Paul Romer de 1986. C'est à ces modèles que nous nous intéressons maintenant.

Ce qui manque dans le modèle de Solow est une modélisation plus satisfaisante du progrès technique. Différentes voies existent pour remédier à cette situation. Une première consiste à introduire comme substitut du progrès technique le capital humain. Bien entendu le capital humain s'acquiert dans les écoles et on peut donc investir dans le capital humain en construisant des écoles et en s'assurant d'un bon niveau d'enseignement[9]. Une autre voie possible est de dire que l'existence même du stock de capital crée des externalités conduisant à une production globale plus grande. Ainsi, l'invention du chemin de fer a permis d'augmenter directement le stock de capital des pays en disposant, mais aussi la production de tous les autres biens en a bénéficiée.

La résolution de ces modèles est plutôt compliquée. Pour cette raison nous allons juste esquisser de quoi il s'agit. Pour les modèles introduisant le capital humain, qu'on note $H_t$, on

[8] Il faut quand même reconnaître que ce modèle explique de nombreuses autres observations.

[9] Par exemple en donnant, s'il vous plaît, beaucoup d'argent aux professeurs.

modifierait la fonction de production en écrivant que

$$Y_t = A_t K_t^{\alpha} L_t^{\beta} H_t^{\gamma}.$$

On introduirait aussi une règle d'accumulation du capital humain, par exemple en écrivant

$$H_{t+1} = (1 - \delta_H) H_t + G(K_t, L_t).$$

La première équation traduit le fait que le capital humain intervient dans la production et la deuxième équation que le capital humain s'accumule, se déprécie d'un montant $\delta_H$ et qu'on peut y investir un montant fonction du stock de capital et de travail existant.

Pour les modèles qui utilisent le capital comme externalité on considérerait comme fonction de production

$$Y_t = A_t K_t^{\alpha} L_t^{\beta} \overline{K_t}^{\gamma}.$$

Au niveau individuel on chercherait une solution au problème d'investissement puis au niveau agrégé on poserait $\overline{K} = K$.

Nous allons nous arrêter là pour ces modèles, en remarquant qu'il s'agit d'un domaine passionnant où s'effectuent beaucoup de recherches. Dans ce type de modèle, on peut par ailleurs chercher à introduire le cadre keynésien et supposer que les variables de cette analyse interviennent dans la fonction de production. Il s'agit de problèmes intéressants mais pas faciles à résoudre.

# Chapitre 13

# Microéconomie de la fonction de consommation

Initialement, dans ce cours, nous avons indiqué, dans un pur esprit keynésien, que la fonction de consommation dépend du revenu disponible. L'étude de la Grande Dépression a montré que d'autres facteurs tels qu'anticipation, richesse, et taux d'intérêt peuvent intervenir dans la décision de consommation des agents. Dans ce chapitre, nous allons chercher à être plus explicite dans la modélisation des facteurs susceptibles d'intervenir dans la décision de consommation.

## 13.1 La conjecture de Keynes

N'ayant pas accès à des données statistiques sur le revenu et la consommation des ménages, ce qui aurait permis de tester des spécifications de la consommation, Keynes faisait des hypothèses sur le comportement des ménages. Cela lui a permis de proposer une spécification de la fonction de consommation à partir de considérations purement théoriques. Ses hypothèses sont :

- Chaque franc de revenu disponible supplémentaire par ménage sera utilisé partiellement pour une consommation supérieure, le reste sera épargné. Ainsi **la propension marginale à consommer** sera comprise entre 0 et 1.

- Plus un ménage reçoit un revenu grand et plus la fraction de la consommation dans le revenu global sera petite. Cela signifie que la **propension moyenne à consommer** est décroissante.

- Il y a d'autres facteurs qui peuvent jouer un rôle dans la détermination de la consommation tels que le taux d'intérêt ou l'anticipation du futur, mais le revenu disponible est *le facteur* essentiel déterminant de la consommation.

Se fondant sur ces hypothèses, on peut vérifier que la fonction de consommation

$$C(Y-\overline{T}) = \text{Aut} + \text{Pmc}\,(Y-\overline{T}) \quad \text{où} \quad 0 < \text{Pmc} < 1$$

satisfait les hypothèses faites par Keynes. En effet, nous obtenons avec une telle spécification que la propension marginale à consommer,

$$\frac{dC(Y-\overline{T})}{d(Y-\overline{T})} = \text{Pmc},$$

sera comprise entre 0 et 1. La **propension moyenne** est

$$\frac{C(Y-\overline{T})}{Y-\overline{T}} = \frac{\text{Aut}}{Y-\overline{T}} + \text{Pmc}.$$

Il s'agit effectivement d'une fonction qui décroît lorsque le revenu disponible augmente. Finalement, puisqu'aucune autre variable intervient dans cette fonction de consommation, la dernière hypothèse de Keynes est trivialement satisfaite.

## 13.2 Une ombre au tableau

On peut tester les hypothèses sous-jacentes à la fonction de consommation keynésienne, de manière économétrique, en prenant des séries de consommation pour des ménages ; soit à travers le temps, dans ce cas on parle d'une **série temporelle**, soit en prenant un instant donné et en regardant pour divers ménages quelle est la consommation selon le revenu. Dans ce dernier type de test on parle d'une **étude en coupe transversale**[1].

En coupe transversale, des études ont montré que si le revenu augmente, la fraction épargnée augmente aussi, ce qui confirme l'hypothèse de propension moyenne décroissante et par conséquent, à un instant donné, on devrait avoir un terme de consommation autonome dans la fonction de consommation. Dans le court terme on peut donc considérer que la fonction de consommation est affine.

Par ailleurs, déjà dans les années 40, Simon Kuznets (qui reçut plus tard un prix Nobel) avait construit des séries de consommation et de revenu disponible pour les États-Unis remontant jusqu'à 1870. Avec cette série contenant environ 80 observations, il montre que la fonction de consommation dans le long terme est non pas une relation affine, mais une relation linéaire et par conséquent, dans le long terme, la constante Aut n'a pas sa place dans la fonction de consommation.

Le graphique suivant représente la fonction de consommation de court terme $A$ et de long terme $B$ comme suit :

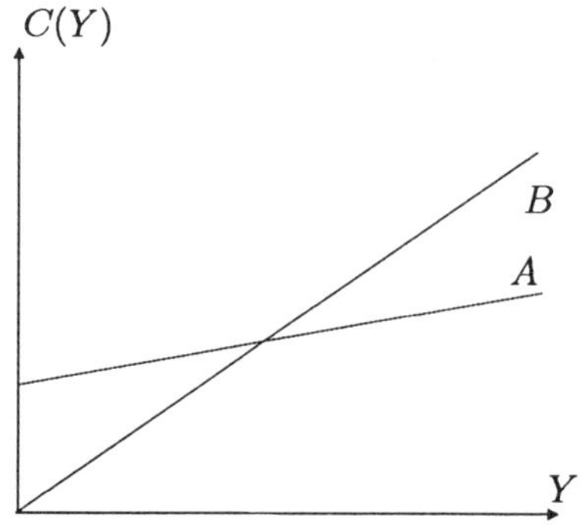


**Fonctions de consommation de court et de long terme**

À ce stade les économistes étaient dans l'embarras. L'observation empirique contredisait l'intuition économique de l'époque. Comme nous allons le montrer, la résolution de la contradiction a permis de mettre en avant que les ménages, comme d'ailleurs tout individu, font des anticipations qui paraissent dans une large mesure rationnelles. Ainsi, les agents semblent

[1] Lorsqu'on fait une étude faisant intervenir des données, pour beaucoup d'individus, sur un certain nombre d'années on obtient un **panel**, on dit aussi une **coupe longitudinale**.

tenir compte de la dimension temporelle et d'effectuer un choix intertemporel plus complexe que Keynes ne l'imaginait.

## 13.3 Solution du mystère

Économétriquement, on constate donc que, dans le long terme, on a une relation linéaire et, dans le court terme, une relation affine. D'autres études ont montré que le taux d'intérêt ne joue pas un grand rôle dans la décision de consommation. Comment réconcilier toutes ces observations ? Milton Friedman et Franco Modigliani, dans les années 50, ont proposé des explications à cette énigme. Pour comprendre leur raisonnement il faut d'abord comprendre la contribution d'Irving Fisher sur le choix de consommation intertemporel. Cette contribution montre comment les agents rationnels font des décisions intertemporelles. Le choix de consommation fait par les agents ne dépend pas seulement des variables actuelles mais aussi des anticipations qu'ils ont du futur. Ainsi une épargne plus grande peut permettre une consommation plus grande dans le futur.

Nous rappelons que le modèle keynésien est un modèle statique. Il n'y a pas d'indice du temps. Il semble intuitif que l'introduction de la dimension temporelle ne puisse qu'améliorer le modèle. Il reste à noter que le modèle de Fisher a fourni des outils mathématiques qui ont permis de mieux comprendre comment s'effectue l'allocation intertemporelle. Toutefois, ce modèle en soi ne permet pas de résoudre l'énigme mise en évidence par Kuznets.

### 13.3.1 Choix intertemporel de la consommation

Dans ce chapitre, en suivant la démarche d'Irving Fisher, nous allons montrer que les consommateurs arbitrent entre la consommation actuelle et future. Ce chapitre devrait donc permettre de mieux comprendre pourquoi les ménages épargnent ou empruntent. Pour simplifier, nous supposons avoir une vie à deux périodes. On néglige, par ailleurs, l'incertitude concernant le futur.

Désignons par $Y_1, Y_2$, $C_1, C_2$ les revenus et les consommations de première et de deuxième période. Pour négliger les phénomènes monétaires, nous allons prendre toutes les variables en termes réels. On peut écrire que la part de revenu qui n'est pas consommée dans la première période, c'est-à-dire l'épargne

$$S_1 = Y_1 - C_1$$

peut être consommée demain en mettant cette épargne à disposition du marché financier qui la rémunère avec un intérêt au taux $r$. Inversement on peut emprunter, si l'on souhaite consommer davantage maintenant, plutôt que dans le futur. On peut écrire que la consommation de deuxième période est

$$C_2 = (1+r)(Y_1 - C_1) + Y_2$$

ou encore

$$C_1 + \frac{C_2}{1+r} = Y_1 + \frac{Y_2}{1+r},$$

relation qui indique que la valeur actualisée des revenus est égale à la valeur actualisée des consommations. Cette relation montre que l'on peut déplacer des consommations futures vers aujourd'hui en faisant un emprunt. Il est également possible de déplacer de la consommation vers le futur en plaçant de l'argent à la banque. Pour cette raison cette relation est appelée une **contrainte budgétaire intertemporelle.**

Nous avons supposé, en écrivant cette relation, que l'individu peut aussi bien prêter qu'emprunter à un même taux $r$. En fait, il est relativement facile d'introduire un taux pour l'emprunt et un autre pour le prêt. Nous laissons cette extension au lecteur. Nous supposons maintenant que notre agent représentatif fait son choix intertemporel selon une certaine fonction objectif qu'on appelle en économie une **fonction d'utilité** $U(C_1, C_2)$. Il cherche donc à résoudre le problème

$$\begin{array}{ll} \max & U(C_1, C_2) \\ \text{s.c.} & C_1(1+r) + C_2 = Y_1(1+r) + Y_2 \end{array}$$

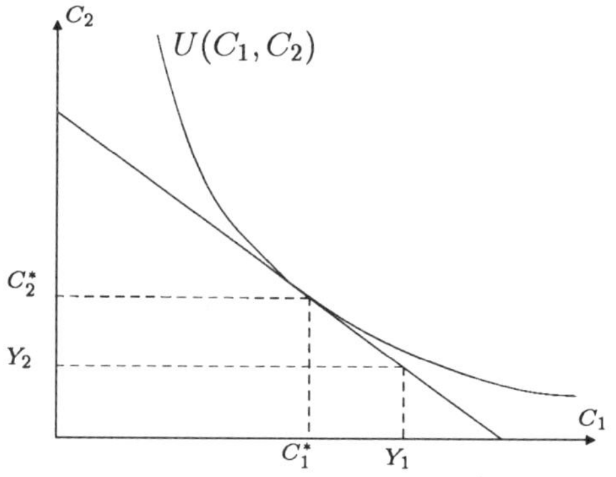


**Maximisation sous contrainte**

Pour résoudre ce problème on procède soit par élimination d'une des variables $C_1$ ou $C_2$, ou en effectuant la maximisation sous contrainte par la méthode du **multiplicateur de Lagrange**. Pour cela on introduit le multiplicateur de Lagrange $\lambda$ et on forme le Lagrangien

$$\mathcal{L} = U(C_1, C_2) + \lambda[C_1(1+r) + C_2 - Y_1(1+r) - Y_2].$$

Les conditions du premier ordre donnant les consommations optimales $(C_1^*, C_2^*)$ s'obtiennent en prenant les dérivées partielles de $\mathcal{L}$ et en les annulant, exactement comme pour le cas d'une fonction d'une variable où un maximum se trouve parmi les valeurs qui annulent la dérivée.

Sans entrer dans les détails mathématiques on suppose que la fonction d'utilité satisfait certains critères qui garantissent qu'il n'existe qu'un extremum et que celui-ci est un maximum.

$$\left.\begin{array}{r} \frac{\partial U}{\partial C_1}(C_1^*, C_2^*) = \lambda^*(1+r) \\ \frac{\partial U}{\partial C_2}(C_1^*, C_2^*) = \lambda^* \end{array}\right\} \Rightarrow \frac{\partial U}{\partial C_1}(C_1^*, C_2^*) = \frac{\partial U}{\partial C_2}(C_1^*, C_2^*)(1+r)$$
$$C_1(1+r) + C_2 = Y_1(1+r) + Y_2.$$

La première relation peut encore s'écrire

$$\frac{\partial U}{\partial C_1}(C_1^*, C_2^*) = \frac{\partial U}{\partial C_2/(1+r)}(C_1^*, C_2^*).$$

On remarque dans cette relation que nous avons mis en évidence l'utilité marginale de consommation future sous forme actualisée $C_2/(1+r)$ pour la rendre comparable avec l'utilité marginale de consommation de la première période. L'interprétation économique de cette relation est que le consommateur cherche à allouer ses revenus, de telle sorte que la satisfaction tirée de la dernière unité de consommation future doit être égale à la satisfaction obtenue de la dernière unité de consommation d'aujourd'hui.

Dans le graphique suivant, nous représentons d'une part la contrainte budgétaire et d'autre part la courbe d'indifférence correspondant à des couples de consommation procurant un niveau constant d'utilité. C'est lorsque le niveau d'utilité est le plus élevé, tout en respectant la contrainte budgétaire que nous obtenons les consommations optimales.

Avant de continuer, nous pouvons nous interroger pour savoir comment la contrainte budgétaire se modifie lorsque le taux d'intérêt augmente. Etant donné qu'on peut récrire la contrainte budgétaire comme $C_2 = (Y_1 - C_1)(1+r) + Y_2$, on constate que si on a $Y_1 = C_1$, c'est-à-dire qu'en période 1 il n'y a ni épargne ni emprunt alors $C_2 = Y_2$ et le taux n'a pas d'importance. Si à la période 1 on épargne, $(Y_1 > C_1)$, alors une hausse de $r$ conduit à une augmentation de $C_2$. Si à la période 1 on emprunte, $(Y_1 < C_1)$, alors une hausse de $r$ conduit à une baisse de $C_2$. On conclut que si $r$ augmente la contrainte budgétaire pivote autour du point $(Y_1, Y_2)$ dans le sens des aiguilles d'une montre.

On peut maintenant s'interroger sur l'effet d'une hausse de $r$ sur l'épargne et la consommation dans les deux périodes.

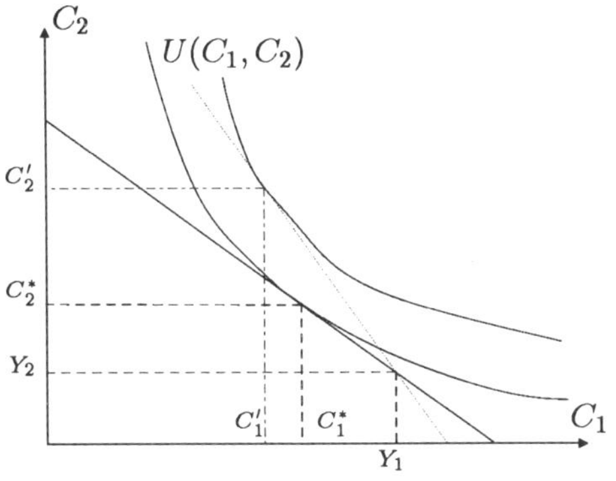


**Hausse de $r$ avec baisse de $C_1$**

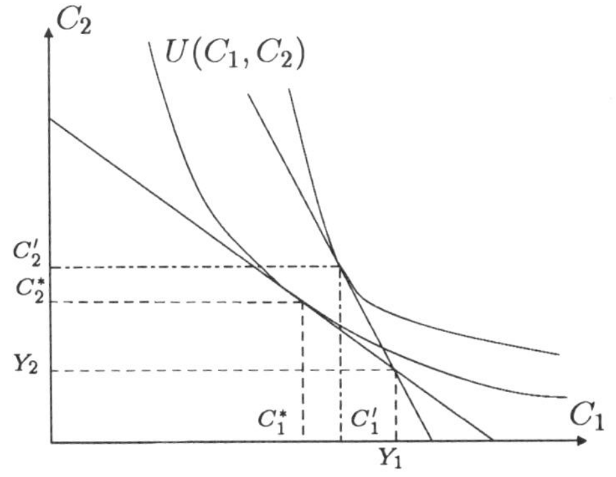


**Hausse de $r$ avec hausse de $C_1$**

Ces deux graphiques sont tracés pour une situation où le consommateur épargne en première période, $(Y_1 > C_1)$, et où on considère une hausse de $r$. L'augmentation de la pente de la contrainte budgétaire conduit dans les deux graphiques à une augmentation de la consommation de deuxième période mais l'effet sur la consommation de première période est ambigu. Dans le graphique du haut, il y a baisse de la consommation (passage de $C_1^*$ à $C_1'$ vers la gauche) et inversement dans le graphique du bas. Comment est-ce possible ? La contrainte budgétaire montre que si le taux d'intérêt augmente, le revenu global $(1+r)Y_1 + Y_2$ va aussi augmenter.

On appelle cela **l'effet revenu**. À cause de cette augmentation du revenu, le consommateur va désirer consommer plus dans les deux périodes. Sur cet effet vient s'ajouter un **effet de substitution**. Si le taux d'intérêt augmente, le consommateur gagne s'il laisse plus d'argent à la banque sous forme d'épargne car ce qu'il gagne en plus, grâce à l'augmentation du taux d'intérêt, lui donnera tellement plus de satisfaction en période deux qu'il va alors être compensé pour la perte de satisfaction due à la diminution de consommation de la période un. Une augmentation du taux d'intérêt va donc augmenter la consommation future.

En conclusion, **l'impact sur la consommation provenant d'un changement du taux d'intérêt n'est pas univoque** et dépend de la force relative de l'effet substitution et de l'effet revenu. En bref, la théorie seule n'est pas capable d'indiquer l'effet d'une hausse du taux d'intérêt sur la consommation actuelle. Ce modèle nous donne une justification théorique de la décision de Keynes de ne pas inclure le taux d'intérêt dans la fonction de consommation.

## 13.4 L'explication de Franco Modigliani

Selon le modèle de Fisher, la consommation d'un individu dépend de son revenu actuel et futur. Cela signifie que même si vous n'avez pas de revenu aujourd'hui vous pouvez déjà consommer car la banque sera disposée à vous faire un crédit en misant sur votre **capital humain**[2]. Aujourd'hui vous ne gagnez rien mais demain vous gagnerez tellement plus que vous n'aurez pas de difficulté à rembourser votre emprunt.

Modigliani met l'accent sur le fait que le revenu change au cours d'une vie et que l'épargne ou les emprunts permettent aux consommateurs de déplacer et de lisser la consommation pendant leur cycle vie. Cela constitue **l'hypothèse du modèle du cycle de vie**. On peut, si on le désire, lisser la consommation dans le temps en épargnant quand on gagne beaucoup et désépargnant lorsque l'on gagne moins. Supposons que votre espérance de vie soit de $T$ années, $W$ la richesse actuelle[3] et $Y$ le revenu que vous recevez chaque année jusqu'à l'âge de la retraite qui aura lieu d'ici $R$ années. Pour simplifier, on suppose qu'il y a constance du revenu $Y$ à travers le temps et on néglige les impôts. On suppose aussi que le taux d'intérêt est nul à travers le temps en sorte que la valeur actuelle d'un ensemble de flux n'est autre que la somme de ces flux.

Selon ce modèle la richesse individuelle évolue à travers le temps comme suit : lorsque les gens sont jeunes, ils vont épargner et dépenser quand ils seront à la retraite. Graphiquement cela donne

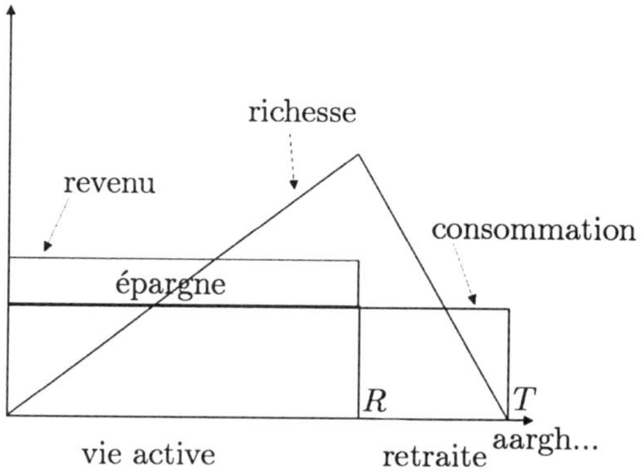


**Le modèle du cycle de vie**

[2] En particulier si vous êtes en train de faire vos études dans une Grande École.

[3] On entend par richesse le capital détenu sous forme d'actifs financiers, de voitures, d'immobilier, mais pas sous forme de capital humain.

Modigliani s'est interrogé sur le niveau de consommation maximal que l'on peut obtenir si on désire consommer de façon constante à travers le temps et si on ne veut pas laisser d'héritage aux enfants. La consommation, pendant le reste de vos jours, doit être égale au revenu global que vous recevrez dans le futur augmentée de la richesse actuelle

$$CT = W + RY \Rightarrow C = \frac{W}{T} + \frac{R}{T}Y$$

On retrouve que la consommation dépend du revenu, mais que ce qu'on avait appelé consommation autonome, Aut, est remplacé par $W/T$. Avec ce modèle on peut expliquer les régularités empiriques observées.

- Dans le long terme, on peut s'attendre à ce qu'il y ait une forte corrélation entre richesse et revenu. Les familles qui ont gagné beaucoup d'argent vont être aussi les plus riches. Dans ce cas la richesse devient proportionnelle au revenu soit $W/Y = \gamma$ et alors

  $$C = \frac{1}{T}(\gamma + R)Y$$

  une relation qui est effectivement linéaire entre la consommation et le revenu.

- Dans une section transversale, les familles qui ont un revenu élevé n'ont pas nécessairement une grande richesse. On peut donc considérer que $W$ varie de famille en famille toute en restant positive. À un moment donné en agrégeant on trouve que

  $$\frac{C}{Y} = \frac{W}{TY} + \frac{R}{T}$$

  décroît avec $Y$. Dans le court terme, en agrégé, on retrouve ainsi la constante dans la fonction de consommation.

- Au vu de ce qui a été démontré par Irving Fisher, on s'attend à ce que le taux d'intérêt n'intervienne pas non plus dans cette extension à plusieurs périodes.

À ce stade le modèle de Modigliani permet de réconcilier les faits empiriques avec un modèle théorique.

### 13.4.1 Les limites du modèle de Modigliani

Le modèle de Modigliani est très joli, (d'ailleurs Modigliani a aussi eu le prix Nobel), cependant, dans les travaux empiriques, on trouve que les gens âgés ne consomment pas autant qu'ils devraient et ils qu'ils laissent trop de richesse en héritage. Les explications possibles sont :

- Ils ont peur d'événements non prévus (hospitalisation) et épargnent pour le futur dont la durée n'est pas connue avec certitude.
- Ils se trompent sur la date *prévue* de leur mort[4].
- Pour des raisons stratégiques ils désirent laisser beaucoup d'argent à leurs enfants sous forme d'héritage. Un héritage important peut servir de leurre pour s'assurer l'aide de la progéniture en cas de maladie et des visites régulières en général[5].

[4] Cette discussion commence à me déprimer !

[5] Je commence à être écœuré du matérialisme de l'économie ! C'est Garry Becker de Chicago et Robert Barro de Harvard qui ont beaucoup écrit sur l'impact de l'économie dans les relations humaines. Ils ont d'ailleurs toute une théorie sur le mariage. N'est-il pas rassurant de regarder votre copain/copine en vous disant qu'il/elle vous recherche uniquement pour votre argent ?

La morale de l'histoire : d'un point de vue économique le modèle de Modigliani est un grand pas en avant dans la compréhension du comportement du consommateur. Il y a cependant quelques implications qui ne sont pas vérifiées empiriquement. La contribution, entre autres, de ce modèle est de montrer que la consommation peut dépendre de la richesse. On obtient ainsi une extension du cadre de Keynes en ouvrant une porte sur de nouveaux facteurs pouvant influencer la consommation.

## 13.5 L'explication de Milton Friedman

Friedman et Modigliani ont proposé leurs modèles plus ou moins au même moment. Leurs modèles se ressemblent sous beaucoup d'aspects. Tout comme Modigliani, Friedman accepte le modèle de Fisher dans le sens où le revenu actuel n'est pas le seul facteur qui intervient dans la décision d'investissement des ménages. Au lieu de postuler une forme précise de revenu à travers la vie, Friedman postule que le revenu $Y$ de tout individu se compose d'un **revenu permanent** $Y^P$ et d'un **revenu transitoire** $Y^T$. Le revenu permanent est un revenu qui n'est pas affecté par des événements aléatoires. Par exemple, le salaire pourrait faire partie du revenu permanent. Un gain au loto serait un revenu transitoire. On peut voir aussi le revenu permanent comme une sorte de revenu moyen à travers la vie et le revenu transitoire comme une perturbation aléatoire. Par exemple, si un ouvrier se trouve au chômage, son revenu transitoire pourrait être négatif. Selon Friedman, ce qui est important dans la fonction de consommation c'est le revenu permanent. Quelqu'un qui a une meilleure éducation peut s'attendre à un revenu permanent supérieur et aura aussi une consommation plus grande. Un gain transitoire au loto de quelques milliers de francs ne va pas conduire à un changement radical du style de vie. Probablement on placera cette somme à la banque et on consommera un peu plus de façon permanente. Les modèles de Friedman et de Modigliani se ressemblent dans le sens où tous les deux impliquent que la consommation tend à **être lissée à travers le temps**. Friedman postule donc que Keynes a utilisé la mauvaise variable descriptive et qu'au lieu de prendre le revenu tel quel, il faut prendre le revenu permanent comme variable explicative de la consommation

$$C = \alpha Y^P \qquad \text{et que} \qquad Y = Y^P + Y^T$$

Avec ce modèle on peut également réconcilier toutes les régularités empiriques.

Pour conclure ce chapitre, il reste à remarquer que pour notre modélisation du court terme, il n'est pas grave que dans le long terme le terme Aut disparaisse de la fonction de consommation, puisque de toute façon le modèle de Keynes est un modèle du court terme.

Une autre remarque est que le modèle de Friedman comme celui de Modigliani insistent sur le fait que ce qui importe dans le comportement du consommateur n'est pas seulement le revenu actuel mais aussi celui du futur. Cette constatation a constitué le début d'une période intense de mise en doute des fondements de l'économie de Keynes car on a pensé que les agents économiques devraient être modélisés en ayant un comportement qui s'oriente vers le futur. L'un des messages de cette **révolution des anticipations rationnelles** est qu'il n'est pas très judicieux d'estimer simplement des relations telles que la fonction de consommation, mais qu'il est nécessaire de faire des modèles plus détaillés du comportement humain si on veut faire une prévision économétrique propre. On a déjà trouvé cette notion d'anticipation rationnelle dans le chapitre concernant le marché du travail où nous avons également vu que la main d'œuvre a des anticipations concernant le futur et qu'on nc peut pas les tromper systématiquement avec une politique monétaire inflationniste.

# Epilogue

Nous voici quelque deux cent pages et deux cartouches d'encre d'imprimante plus loin. Le moment est venu de réfléchir sur les acquis et de regarder vers la suite.

Pour commencer, j'aimerais brièvement discuter ceux des thèmes dont j'ai l'impression que notre maîtrise est bonne et mettre le doigt sur ceux où il reste du travail à faire.

Tout d'abord la distinction entre court et long termes semble être assez bien comprise. Dans le court terme une politique monétaire peut avoir un certain nombre d'effets mais, dans le long terme, la monnaie n'a pas d'effet réel.

Ensuite, un certain nombre de phénomènes peut être expliqué une fois qu'on sort du cadre purement macroéconomique et qu'on est prêt à utiliser des outils de l'organisation industrielle ou de la microéconomie. Ainsi nous avons pu justifier la rigidité des prix par l'existence de barrières, comme le coût d'impression des menus, qui sont certainement petites mais dont l'importance peut être grande. Aussi, la microéconomie nous a permis de mettre la lumière sur le choix de consommation intertemporel qui est la base de la réforme de la fonction de consommation keynésienne.

Je pense que les avancées dans la recherche économique qui ont conduit à la théorie des anticipations rationnelles ont également grandement contribué à l'amélioration des politiques gouvernementales.

Il y a malheureusement en macroéconomie un certain nombre de moutons noirs. Le premier gros mouton noir est notre compréhension du dysfonctionnement du marché du travail. Dans de nombreux pays européens, le taux de chômage dépasse depuis des années les 10 %. À part le coût économique, cela représente un gâchis humain extraordinaire. Le problème est donc de taille. En réponse à cela, les macroéconomistes ont pondu au mois une dizaine de modèles dont un certain nombre a été présenté dans cet ouvrage. De même que, lorsqu'on n'est pas certain de ce qu'on dit, on s'abrite derrière un mur de paroles, on a l'impression que les économistes ont produit des modèles sans avoir mis la main sur la vraie solution.

Un autre mouton noir est le lien très faible qui existe entre la modélisation des politiques gouvernementales et la théorie de la croissance. Les modèles de croissance endogène semblent mériter certainement plus d'attention dans la politique qu'ils ne reçoivent actuellement. Tandis que les modèles de croissance traditionnels, comme celui de Solow, ont une vue très fataliste du monde, les nouveaux modèles montrent qu'une politique intelligente de formation de capital humain et de recherche et développement peut avoir un grand impact.

Ce livre a eu comme vocation de donner au lecteur un aperçu de l'état des connaissances macroéconomiques actuels. Le lecteur se voit désormais armé pour comprendre et lire d'un œil critique la presse économique. Le *feeling* en économie s'acquiert seulement avec du temps et c'est l'étude continuelle des interactions économiques qui permet de se perfectionner. Nous encourageons donc le lecteur à se plonger dans la presse économique.

Le lecteur est également bien armé pour aller plus loin dans ses lectures. Il y a des textes spécialisés, la plupart du temps rédigés en anglais, qui approfondissent certains thèmes abordés dans le livre : Théorie de l'investissement en environnement incertain, théorie de la consommation, théorie de la croissance, théorie du chômage, théorie des échanges internationaux, théorie de la finance... La liste est longue mais que le lecteur voit cela comme une richesse et qu'il se spécialise dans le thème qui lui fait plaisir. Tout compte fait, n'est-on pas là pour s'amuser ?

Imprimé en France
par MAME Imprimeurs à Tours
Dépôt légal Mars 2000 (N° 00032050)